Yannick Zengler
Die Partnerin mit einem Anderen

Die Reihe ANGEWANDTE SEXUALWISSENSCHAFT sucht den Dialog: Sie ist interdisziplinär angelegt und zielt insbesondere auf die Verbindung von Theorie und Praxis. Vertreter_innen aus wissenschaftlichen Institutionen und aus Praxisprojekten wie Beratungsstellen und Selbstorganisationen kommen auf Augenhöhe miteinander ins Gespräch. Auf diese Weise sollen die bisher oft langwierigen Transferprozesse verringert werden, durch die praktische Erfahrungen erst spät in wissenschaftlichen Institutionen Eingang finden. Gleichzeitig kann die Wissenschaft so zur Fundierung und Kontextualisierung neuer Konzepte beitragen.

Der Reihe liegt ein positives Verständnis von Sexualität zugrunde. Der Fokus liegt auf der Frage, wie ein selbstbestimmter und wertschätzender Umgang mit Geschlecht und Sexualität in der Gesellschaft gefördert werden kann. Sexualität wird dabei in ihrer Eingebundenheit in gesellschaftliche Zusammenhänge betrachtet: In der modernen bürgerlichen Gesellschaft ist sie ein Lebensbereich, in dem sich Geschlechter-, Klassen- und rassistische Verhältnisse sowie weltanschauliche Vorgaben – oft konflikthaft – verschränken. Zugleich erfolgen hier Aushandlungen über die offene und Vielfalt akzeptierende Fortentwicklung der Gesellschaft.

BAND 36
ANGEWANDTE SEXUALWISSENSCHAFT
Herausgegeben von Maika Böhm, Harald Stumpe,
Heinz-Jürgen Voß und Konrad Weller
Institut für Angewandte Sexualwissenschaft
an der Hochschule Merseburg

Yannick Zengler

Die Partnerin mit einem Anderen

Das sexuelle Erregungspotenzial der Cuckold-Fantasie

Psychosozial-Verlag

Bibliografische Information der Deutschen Nationalbibliothek
Die Deutsche Nationalbibliothek verzeichnet diese Publikation
in der Deutschen Nationalbibliografie; detaillierte bibliografische Daten
sind im Internet über http://dnb.d-nb.de abrufbar.

Originalausgabe

Gesetzlich vertreten durch die persönlich haftende Gesellschaft Wirth GmbH,
Geschäftsführer: Johann Wirth
Walltorstr. 10, 35390 Gießen, Deutschland
06 41 96 99 78 0
info@psychosozial-verlag.de
www.psychosozial-verlag.de

Umschlaggestaltung und Innenlayout nach Entwürfen von Hanspeter Ludwig, Wetzlar
Druck und Bindung: Majuskel Medienproduktion GmbH
Elsa-Brandström-Str. 18, 35578 Wetzlar, Deutschland
Printed in Germany

ISBN 978-3-8379-3250-8 (Print)
ISBN 978-3-8379-7948-0 (E-Book-PDF)
ISSN 2367-2420

Inhalt

Vorwort

Zwei Jahre ist es her, dass ich meine Abschlussarbeit zum *Erregungspotenzial der Cuckold-Fantasie* abgegeben und an der Hochschule Merseburg verteidigt habe. Als mich im Frühjahr 2022 die Anfrage erreichte, ob ich die Ergebnisse der Arbeit in kondensierter, aufbereiteter Form in der Buchreihe »Angewandte Sexualwissenschaft« veröffentlichen möchte, habe ich mich einerseits sehr über die Möglichkeit und das damit verbundene Zutrauen der Herausgeber*innen gefreut, andererseits beschäftigte mich die Frage, ob eine Veröffentlichung tatsächlich eine gute Idee ist. Das Cuckold-Fantasie-Projekt habe ich 2020 nur zu einem vorläufigen Ende bringen können. Ein Teil des erhobenen Materials wartet noch darauf, in einem tiefenhermeneutischen Gruppenprozess (weiter) interpretiert und anschließend (weiter) theoretisiert zu werden. Mittlerweile in anderen Forschungsfeldern und -themen unterwegs, haben sich dazu für mich noch keine weiteren passenden Gelegenheiten ergeben. Die Veröffentlichungsanfrage stellte daher einen guten Impuls dar, sich dem Cuckold-Fantasie-Projekt wieder zuzuwenden, die bereits herausgearbeiteten Perspektiven auf den Fantasieinhalt und die damit verbundenen Erkenntnisse nochmals kritisch gegenzulesen und einzelne Ausführungen zu überarbeiten.

Auch wenn das Projekt damit immer noch nicht abgeschlossen ist, möchte ich mit dieser Publikation zum einen die erarbeitete Forschungsperspektive des *Erregungspotenzials* vorstellen. Imaginierte sexuell erregende Szenen wie die Cuckold-Konstellation als eine Folie zu begreifen, an die sich aus der Perspektive einer bestimmten Subjektposition in Abhängigkeit zur symbolischen Ordnung eine Fülle an unterschiedlichen, aber nicht zufälligen oder beliebigen Erregungsthemen anheften kann, hat sich als fruchtbarer und über das Individuum hinausweisender Zugang zu sexuellen Fantasien erwiesen. Weiterhin möchte ich zeigen, dass es lohnenswert ist, die eigene Subjektivität als forschende Person gezielt und reflektiert als

Erkenntnisinstrument insbesondere beim Forschungsgegenstand (sexuelle) Fantasien einzusetzen. Eine zentrale Erkenntnis dieser Arbeit wäre verborgen geblieben, wäre die affektive Verwicklung mit dem Material beiseite geschoben und nicht innerhalb einer tiefenhermeneutischen Gruppeninterpretation bewusst gemacht und reflektiert worden. Diese Arbeit soll Neugierde wecken und Mut machen zur Anwendung von psychoanalytisch fundierten Forschungsverfahren wie der Tiefenhermeneutik auch im Feld der Sexualwissenschaft. Drittens soll die im Projekt bereits erhobene Bandbreite an verschiedenen Erregungsthemen der Cuckold-Fantasie vorgestellt werden. Die Cuckold-Fantasie aus hetero_bisexuell männlicher Perspektive ist vielfältiger und facettenreicher, als die ersten Assoziationen zu dieser Imagination über den Bruch bzw. die Erweiterung der sexuellen Treue der Partnerin mit einem anderen Mann vielleicht nahelegen. Durch die dargestellten Interviews wird deutlich, mit wie viel Kreativität ein und dieselbe imaginierte Dreieckskonstellation von einzelnen Personen ausgestaltet werden kann, um für sie sexuell erregend zu wirken. Vielleicht mögen weitere Forschungsarbeiten diese Bandbreite weiter ausbauen, ausdifferenzieren oder tiefer gehend geschlechtertheoretisch und/oder gesellschaftstheoretisch reflektieren. Potenzial dazu bietet dieser Fantasieinhalt allemal, wie in den folgenden Ausführungen bestenfalls deutlich werden wird.

Dieses Projekt wäre ohne das Engagement und die Unterstützung einer Reihe von Personen nicht möglich gewesen: Ein großer Dank gebührt Prof. Dr. Heinz-Jürgen Voß (Hochschule Merseburg) und Dr. Marian Kratz (Universität Koblenz-Landau), die mich im Rahmen ihrer Funktion als Betreuer*innen der Abschlussarbeit nicht nur mit ihrer sexualwissenschaftlichen bzw. tiefenhermeneutischen Expertise unterstützt haben, sondern auch in Momenten des Zweifels ein offenes Ohr und hilfreiche Perspektiven boten.

Ich bedanke mich bei allen Personen ganz herzlich, die durch das Streuen und Weiterleiten des Teilnahmeaufrufs ihren Teil dazu beigetragen haben, dass der Aufruf so unerwartet viele potenziell interessierte Interviewteilnehmer erreicht hat. Ein besonderer Dank geht auch an jene, die ihre Erfahrungen und Wahrnehmungen beim Streuen des Aufrufs mit mir geteilt haben, sodass ich sie für die Analyse nutzen konnte.

Meine Anerkennung und mein großer Dank gilt allen vier Interviewpartnern für das entgegengebrachte Vertrauen und die Offenheit, an dieser Forschungsarbeit zu sexuellen Fantasien teilzunehmen und sich auf die anspruchsvolle Interviewsituation einzulassen. Jedes einzelne Interview erwies sich als wertvoll und eröffnete jeweils einen neuen und anderen Zugang zum Erregungspotenzial der Cuckold-Fantasie.

Ich möchte mich bei allen sehr bedanken, die sich mit mir zusammen bei den verschiedenen Interpretationssessions mit Neugierde und Offenheit über das erhobene Material gebeugt haben und ihre Wahrnehmungen, Assoziationen und Interpretationsansätze geteilt haben. Vielen Dank zudem an Prof. Dr. Jan Lohl (Forschungswerkstatt Tiefenhermeneutik) für die sehr gute Einführung in die Methode und die Begleitung einer tiefenhermeneutischen Gruppeninterpretation. Für die wertvollen Anmerkungen inhaltlicher und/oder stilistischer Natur zum entstehenden Text bin ich Assia Alkass, Jonas Becker und Naomi Ney sehr dankbar.

Herzlichen Dank an Prof. Dr. Konrad Weller als Vertreter der Herausgeber*innen der Buchreihe »Angewandte Sexualwissenschaft« für den Anstoß und den motivierenden Zuspruch, mich dem Cuckold-Projekt wieder zuzuwenden und es zu dieser Veröffentlichung auszuarbeiten. Stellvertretend für das Team des Psychosozial-Verlags möchte ich Jana Motzet und Julia Stein meinen Dank für die kompetente Begleitung der Veröffentlichung und das sorgfältige Lektorat aussprechen.

Zu guter Letzt möchte ich mich bei allen Familienmitgliedern und meinen Freund*innen Raki Lücke, Naomi Ney, Matthias Huffer und Frida Gneipelt herzlich bedanken, die mich zum Beispiel durch ablenkende oder inspirierende Gespräche unterstützt haben und insbesondere damals in der »heißen Schreibphase« geduldig und nachsichtig mit mir waren.

Wuppertal im Juli 2022,
Yannick Zengler

1 Einleitung

Das Sexuelle, wie es die Kritische Sexualwissenschaft in Abgrenzung zu *der Sexualität* oder zu *dem Sex* formuliert (vgl. Sigusch, 2015, S. 205ff.), erschöpft sich weder in einem von außen beobachtbaren Verhalten, noch in messbaren Körperreaktionen, noch in zugeschriebenen biologischen oder sozialen Funktionen. Ein wesentliches Charakteristikum der menschlichen Sexualität besteht in der Fähigkeit, sexuelle Lust und Erregung – ganz ohne äußere Ereignisse oder Stimulationen – durch bloße Imagination im Kopf entstehen zu lassen und zu erleben (vgl. ebd., S. 207). Umgekehrt macht Quindeau (vgl. 2014, S. 73) darauf aufmerksam, dass sexuelle Lust und Erregung nicht allein durch äußere Reize aktiviert werden können, sondern diese vielmehr immer durch ein »Zusammenspiel von Phantasie und Erinnerung« entstehen, »das durch taktile und kinästhetische ebenso wie visuelle und auditive Wahrnehmungen intensiviert wird« (ebd.). Selbst die Entstehung von Erregung, die sich durch den Konsum von Pornografie ergeben kann, funktioniert nicht ohne die »Interaktion« mit der Fantasietätigkeit der betrachtenden Person (vgl. Lewandowski, 2012, S. 88). So machte Schorsch schon 1978 darauf aufmerksam, dass Sexualität und sexuelles Erleben

> »vollkommen in Beschlag genommen [wird] von dem, was das Menschliche ausmacht: Sie wird in den Dienst genommen von Phantasie, Erinnerung, Innenwelt, wird zu einer Funktion von eigenen und individuellen Gefühlen, Wünschen, Sehnsüchten, Hoffnungen, Ängsten, Konflikten, Risiken und Gefahren, die alle in der eigenen Geschichte wurzeln. Dieses In-Beschlag-Nehmen und In-den-Dienst-Treten geschieht in einem solchen Ausmaß, daß die biologische Funktion, das somatische Substrat zweitrangig wird« (Schorsch, 1993, S. 38).

Im Anschluss daran beklagt Schorsch das Fehlen eines überzeugenden »psychodynamischen Konzepts von Sexualität« (ebd., S. 37), damit nicht

»die entscheidende Dimension der Sexualität vernachlässigt und übersehen bleibt: die *Phantasie*« (ebd., S. 42; Hervorh. im Original). In den vergangenen 40 Jahren wurden zwar bereits einige Studien zu sexuellen Fantasien verfasst; nach wie vor wirft das Thema aber mehr Fragen auf, als Antworten gefunden wurden.

Die Beschäftigung mit sexuellen Fantasien führt in besonderer Weise vor Augen, dass kein Mensch als sexuelles Wesen dem anderen gleicht: Die einzelnen »Erfahrungs-, Begehrens- und Erlebensstrukturen« sind so zahlreich, »wie es Menschen gibt« (Sigusch, 2015, S. 212):

> »Es gibt nicht *die* Sexualität, folglich auch nicht *die* Heterosexualität oder *die* Homosexualität. Alle sexuellen Äußerungen und Formen gehören lebensgeschichtlich zusammen, keine ist gesünder oder normaler als die andere. Alle haben einen polysexuellen Boden und werden ein Leben lang umgeformt« (ebd., S. 213; Hervorh. im Original).

Diese individuellen Begehrensstrukturen von Menschen – ob sie nun theoretisch als »Microdots« (Stoller, 1986), »Lovemaps« (Money, 1986) oder »intrapsychische Skripte« (Simon & Gagnon, 2000) gefasst werden – hängen allerdings nicht im gesellschaftlich luftleeren Raum. Individuelle Begehrensstrukturen und die daraus resultierenden sexuellen Fantasien können nicht losgelöst vom historisch-gesellschaftlichen Kontext verstanden werden und müssten umgekehrt auch etwas über jenen gesellschaftlichen Kontext aussagen können, in dem sie entstanden und geformt worden sind.[1] In diesem Spannungsverhältnis liegt das genuine Forschungsinteresse dieser Arbeit begründet, die nach dem Erregungspotenzial der sogenannten Cuckold-Fantasie für hetero_bisexuelle Männer fragt.

Die Cuckold-Fantasie meint im Rahmen dieser Arbeit die Vorstellung aus heterosexuell-männlicher Perspektive, der eigenen Freundin/Partnerin/Ehefrau beim Sex mit einem anderen Mann zuzusehen, bzw. die Vorstellung, dass die Partnerin in eigener Abwesenheit ein solches außerpartnerschaftliches sexuelles Verhältnis eingeht oder eingehen könnte. Ausgehend von den noch näher zu erläuternden theoretischen Prämissen und der

1 So diskutiert beispielsweise Lewandowski (vgl. 2012, S. 89, Fn. 110) die Kulturbedingtheit von (sexuellen) Träumen, Fantasien und Perversionen, indem er darauf hinweist, dass die in Krafft-Ebings *Psychopathia Sexualis* als »forensisch nicht unwichtig« (1907, S. 186) beschriebene Gruppe der »Zopfabschneider« heutzutage ausgestorben zu sein scheint.

darauf aufbauenden Forschungsperspektive des Erregungspotenzials wird diese imaginierte Szene[2] als eine Art Folie verstanden, an die sich eine Fülle an unterschiedlichen manifesten (bewussten und in Sprache formulierbaren) und latenten (nicht [direkt] bewussten und nicht in Sprache formulierbaren) Erregungsthemen von hetero_bisexuellen Männern im hiesigen gesellschaftlichen Kontext anheften kann. Diese stellen somit das spezifische Erregungspotenzial der Fantasie aus ebenjener Perspektive dar. Ziel der Arbeit ist es, anhand des erhobenen empirischen Materials einen Ausschnitt aus dem Erregungspotenzial dieses Fantasieinhalts abzubilden, der sowohl die von den Interviewteilnehmern manifest benannten Themen als auch die im Rahmen eines tiefenhermeneutischen Interpretationsprozesses herausgearbeiteten plausiblen Lesarten zu den latenten, nicht (direkt) bewusstseinsfähigen Themen der Szene umfasst, die zusammengenommen eine (sexuell) erregende Wirkung hervorrufen können.

Auch wenn der oben beschriebene Fantasieinhalt so oder in äquivalenter Form auch aus weiblicher und/oder homosexueller Perspektive eine sexuell erregende Fantasie darstellen kann, wurde für diese Arbeit die Cuckold-Szene als Ausgangspunkt gewählt, um zu einem besseren Verständnis sexueller Fantasien von hetero_bisexuellen Männern beizutragen. Gerade die Psychodynamik der (männlichen) Heterosexualität als »unbezweifelte kulturelle Selbstverständlichkeit« (Quindeau, 2014, S. 89) ist bisher kaum erforscht, während beispielsweise unzählige Arbeiten zu Homosexualität vorliegen. Auch liegen erste deutschsprachige empirische Arbeiten zu den Inhalten sexueller Fantasien von Frauen vor (Gromus, 1993; Schweizer-Böhmer, 2006), während keine die Fantasien von Männern zum expliziten Untersuchungsgegenstand wählte. Die Fokussierung auf eine bestimmte Fantasie bietet den Vorteil, das Forschungsinteresse weiter einzugrenzen, und trägt vermutlich auch zum Erfolg bei der Suche nach potenziellen Interviewteilnehmern bei, da sich so Personen durch den Teilnahmeaufruf direkter und persönlich angesprochen fühlen. Warum die Wahl auf die Cuckold-Fantasie und auf keine andere Fantasie von hetero_bisexuellen Männern fiel, ist aber ebenso begründungspflichtig, da die Fokussierung auf eine bestimmte Fantasie, die noch dazu in der öffentlichen Wahrnehmung als ungewöhnlich gelten mag, das Risiko der Stigmatisierung oder des »Different-Machens« (Castro Varela & Dhawan,

2 »Szene« im Sinne einer imaginierten Sequenz oder eines imaginierten (Interaktions-) Geschehens.

2005, S. 60) aufweist. Um diesem Risiko entgegenzuwirken, ist diese Forschungsarbeit explizit keine Arbeit über »Menschen mit Cuckold-Fantasien« im Sinne einer Gleichsetzung von Sexualität und Persönlichkeit (kritisch hierzu Sulyok, 2017, S. 469), auch sucht sie nicht nach Ursachen oder Gründen, sondern es wird eine verstehende Perspektive entwickelt, die nach dem Erregungs*potenzial* dieser imaginierten Szene fragt und sich somit von pathologisierenden Tendenzen abgrenzt, wie sie in manchen klinisch geprägten Zugängen (z. B. bei Stoller, 2014 [1975]) aufscheinen.

Die Wahl auf die Cuckold-Fantasie fiel in erster Linie aus forschungspraktischen Gründen: Zu diesem Fantasieinhalt bzw. dieser Sexualpraktik oder Form der Beziehungsgestaltung liegt eine erste Forschungsarbeit vor (Ley, 2009), der Fantasieinhalt lässt sich weiterhin vergleichsweise einfach definitorisch umreißen und das persönliche Risiko, sich mit dem Fantasieinhalt zu verstricken, wurde vom Forscher als gering eingeschätzt. Gleichzeitig weckt das Cuckold-Thema Interesse, da es in besonderer Weise die Tabus und Normen der (männlichen) Heterosexualität bzw. die von (heterosexuellen) Partnerschaften zu berühren scheint (vgl. Ley, 2009, S. xii). Auch im Forschungsprozess bestätigte sich die These, dass die Cuckold-Fantasie innerhalb unseres gesellschaftlichen Kontextes in der Regel keine »belanglose« sexuelle Fantasie ist, auf die Menschen indifferent reagieren: Neben der möglichen sexuell erregenden Wirkung besitzt die Fantasie ebenso das Potenzial, die Gemüter auf ganz unterschiedlicher Weise zu *erregen*, wie es Interviewpartner Markus prägnant auf den Punkt bringt:

> »Zum Beispiel man findet Leute, die Sex haben, schön – und man schaut sich Pornos an. Man findet's auch schön, mit seinem Partner Sex zu haben. Aber jetzt hat der Partner mit jemand anderen Sex – also es sind nur zwei Leute, die Sex haben – und das ist plötzlich das Unschönste von der Welt. Also da scheint irgendwas nicht ganz richtig konstruiert zu sein« (Interviewtranskript Markus).

Die Cuckold-Szene als *Fantasie* zum Forschungsgegenstand zu wählen, bedeutet weiterhin, dass das Forschungsinteresse somit weniger auf Cuckold/-ing als gelebte Praxis einer besonderen nicht-monogamen Beziehungsform (wie beispielsweise bei Ley, 2009) noch in einer ethnografischen Perspektive auf den sozialen Interaktionen und Diskursen innerhalb einer spezifischen BDSM-Szene[3] liegt (wie beispielsweise die Forschungsperspektive von Deremetz, 2018). Erkenntnisse aus den Porn Studies (Lewandowski, 2012; Hendriks, 2014; Lokke, 2019) werden am Rande zwar miteinbezogen. Grundsätzlich wird aber davon ausgegangen, dass Cuckold-Pornografie als mediale Massenprodukte, bei denen die Konsument*innen die inszenierte Cuckold-Szene in der Regel quasi von außen betrachten, und Cuckold-Fantasien als individuelle Fantasien, bei denen sich die fantasierende Person aus der Ego-Perspektive als Teil der Szene imaginiert, als zwei unterschiedliche Forschungsgegenstände betrachtet werden sollten, wobei sich diese Arbeit den Fantasien annimmt.

Im Rahmen der Arbeit werden narrative Interviews ausgewertet, die mit insgesamt vier Männern zu der Entwicklung ihrer erotischen/sexuellen Fantasien im Laufe des Lebens geführt wurden. Als gemeinsamen Nenner gaben die Interviewpartner an, sich als männlich und als hetero- oder bisexuell (oder zwischen diesen beiden Polen) zu verstehen, und sagten zusätzlich von sich, dass sogenannte Cuckold-Fantasien eine besondere Wirkung auf sie haben (unabhängig davon, ob sie sich vorstellen könnten, eine solche Fantasie in der Realität umzusetzen oder nicht). Die offene Form des narrativen Interviews in der Tradition Rosenthals und Fischer-Rosenthals (2013) wurde gewählt, um das Thema des Interviews nicht von vornherein auf Cuckold-Fantasien zu beschränken, sondern um den Teilnehmenden die Möglichkeit zu bieten, die Entwicklung ihrer der Erinnerung zugänglichen sexuellen Fantasien jeglicher Art »von Geburt bis heute« zu erzählen und lebensgeschichtlich zu rahmen.

Ausgehend von den theoretischen Prämissen und der entwickelten Forschungsperspektive verfolgt die Arbeit in Bezug auf das erhobene Material folgende drei Forschungsfragen: Welche Themen benennen die vier Interviewten mehr oder weniger explizit, die die Cuckold-Szene für sie zu einer sexuell erregenden Fantasie werden lassen? Welche Themen tragen womöglich darüber hinaus zu der erregenden Wirkung der Cuckold-Szene bei, ohne dass sie den Interviewten bewusst sind oder von ihnen in der Interviewsituation in Sprache formulierbar sind? Und schließlich: Inwieweit lassen sich diese manifesten und latenten Themen in gleicher, ähnlicher oder abgewandelter Form bereits in Erzählungen über zurückliegende sexuelle Erfahrungen und Fantasien finden?

Bevor eine Annäherung an die Antworten auf diese Fragen versucht

3 »Szene« diesmal im Sinne eines sozialen Netzwerks bzw. einer Subkultur.

wird, folgt zunächst eine nähere Betrachtung des Cuckold-Themas und dessen kulturhistorischen Hintergrunds. Anschließend wird ein kurzer Überblick über den empirischen Forschungsstand zu sexuellen Fantasien geboten. Aufbauend auf einer kritischen Diskussion psychoanalytischer Konzepte zum Verständnis von sexuellen Fantasien werden die Forschungsperspektive des Erregungspotenzials und die sich daraus ergebenden Forschungsfragen entwickelt. Es folgt eine Beschreibung des methodischen Vorgehens, wobei insbesondere auf die von Alfred Lorenzer (1986) entwickelte Methode der Tiefenhermeneutik eingegangen wird, die als psychoanalytisch fundierte sozialwissenschaftliche Interpretationsmethode den latenten Gehalt von Texten zu erfassen versucht (vgl. König, 2013, S. 556). Bevor der empirische Teil der Arbeit mit der Reflexion des Feldzugangs eröffnet wird, wobei erste Hypothesen über den Forschungsstand abgeleitet werden, wird zunächst zur weiteren Orientierung ein knapper Gesamtüberblick über die Ergebnisse der Forschungsarbeit geboten. Wie die Ergebnisse aus dem Material gewonnen werden konnten, wird anschließend fallbezogen dargestellt. Das Kernstück der Arbeit bildet dabei eine ausführliche Interpretation eines Interviews, wobei einerseits die manifest benannten Themen systematisch herausgearbeitet werden, die die Cuckold-Fantasie für diese Person zu einer sexuell erregenden Vorstellung werden lassen, und andererseits die innerhalb eines mehrstufigen tiefenhermeneutischen Gruppeninterpretationsprozesses entwickelten Lesarten zum latenten Erregungspotenzials der Cuckold-Fantasie in Bezug zu diesem Fall dargelegt werden. Bislang war es leider nicht möglich, die anderen drei Interviews ebenfalls in dieser Ausführlichkeit zu interpretieren. Um aber auch sie zu würdigen und die Bandbreite des Ausschnitts des Erregungspotenzials, das durch das vorliegende Material erhoben wurde, darzustellen, werden die drei Fälle in Form von Kurzportraits vorgestellt. Dabei wird jeweils auf die manifest benannten Erregungsthemen eingegangen und es werden mögliche erste Zugänge zur latenten Ebene des Materials aufgezeigt. Abschließend wird das Forschungsvorgehen insgesamt diskutiert und die Ergebnisse der Fallanalysen werden zu einem Gesamtbild miteinander verknüpft. Dabei wird insbesondere auf Querverbindungen zwischen den einzelnen Erregungsthemen und mögliche Anschlüsse an psychoanalytische und/oder sexualwissenschaftliche Theorien zu sexuellen Fantasien eingegangen.

2 Die Cuckold-Szene

Die sogenannte Cuckold-Fantasie beschreibt eine sexuell-erregende Imagination, die aus heterosexuell-männlicher Perspektive darum kreist, sich die eigene Freundin/Partnerin/Ehefrau beim Sex mit einem anderen Mann vorzustellen und dabei gegebenenfalls auch selbst als Zuschauer imaginär anwesend zu sein. Die englischen Begriffe »Cuckold« bzw. »Cuckoldry« stammen den meisten Untersuchungen zufolge vom Namen des Vogels »cuckoo« (auf Deutsch: Kuckuck) ab, der für die Verhaltensweise bekannt ist, seine Eier heimlich in die Nester anderer Vögel zu legen, die dann die Brutpflege übernehmen (vgl. Ley, 2009, S. 3ff.). Inspiriert durch diese Verhaltensweise des Vogels setzte sich im englischsprachigen Raum die Bezeichnung »Cuckold« für einen Ehemann durch, dessen Ehefrau Ehebruch begannen hatte und der womöglich ohne es zu wissen den Nachwuchs eines anderen Mannes großzog (vgl. ebd.). Auseinandersetzungen mit diesem in einer patriarchalen Gesellschaft potenziell angstauslösenden Thema haben in vielen europäischen Gesellschaften eine lange Kulturgeschichte, die sich häufig sowohl um die Beschämung, Stigmatisierung und Bestrafung der betrügenden Ehefrau als auch des betrogenen Ehemanns drehen (vgl. ebd.). So verweisen Ley (vgl. ebd., S. 4ff.) und Lokke (vgl. 2019, S. 213) in ihren kulturhistorischen Betrachtungen auf Traditionen aus der frühen europäischen Moderne, bei denen Männer, deren Ehefrau Ehebruch begannen hatte, öffentlich beschämt wurden, indem man ihnen beispielsweise Hörner aufsetzte, man also hinter ihrem Kopf heimlich zwei Finger spreizte und somit Hörner in symbolischer Form zeigte,[4] oder sie rückwärts auf ein Pferd setzte und durch das Dorf trieb. Die Beschämung

4 Eine Geste, die nach wie vor zum Beispiel in scherzhafter Weise bei fotografiert werdenden Personen heimlich gezeigt wird, wobei die ursprüngliche Bedeutung kaum noch bekannt sein dürfte.

des betrogenen Mannes funktioniert(e) insbesondere vor dem Hintergrund der patriarchalen Normen der an die sexuelle Treue der Ehefrau geknüpften Ehre des Mannes, des männlichen (sexuellen) Besitzanspruchs auf die Ehefrau, der Eindeutigkeit der Vaterschaft des (potenziellen) Nachwuchses sowie der impliziten Vorstellung, dass ein »echter« Mann entweder in der Lage sein sollte, seine Ehefrau sexuell so zu befriedigen, dass sie kein weiteres Verlangen nach Sex mit einem anderen Mann verspürt, oder sie so weit unter seine Kontrolle zu bringen, dass sie einen Ehebruch niemals wagen würde (vgl. Ley, 2009, S. 6f.). Ein Nicht-Erfüllen der Norm, sexuellen Besitzanspruch auf die Partnerin zu erheben und diesen gegenüber rivalisierenden Männern zu verteidigen, stellt(e) also entweder die Bedeutung der Beziehung zu der Partnerin, das eigene Vermögen zum »Verteidigen« der Partnerin oder den erwarteten Willen, solchen männlichen Ehrvorstellungen insgesamt zu entsprechen, infrage. Die Vorstellung, dass ein vorhandenes sexuelles Interesse der Partnerin an anderen Männern in Zusammenhang mit den eigenen sexuellen Fähigkeiten, des sexuellen (Leistungs-) Vermögens oder der eigenen körperlichen Beschaffenheit stehen würde, rührt(e) im Falle des Bruchs der Treue folglich an Ängste, als jemand gesehen werden zu können, der als Sexualpartner oder »als Mann« insgesamt diesen Ansprüchen nicht genügt oder gar vor ihnen versagt. Deutlich wird, dass es bei dieser Angelegenheit nicht nur um das konkrete Verhältnis zwischen zwei Partner*innen ging bzw. geht, sondern immer auch um die (antizipierten) Blicke der anderen, unter denen das Tabu der geduldeten oder gar erwünschten Lust der Partnerin an und mit einem anderen Mann gebrochen wird.

Die tiefe Verankerung dieser Normen lässt sich beispielsweise auch anhand der *Psychopathia Sexualis*, ein am Ende des 19. Jahrhunderts vom einflussreichen deutschsprachigen Psychiater Richard von Krafft-Ebing verfasstes sexualwissenschaftliches Standardwerk, aufzeigen. Gleich an prominenter Stelle auf den ersten Seiten werden von Krafft-Ebing (vgl. 1894, S. 3ff.) Vorstellungen der sexuellen Treue der Frau nur zu einem Mann einerseits essenzialisiert und Abweichungen davon pathologisiert, andererseits als kulturelle Normen in einem völkischen Denken zur Begründung einer vermeintlich höheren »Culturstufe« unter anderem der »nordischen Völker« genutzt:

> »Auf dieser Stufe hat das Weib ein Gefühl, dass seine Reize nur dem Manne seiner Neigung gehören und ein Interesse daran, sie Anderen gegenüber

> zu verhüllen. Damit sind neben der Schamhaftigkeit die Grundlagen der Keuschheit und der sexuellen Treue – solange der Liebesbund dauert – gegeben. […] Diese Stufe haben unter den Völkern des Orients früh die alten Aegypter, die Israeliten und die Griechen, unter den Völkern des Abendlands die Germanen erreicht. Ueberall auf dieser Stufe findet sich die Werthschätzung der Jungfräulichkeit, Keuschheit, Schamhaftigkeit und sexuellen Treue, im Gegensatz zu anderen Völkern, die die Hausgenossin dem Gastfreund zum sexuellen Genusse bieten« (Krafft-Ebing, 1894, S. 3).

Weiterhin heißt es bei Krafft-Ebing zum Wesensunterschied von Männern und Frauen:

> »Anders das Weib. Ist es geistig normal entwickelt und wohlerzogen, so ist sein sinnliches Verlangen ein geringes. Wäre dem nicht so, so müsste die ganze Welt ein Bordell und Ehe und Familie undenkbar sein. Jedenfalls sind der Mann, welcher das Weib flieht, und das Weib, welches dem Geschlechtsgenuss nachgeht, abnorme Erscheinungen« (ebd., S. 14).

Daraus folgert Krafft-Ebing, dass auch der Ehebruch durch die Frau härter bestraft werden solle, da sie dadurch auch den Mann entehre:

> »Unendlich schwerer fällt moralisch ins Gewicht und viel schwerer sollte gesetzlich wiegen der Ehebruch des Weibes gegenüber dem vom Manne begangenen. Die Ehebrecherin entehrt nicht nur sich, sondern auch den Mann und die Familie, abgesehen davon, dass es heisst: Pater incertus« (ebd., S. 15).

Ein aktuelles Beispiel für dieses Beschämungspotenzial, das der Szene nach wie vor innezuwohnen scheint, zeigte sich auch im Kontext des US-Wahlkampfes 2015, als in digitalen Medien im Umfeld der Trump-Kampagne »Cuck-Memes« auftauchten, mit denen politische Gegner*innen diskreditiert werden sollten. Lokke (vgl. 2019, S. 214) arbeitet heraus, wie diese »Cuck-Memes« dabei mit maskulinistischen und rassistischen Bedeutungen aufgeladen werden, indem sie entsprechende Themen aus der Cuckold-Pornografie aufgreifen: So werde in US-amerikanischen Cuckold-Pornografieproduktionen häufig der in die Partnerschaft einbezogene dritte Mann rassifiziert inszeniert, indem er *als* Schwarzer Mann Sex mit einer weißen Frau vor den Augen ihres weißen Partners hat. Doch auch jenseits dieses Phänomens scheint das Cuckold-Thema im öffentlichen Diskurs zunehmend an Popularität und Beachtung zu gewinnen, wird es beispielsweise zentral in der ZDF-Serie *SCHULD nach Ferdinand von Schirach* (Pfeiffer, 2015) oder in der Netflix-Serie *Élite* (Salazar, 2018) aufgegriffen. Besonders in der letztgenannten Serie rückt das homoerotische bzw. »geschlechterübergreifende« (Ritter & Voß, 2019) Begehrensmoment der Szene in den Mittelpunkt.

Zusammengefasst kann vor dem Hintergrund dieser Überlegungen angenommen werden, dass die Cuckold-Fantasie folgende Normen der (heterosexuellen) Männlichkeit zu berühren vermag. Dies sind erstens traditionelle patriarchale Normen wie der exklusive sexuelle Besitzanspruch auf die Partnerin und dessen Verteidigung, zweitens Männlichkeitsbilder, die auf der Vorstellung aufbauen, durch das eigene sexuelle (Leistungs-)Vermögen ein Bedürfnis der Partnerin nach außerpartnerschaftlichem Sex nicht aufkommen zu lassen, sowie drittens Normen, die sich auf die Eindeutigkeit eines heterosexuellen Begehrens beziehen, das durch die imaginierte verschiedengeschlechtliche Konstellation infrage gestellt werden kann.

Allgemein stellt »Cuckold« bzw. »Cuckoldry« heutzutage als »Neosexualität« (Sigusch, 2005) einerseits eine selbstgewählte und selbstbewusste Beschreibung einer einseitig nicht-monogamen Beziehungsgestaltung (vgl. Ley, 2009) und andererseits eine Bezeichnung einer bestimmten sexuellen Vorliebe oder Fantasie dar. Dabei muss beides nicht zwingend miteinander zusammenhängen. So führt Ley (vgl. ebd., S. 15ff.) Paare auf, deren Motivation für eine Cuckold-Beziehungsgestaltung nicht auf einer sexuellen Vorliebe, sondern eher auf einer praktikablen Entscheidung vor dem Hintergrund einer Fernbeziehung gründet. Innerhalb der BDSM-Subkultur wird Cuckold/Cuckoldry gewöhnlich deutlich enger gefasst und meint nur solche sexuellen Spielarten, bei denen es primär um die als lustvoll erlebte Demütigung des*der Partner*in geht. Dabei wird Cuckold/Cuckoldry üblicherweise von der Praxis des »Wifesharings« abgegrenzt, bei der ein Mann seine Partnerin mit einem anderen Mann zum Sex »teilt« und dabei keine devote Rolle einnimmt (vgl. Böhme, o.J.). Mit der oben genannten offenen Beschreibung der Cuckold-Szene geht diese Arbeit somit über die eng gefassten Definitionen, wie sie in der BDSM-Subkultur üblich sind, hinaus und umfasst unter Umständen auch Fantasien um sexuelle Praktiken, die andernorts auch als »Candaulism« (Love, 2014, S. 90), »Troilism« (ebd., S. 522) oder »Ménage à trois« (ebd., S. 308) bezeichnet werden.

3 Empirischer Forschungsstand zu sexuellen Fantasien

3.1 Definition von sexuellen Fantasien

Empirische Studien zu sexuellen Fantasien stehen gewöhnlich vor ihrem Beginn vor der Herausforderung, den Untersuchungsgegenstand zu definieren. Ein überzeugender Definitionsversuch, der eine große Offenheit beinhaltet und auf den sich viele nachfolgende Studien beziehen, findet sich in einem Review-Artikel von Leitenberg und Henning (1995), der eine zentrale Bezugsgröße in der empirischen Fantasieforschung darstellt:

> »Eine sexuelle Fantasie kann eine ausgearbeitete Geschichte oder ein flüchtiger Gedanke über eine erotische oder sexuelle Aktivität sein. Sie kann bizarre Bilder enthalten oder sie kann völlig realistisch sein. Sie kann Erinnerungen an vergangene Ereignisse enthalten oder sie kann eine vollständig erfundene Erfahrung darstellen. Sie kann sowohl spontan entstehen als auch willentlich erzeugt werden als auch durch andere Gedanken, Gefühle oder sensorische Hinweise hervorgerufen werden. Sexuelle Fantasien können sowohl außerhalb von sexuellen Aktivitäten als auch während der Selbstbefriedigung als auch während sexuellen Aktivitäten mit anderen Personen auftreten. In Kurzform: Der Begriff sexuelle Fantasie bezieht sich auf jegliche mentale Bilder, die für ein Individuum sexuell erregend oder erotisch empfunden werden« (Leitenberg & Henning, 1995, S. 470; Übersetzung Y. Z.).

Im Anschluss daran fokussieren empirische Untersuchungen fast ausschließlich auf bewusste sexuelle Fantasien von Personen, die wach sind. Eine Unterscheidung zu Tagträumen wird in der Regel nicht vorgenommen, allerdings zu sexuellen Träumen. Ebenso werden Fantasien, deren sexuell erregende Wirkung eine Person nicht bewusst wahrnimmt, ausgeklammert, da forschungsmethodisch kaum ein anderer Weg offensteht, als von den Selbstaussagen und -definitionen der Befragten auszugehen (vgl. ebd.). In empirischen Untersuchungen sind sexuelle Fantasien daher in der Regel das, was die Befragten darunter verstehen, es sei denn, ihnen wird in quantitativ orientierten Studien bereits eine Liste mit vorab festgelegten Fantasieinhalten vorgelegt, zu denen sie sich positionieren sollen (vgl. ebd.).

3.2 Verbreitung und Frequenz von sexuellen Fantasien

Vor allem die ersten empirischen Arbeiten zu sexuellen Fantasien aus den 1970er und 1980er Jahren waren daran interessiert, durch eine Untersuchung der Verbreitung und Frequenz von sexuellen Fantasien nachzuweisen, dass das sexuelle Fantasieren etwas Normales ist. So gilt es heute als gut belegt, dass sexuelle Fantasien bei fast allen Menschen aller Geschlechter im Alltag, während der Selbstbefriedigung oder während des Sex mit einem*einer Partner*in auftreten bzw. bewusst erzeugt werden und somit nichts Ungewöhnliches sind (vgl. ebd., S. 490). Bezogen auf die Frequenz scheinen Männer öfter sexuelle Fantasien zu haben als Frauen, vor allem während nicht-sexueller Aktivitäten, aber auch während der Selbstbefriedigung. Bei beiden Geschlechtern treten Fantasien während des Sex mit einer anderen Person jedoch gleichermaßen häufig auf. Mit zunehmendem Alter nimmt bei Erwachsenen die Frequenz des Fantasierens wieder ab (vgl. ebd.).

Ausgehend von einer verkürzten und aus dem Gesamtkontext herausgelösten Lesart der berühmten Freud'schen Aussage: »Man darf sagen, der Glückliche phantasiert nie, nur der Unbefriedigte« (Freud, 1908e, S. 216), beschäftigten sich einige Studien mit der Frage, ob das Auftreten bzw. eine erhöhte Frequenz von sexuellen Fantasien mit einem unbefriedigenden oder gar pathologischen Sexualleben zusammenhängt (vgl. Leitenberg & Henning, 1995, S. 490). Beides konnte widerlegt werden und vieles deutet auf das Gegenteil hin: Daraus lässt sich ableiten, dass entweder sexuelle Fantasien durch ein aktives Sexualleben stimuliert werden oder häufiges Fantasieren zu einer erhöhten sexuellen Aktivität führt[5] (vgl. ebd., S. 477f.).

5 Ein Ergebnis, das auch Gromus (vgl. 1993, S. 200) mit ihrer vergleichenden Untersuchung einer klinischen Gruppe von 46 Frauen mit diagnostizierten Sexualstörungen und einer

Insgesamt beklagen Leitenberg und Henning (1995) aber große Forschungslücken im Bereich der (früh-)kindlichen Fantasiebildung, und sie vermissen Studien aus anderen Ländern bzw. ländervergleichende Untersuchungen, um kulturelle Unterschiede herauszuarbeiten, sowie Langzeituntersuchungen, um Veränderungen im Laufe eines Lebens nachzuverfolgen. Sie weisen weiterhin auf die geringe Teilnehmer*innenzahl vieler Studien und die homogene Zusammensetzung des Samplings (häufig nur Studierende) der meisten Untersuchungen hin und kritisieren schlecht vergleichbare Messinstrumente (vgl. ebd., S. 491).

Eine Langzeitstudie, die sich dadurch hervortut, dass das Sample eine breite Altersverteilung beinhaltet, legte Hartmann (1989) vor. Diese Arbeit stellt die bis dato aufwendigste quantitative Untersuchung aus dem deutschsprachigen Raum zu Inhalten und Funktionen von sexuellen Fantasien von Frauen und Männern dar. In der Panel-Studie wurden 188 Personen über einen Zeitraum von einem Jahr alle zwei Monate mittels eines Fragebogens zu Vorkommen, Frequenz, Funktion und Inhalt ihrer sexuellen Fantasien sowie zu begleitenden Gefühlen, sexueller Aktivität und zu ihrer partnerschaftlichen und sexuellen Zufriedenheit befragt. Eine weitere Besonderheit der Studie stellt die Unterscheidung zwischen Tagträumen, Masturbationsfantasien und Koitusfantasien (sexuelle Fantasien während des Sex mit anderen Personen) dar (vgl. ebd., S. 62ff.). Eines der Hauptanliegen war dabei, den zeitlichen Einfluss auf sexuelle Fantasien zu untersuchen. Tatsächlich ließen sich über den beobachteten Zeitraum von einem Jahr Veränderungen in sämtlichen Parametern nachweisen. Allerdings gab es nur im Hinblick auf die Frequenz der sexuellen Fantasien Schwankungen von größerem Umfang, während die Inhalte sehr viel schwächer variierten und Auslösebedingungen und Einsatzmuster für den untersuchten Zeitraum eine hohe individuelle Stabilität zeigten (vgl. ebd., S. 107). Bezogen auf die Fantasieform war der Tagtraum die »veränderungssensibelste Imaginationsart« (ebd.), bei dem sich auch im Gegensatz zu den anderen Formen relevante Veränderungen im Fantasieinhalt nachweisen ließen (vgl. ebd., S. 106). Danach folgten die Masturbationsfantasien und die »fast völlig invarianten Koitusphantasien« (ebd., S. 108). Hartmann interpretiert, dass die Inhalte, Einsatzmuster und Funktionen sexueller Fantasien

Vergleichsgruppe von 44 Frauen ohne bekannte sexuelle Probleme bestätigen konnte. So berichteten die Frauen der Vergleichsgruppe insgesamt mehr sexuelle Fantasien und wiesen eine höhere Fantasiefrequenz auf (vgl. ebd., S. 201).

viel stärker vom Geschlecht und von größeren Lebensphasen abzuhängen scheinen als von kurzfristigen Veränderungen (vgl. ebd., S. 108).

3.3 Strukturen und Funktionen von sexuellen Fantasien

Durch eine qualitative inhaltsanalytische Auswertung der Fantasieberichte von Frauen erstellte Gromus (vgl. 1993, S. 184f.) drei Kategorien, die beschreiben, welche Struktur Fantasien annehmen können: Sie können in Gestalt eines Films, als stehende Bilder, die blitzlichtartig wie Fotografien oder Ausschnitte von Fotografien aufscheinen, oder als Kipp-Phänomen auftreten. Mit Letzterem beschreibt Gromus Handlungsabläufe, »die plötzlich in einem stehenden Bild enden, das z. T. weiter als stehendes Bild benutzt wird« (ebd., S. 185).

Bezogen auf die Funktion und den Sinn, den die Frauen ihren sexuellen Fantasien zuschreiben, lassen sich Gromus (vgl. ebd., S. 177f.) zufolge fünf Kategorien bilden: Ersatz für unerfüllte Bedürfnisse, bewusster Einsatz für die sexuelle Stimulation, Ablenkung und Bewältigung von Ängsten, Planung und imaginäres Probehandeln für künftige Aktivitäten sowie Erkenntnisgewinn und Belohnung. Auch andere Autor*innen sammelten mögliche Funktionen;[6] Hartmann (vgl. 1989, S. 42) hält mit seiner Studie fest, dass sich sexuelle Fantasien wohl durch eine »Multifunktionalität« und »Mehrfachdeterminierung« (ebd.) auszeichnen.

3.4 Inhalte von sexuellen Fantasien

Auch bei der Erfassung und Klassifizierung der Inhalte von sexuellen Fantasien sehen Leitenberg und Henning (vgl. 1995, S. 480) empirische Studien vor erheblichen methodischen Herausforderungen stehen. Insgesamt wurden vor allem zwei Verfahren erprobt: Teilnehmer*innen wurden gebeten, ihre

6 Am ausführlichsten erstellte Ertel (vgl. 1990, S. 355) in seiner Arbeit zu Pornografie eine Liste von potenziell psychologischen Grundfunktionen von sexuellen Fantasien. An dieser Stelle sei jedoch darauf hingewiesen, dass Ertel und das von ihm gegründete »Institut für Rationelle Psychologie« in den Jahren 2008 bis 2010 in die Schlagzeilen gerieten, weil viele seiner medienwirksamen Studien gefälscht sein sollten. In diesem Zuge wurden auch Zweifel an seiner Pornografie-Studie von 1990 geäußert (vgl. ZEIT Verlagsgruppe, 2010).

sexuellen Fantasien aufzuschreiben, und anhand dieser aufgeschriebenen Texte wurden Kategorien entwickelt und Häufigkeiten ausgezählt; oder Teilnehmer*innen kreuzten auf vorbereiteten Listen die Inhalte an, die in ihren persönlichen Fantasien vorkamen. Dabei problematisieren Henning und Leitenberg, dass die Gestaltung der Listen in den verschiedenen Studien nicht einheitlich war, die Auswahl und Formulierung der unterschiedlichen Inhalte das Ergebnis stark beeinflussten und dass nur sehr wenige Studien große Teilnehmer*innenzahlen aufweisen konnten. Aus der Zusammenschau der Studien, die die Inhalte sexueller Fantasien untersuchten, fassen Leitenberg und Henning (ebd., S. 480) insgesamt vier Hauptkategorien zusammen:

- Fantasien mit »konventionellen, heterosexuellen Bildern«, in denen vergangene, aktuelle oder imaginäre (aber persönlich bekannte) Sexualpartner*innen vorkommen
- Szenen, die auf Macht und »Unwiderstehlichkeit« (im Original: »irresistibility«) hindeuten
- Szenen, die vielgestaltige und/oder »verbotene« bzw. »fragwürdige« Settings, Praktiken, Positionen oder Sexualpartner*innen beinhalten
- Szenen, die Unterwerfung oder Dominanz beinhalten und/oder in denen ein »gewisses Level« an physischer Gewalt angedeutet wird oder enthalten ist

Eine aktuelle und in forschungsmethodischer Hinsicht sehr reflektierte Studie legten Joyal, Cossette und Lapierre (2015) vor. Die Autor*innen wählten bei ihrer Untersuchung den Weg, ihre Internetumfrage gezielt an Bewohner*innen einer bestimmten kanadischen Stadt zu richten, um Teilnehmer*innen aus der gesamten Breite der Bevölkerung zu akquirieren. Durch massive Werbung in der Stadt gelang es zwar, insgesamt 1.561 erwachsene Personen (799 Frauen und 717 Männer) zu einer Teilnahme zu bewegen, dennoch war die Studie nicht repräsentativ für die gesamte Bevölkerung der Region (vgl. ebd., S. 333). Hauptziel der Studie war es, aufzuzeigen, welche Fantasieinhalte von einem rein statistischen Standpunkt aus betrachtet als selten, unüblich, üblich oder typisch beschrieben werden können. In ihrer Internetumfrage nutzten die Autor*innen dazu eine Fantasieliste mit 55 Items[7] und einer offene Frage, bei denen die Teil-

7 Ob eine Fantasie als erregend empfunden wird, wurde auf einer Liket-Skala von 0 bis 7 erhoben, wobei eine Einordnung zwischen den Stufen 3 und 7 als ein (gewisses) vorhandenes Interesse an der Fantasie gewertet wurde (vgl. Joyal et al., 2015, S. 332).

nehmer*innen in ihren eigenen Worten ihre Lieblingsfantasie beschreiben konnten, falls diese in der Liste fehlte (vgl. ebd.). So zeigte sich, dass von den 55 vorgegebenen Fantasieinhalten nur zwei als statistisch selten betrachtet werden konnten (Interesse bei 2,3 % oder weniger Teilnehmer*innen vorhanden[8]). Für die Frauen waren insgesamt nur sieben Fantasieinhalte unüblich (Interesse bei 15,9 % oder weniger)[9] und bei den Männern nur vier.[10] Am anderen Ende der Skala konnten lediglich fünf Fantasieinhalte als typisch betrachtet werden (Interesse bei 84,1 % oder mehr)[11] (vgl. ebd., S. 335). Eine inhaltsanalytische Auswertung der frei beschriebenen Lieblingsfantasien, die insgesamt 372 Personen (158 Frauen und 214 Männer) äußerten, ergab, dass die Themen, die in der verwendeten Fantasieliste vollständig fehlten, nur sehr selten auftraten. Eine Ausnahme davon bildeten aber Fantasien von Männern über »Shemales«, aufnehmenden Analverkehr mit einer andersgeschlechtlichen Person und ebenfalls über das Zuschauen, während die*der Partner*in Sex mit einer anderen Person hat, die relativ häufig frei genannt wurden (vgl. ebd., S. 336). Letzterer Fantasieinhalt, der im Rahmen dieser Arbeit unter die Definition der Cuckold-Fantasie fallen würde, tauchte bei 8,4 % der Männer auf, die ihre Lieblingsfantasie frei äußerten (vgl. ebd., S. 337). Würde man dies auf die Gesamtanzahl der teilnehmenden Männer hochrechnen, hätte die Fantasie einen Anteil von 2,5 % erreicht und wäre somit von den Autor*innen (wenn auch nur knapp) nicht als seltene Fantasie betrachtet worden. Es kann jedoch davon ausgegangen werden, dass womöglich (deutlich) mehr Teilnehmer*innen (ein gewisses) Interesse an diesem Fantasieinhalt angegeben hätten, wäre er von Anfang an in der vorgegebenen Fantasieliste enthalten gewesen.

8 Dazu zählten Sex mit einem Kind unter zwölf Jahren und Sex mit einem Tier (vgl. ebd., S. 333).

9 Dazu zählten Urinieren auf den*die Partner*in, auf sich urinieren lassen, Kleidung des anderen Geschlechts tragen, eine Person zum Sex zwingen, eine betrunkene oder schlafende Person missbrauchen, Sex mit einer Prostituierten und Sex mit einer Frau mit sehr kleinen Brüsten.

10 Dazu zählten Urinieren auf den*die Partner*in, auf sich urinieren lassen, Sex mit zwei anderen Männern und Sex mit mehr als drei anderen Männern (vgl. ebd.).

11 Dazu zählten romantische Gefühle während einer sexuellen Beziehung, Fantasien, bei denen Atmosphäre und Ort wichtig sind, und Fantasien über einen romantischen Ort. Zusätzlich zählten hierzu bei den Männern Fantasien über Oralverkehr und Sex mit zwei Frauen (vgl. ebd.).

Insgesamt sehen Joyal, Cossette und Lapierre (vgl. ebd., S. 338) in ihren Ergebnissen einen Beleg dafür, dass tatsächlich nur wenige Fantasieinhalte selten auftreten und vermeintlich ungewöhnliche Fantasien sowohl bei Männern als auch bei Frauen weiter verbreitet zu sein scheinen, als oftmals angenommen. Sie plädieren daher für einen vorsichtigeren Umgang mit dem Labeln von Fantasien als »unnormal« oder »atypisch« gerade in Bezug auf verschiedene medizinische Diagnostikkriterien. Darüber hinaus, so die Autor*innen, habe ihre Studie gezeigt, dass auch bei Stichproben mit Teilnehmer*innen, die nicht vorwiegend Studierende waren, sexuelle Fantasien über Dominanz und Unterwerfung relativ weit verbreitet scheinen. So habe ein (gewisses) Interesse für verschiedene submissive Fantasieinhalte bei 30 % bis 60 % der Frauen vorgelegen, aber auch bei den Männern sei dies nicht viel weniger ausgeprägt, wobei diese in der Tendenz ein höheres Interesse für Fantasien über das Dominieren angaben. Für viele Männer und Frauen gelte aber, dass Unterwerfungs- und Dominanzfantasien keine Gegensätze seien, sondern hochsignifikant miteinander korrelieren (vgl. ebd., S. 328).

3.5 Einflüsse auf die Inhalte von sexuellen Fantasien

Die Annahme, dass der Inhalt von sexuellen Fantasien durch Konditionierungsmechanismen vollständig bestimmt werde, sehen Leitenberg und Henning (vgl. 1995, S. 484) durch verschiedene Studien als widerlegt an. Gleichzeitig bestreiten sie aber nicht, dass Konditionierungseffekte einen Einfluss auf die Entwicklung von sexuellen Fantasien haben können. Es liege auf der Hand, dass das, was eine Person gesehen, gelesen, gehört oder erlebt hat, Eingang in die Fantasie finden könne und durch wiederholtes Imaginieren verknüpft mit Selbstbefriedigung und/oder einem Orgasmuserleben gefestigt werde. Ein Indiz dafür sei, dass experimentierfreudige Personen, die vielfältige sexuelle Erfahrungen gemacht haben, ebenso diversere Fantasieinhalte aufzeigen. Menschen schienen häufiger über das zu fantasieren, was ihnen auch aus dem realen Leben vertraut sei (vgl. ebd., S. 486). Insgesamt seien aber die Studien, die die Autoren überblicken, weit davon entfernt, erklären zu können, warum eine Person bestimmte Fantasien als erregend empfindet und andere nicht. Nur wenige Studien hätten versucht, nach Zusammenhängen mit Persönlichkeitsmerkmalen, biografischen Veränderungen oder sich wandelnden gesellschaftlichen Einstellungen zu fragen (vgl. ebd.).

Immer wieder wird auch über den Einfluss von Pornografiekonsum insbesondere auf Jugendliche diskutiert. In seiner interdisziplinären Arbeit *Pornografie und psychosexuelle Entwicklung im gesellschaftlichen Kontext* widmet sich Korte (2018) den vielzähligen sexualwissenschaftlichen Studien, die sich mit den angenommenen negativen Wirkungen von Pornografiekonsum auf Jugendliche beschäftigen. Untersucht wurden dabei aber vor allem der Einfluss auf reales sexuelles Verhalten oder in Bezug auf Einstellungsveränderungen (vgl. ebd., S. 83ff.).[12] Inwieweit sich Pornografiekonsum allerdings auf die Inhalte von sexuellen Fantasien auswirkt, bleibt unklar.

Auf zwei entscheidende Punkte machen Štulhofer, Schmidt, und Landripet (2009) im Kontext ihrer Studie mit kroatischen Studierenden aufmerksam, die in der öffentlichen oder wissenschaftlichen Debatte häufig undifferenziert betrachtet würden und die auch für die Fantasieforschung relevant sein dürften: Einerseits gleiche

> »der Teenager, der sich Pornografie ansieht, […] nicht einer leeren Tafel, in die nun pornotypische Skripte eingraviert werden. Vielmehr treffen die pornografischen Stimuli auf eine schon vorhandene Struktur des Begehrens. (Möglicherweise helfen die pornografischen Bilder dem Teenager beim Prozess der Sexualisierung seiner oder ihrer Lovemap). Und: Er oder sie wird

12 Dabei unterscheidet Korte (vgl. 2018, S. 111) die Wirkungen, die »einfache«, gewaltfreie Pornografie auf Heranwachsende haben kann, von dem angenommenen Gefahrenpotenzial von »Gewalt- und Devianz-Pornografie« (ebd.). Zur ersten Gattung hält er fest, dass sich ein Großteil der befürchteten negativen Effekte nicht haben nachweisen lassen (vgl. ebd., S. 91). Dies betreffe vor allem Befürchtungen, dass Jugendliche die »Realitätsferne der pornografischen Skripte« (ebd., S. 83) nicht richtig einschätzen könnten, der Pornokonsum Einstellungsveränderungen gegenüber Partnerschaft, Sexualität und bei Jungen gegenüber Mädchen oder Frauen bewirke, sowie die Annahme, dass Pornokonsum auch das sexuelle Verhalten nachhaltig beeinflusse (vgl. ebd., S. 86ff.). Die Studien jedoch, die sich explizit mit der Wirkung von gewaltpornografischen Inhalten beschäftigten, deuten Korte (vgl. ebd., S. 116) zufolge sehr wohl auf Zusammenhänge zwischen dem häufigen Konsum von Gewaltpornografie und sexuell übergriffigem Verhalten hin. Dabei müsse aber berücksichtigt werden, dass die in den Studien nachgewiesenen Korrelationen keinen Kausalzusammenhang aufklären können. So könne der Zusammenhang zwischen sexuell aggressivem Verhalten und Gewaltpornografie auch so erklärt werden, dass »entsprechend prädisponierte Kinder und Jugendliche häufiger dazu tendierten, entsprechende gewalthaltige, pornografische Medieninhalte zu suchen und zu nutzen« (ebd.).

> sich vor allem für solche pornografischen Stücke interessieren, die seiner oder ihrer Lovemap entsprechen, und vor allem solche Stücke aufsuchen« (Štulhofer et al., 2009, S. 21).

Anderseits weisen sie darauf hin, dass sich die entsprechenden Studien auf die Einflüsse von Pornokonsum auf sexuelles Verhalten, Einstellungen und Vorstellungen von »gutem Sex« konzentrierten. Unter Rückgriff auf Simon und Gagnons (2000) skripttheoretischen Ansatz betonen die Autor*innen (vgl. 2009, S. 22) aber den Unterschied zwischen den sexuellen Skripten eines Individuums auf der symbolischen Ebene (»die virtuelle Welt des Fantasierens und Träumens« [ebd.]) und den Skripten über das reale Sexualleben:

> »Das Skript vom ›besten Sex‹ gehört in diesem Modell zur realen, die Pornografie zur symbolischen Sexwelt. Nach unseren Ergebnissen verändert das häufige Abtauchen in den pornografischen Teil der symbolischen Sexwelt nicht die Vorstellung vom (guten) realen Sex, und dies entspricht dem Postulat Gagnons, dass beide Welten koexistieren, ohne sich nachhaltig zu beeinflussen. […] Die beiden Sexwelten sind in vieler Hinsicht unabhängig voneinander, und die reale soll keineswegs so sein wie die virtuelle. Wir haben nicht untersucht, ob und gegebenenfalls wie der Pornografiekonsum im Jugendalter die eigenen sexuellen Fantasien (zum Beispiel beim Masturbieren) beeinflusst. Möglicherweise hätten wir hier stärkere Bezüge gefunden oder auch festgestellt, dass ein hoher Pornografiekonsum das Individuelle und Eigenartige sexueller Fantasien klischeehaft verengt – oder auch nicht« (Štulhofer, Schmidt & Landripet, 2009, S. 22).

4 Psychoanalytische Konzepte zu (sexuellen) Fantasien

Im Anschluss an Freud (1900a; 1908e), Stoller (2014 [1975]; 1986), Schorsch (1993) und Quindeau (2014) geht diese Arbeit von der theoretischen Prämisse aus, dass sexuelle Fantasien neben dem manifesten Inhalt ebenso tiefer gehende, latente Bedeutungsinhalte aufweisen können, die zu der sexuell erregenden Wirkung der Vorstellung beitragen (bzw. sie erst hervorrufen) – ohne dass sie der fantasierenden Person bewusst sind. Die psychoanalytischen Konzepte, auf die diese Prämisse aufbaut, werden im Folgenden diskutiert.

4.1 (Sexuelle) Fantasien im Verständnis von Freud und Quindeau

Freud arbeitete keine explizite Theorie zu Fantasien aus, weist aber an mehreren Stellen darauf hin, dass er Fantasien bzw. Tagträume allgemein als Kompromissbildungen versteht, die von der Struktur her mit den nächtlichen Träumen vergleichbar seien (vgl. Laplanche & Pontalis, 2016, S. 390). Wie bei den Träumen sei der manifeste Fantasieinhalt als Produkt einer Arbeit des psychischen Systems zu betrachten, bei dem ein unbewusst gewordener Wunsch in einer durch sekundäre Bearbeitungen abgewandelten Form zur Erfüllung kommt:

> »Wie die Träume sind sie Wunscherfüllungen; wie die Träume basieren sie zum guten Teil auf den Eindrücken infantiler Erlebnisse; wie die Träume erfreuen sie sich eines gewissen Nachlasses der Zensur für ihre Schöpfungen. Wenn man ihrem Aufbau nachspürt, so wird man inne, wie das Wunschmotiv, das sich in ihrer Produktion betätigt, das Material, aus dem sie gebaut sind, durcheinander geworfen, umgeordnet und zu einem neuen Ganzen zusammengefügt hat« (Freud, 1900a, S. 496).

Auch in Bezug zur künstlerischen Fantasietätigkeit betrachtet Freud in »Der Dichter und das Phantasieren« (1908e) Fantasien als imaginierte »Wunscherfüllung, eine Korrektur der unbefriedigenden Wirklichkeit« (ebd., S. 16) und als Fortsetzung und Ersatz des schmerzlich aufgegebenen lustvollen kindlichen Spielens, bei dem sich das Kind »die Dinge seiner Welt in eine neue, ihm gefällige Ordnung versetzt« (ebd., S. 214). Zentral bei der Freud'schen Konzeption ist, dass die manifeste Gestalt einer Fantasie nicht als statisch betrachtet wird – selbst dann nicht, wenn der Ursprung eines unbewussten Wunsches, auf den eine Fantasie indirekt Bezug nehmen mag, weit in der Vergangenheit liegt. Die Fantasie stehe, so Freud, immer in Bezug zur aktuellen Lebenssituation samt ihren Eindrücken, Bedürfnissen und Konflikten:

> »Sie schmiegen sich vielmehr den wechselnden Lebenseindrücken an, verändern sich mit jeder Schwankung der Lebenslage, empfangen von jedem wirksamen neuen Eindrucke eine sogenannte ›Zeitmarke‹. Das Verhältnis der Phantasie zur Zeit ist überhaupt sehr bedeutsam. Man darf sagen: eine Phantasie schwebt gleichsam zwischen drei Zeiten, den drei Zeitmomenten unseres Vorstellens. Die seelische Arbeit knüpft an einen aktuellen Eindruck, einen Anlaß in der Gegenwart an, der imstande war, einen der großen Wünsche der Person zu wecken, greift von da aus auf die Erinnerung eines früheren, meist infantilen, Erlebnisses zurück, in dem jener Wunsch erfüllt war, und schafft nun eine auf die Zukunft bezogene Situation, welche sich als die Erfüllung jenes Wunsches darstellt, eben den Tagtraum oder die Phantasie, die nun die Spuren ihrer Herkunft vom Anlasse und von der Erinnerung an sich trägt« (ebd., S. 217f.).

Quindeau (vgl. 2014, S. 75) greift diese Konzeption auf und überträgt sie auf sexuelle Fantasien, indem sie deren lebensgeschichtlichen Ursprung und permanente nachträgliche Umschriften betont. Dabei sei insbesondere die Adoleszenz als »Knotenpunkt von Umschriften« (ebd., S. 63) zu verstehen, bei der die »›rätselhaften Botschaften‹ vor dem Hintergrund der körperlichen, insbesondere der genitalen Entwicklungen erneut interpretiert und zu neuen Antworten verarbeitet« (ebd., S. 64f.) werden müssten. Gleichzeitig würden Jugendliche in besonderer Weise gesellschaftlichen Ordnungsvorstellungen unterworfen und die ursprünglich »polymorph-perverse« infantile Sexualität werde umso stärker reglementiert (vgl. ebd., S. 63). Quindeau zufolge stellen sexuelle Fantasien also Verarbeitungsformen von Erinnerungsspuren an vergangene Wahrnehmungen dar, die nachträglich aus- und umgestaltet werden (vgl. ebd., S. 74). Im Anschluss an die »Allgemeine Verführungstheorie« von Laplanche (2017) sieht sie den Ausgangspunkt von sexuellen Fantasien in der unbewussten Dimension der Eltern-Kind-Interaktionen, innerhalb derer das Kind nicht nur die unmittelbaren körperlichen Berührungen durch die Bezugspersonen, sondern auch deren »rätselhafte Botschaften« (Quindeau, 2014, S. 27) psychisch verarbeiten müsse (vgl. ebd., S. 74). Die subjektiven Befriedigungserfahrungen (worunter Quindeau [vgl. ebd., S. 39ff.] Erfahrungen der Oral-, Anal-, Urethral-, Haut-, Blick- und Genitalerotik sowie des ödipalen Begehrens fasst), die ein Kind mit sich selbst und seinen Bezugspersonen erwerbe oder die ihm versagt blieben,

> »bilden sich zu spezifischen Befriedigungsmustern aus, die wiederum seine Erwartungen an zukünftige Befriedigung prägen. Diese Befriedigungsmuster werden im Verlauf der Lebensgeschichte fortwährend umgeschrieben. Allerdings nicht beliebig und willkürlich, wie dies die sogenannten Skript-Theorien behaupten, sondern innerhalb eines bestimmten Rahmens. Die Befriedigungserfahrungen werden körperlich eingeschrieben und bilden eine Art Körpergedächtnis, das den Rahmen für die Umschriften vorgibt« (ebd., S. 39).

Die auf die oben aufgezählten Befriedigungsmodalitäten zurückgehenden sexuellen Wünsche weisen dabei Quindeau zufolge immer gleichzeitig aktive und passive Ausprägungsformen auf. Da sie aber aufgrund ihrer Widersprüchlichkeit nicht gleichzeitig ausgelebt werden können, müssen sie »auf unterschiedliche Weise psychisch verarbeitet und abgewehrt, das heißt verdrängt, projiziert, sublimiert o.Ä.« (ebd.) werden. Vor diesem Hintergrund sieht es die Autorin (vgl. ebd., S. 76) in Abgrenzung zu Laufer und Laufer (1989) nicht als zwingend an, dass etwa eine Selbstbefriedigungsfantasie aus einer Kompromisslösung zwischen dem Erwünschten und dem vom Über-Ich Verbotenen besteht:

> »Vielmehr scheint sie die phantasmatische Ausgestaltung von Lust- und Befriedigungsmodalitäten zu ermöglichen, die gerade nicht in der konkret gelebten, partnerbezogenen Sexualität umgesetzt werden. Die Phantasie bietet einen Möglichkeitsraum für sexuelle Wünsche, in dem die jeweils andere Seite der polar angelegten Begehrensmodalitäten befriedigt werden kann.

> So können in einem sexuellen Akt die einander ausschließenden Wünsche nach einem männlichen ebenso wie nach einem weiblichen Sexualpartner, die Wünsche nach aktiver Penetration ebenso wie nach passivem Penetriert werden verbunden werden« (Quindeau, 2014, S. 78).

Dennoch geht auch Quindeau (vgl. ebd., S. 77) davon aus, dass in der Fantasie im Sinne einer Kompromissbildung durchaus auch (moralisch) »unannehmbare« sexuelle Wünsche ihren Raum bekommen und imaginär befriedigt werden können. Dies sei im Gegensatz zur Einschätzung von Laufer und Laufer (1989) nur nicht immer der Fall.

4.2 Sexuelle Fantasien im Verständnis von Stoller und Schorsch

Eine andere Perspektive auf die latente Bedeutungsebene schlägt Stoller (2014 [1975]; 1986) vor: Ausgehend von klinischen Fallanalysen und seiner darauf aufbauenden Perversionstheorie entwickelt er ein Verständnis von (perversen) sexuellen Fantasien als »erotisiertem Hass«, bei der sich die sexuelle Erregung aus der Bearbeitung biografischer Traumata, Verletzungen, Frustrationen und Ängste speise (vgl. Stoler 2014 [1975], S. 103ff.). Diese würden zwar im perversen Akt oder in der perversen Fantasie nicht in direkter Form reinszeniert, sondern in dosierter und verschlüsselter Form angeteasert und letztendlich in einen Triumph umgewandelt. Damit eine sexuelle Erregung gelinge, müsse bei der Konstruktion der Fantasie ein Kompromiss zwischen Langeweile und überfordernder und somit die Erregung wieder (zer-)störender traumatischer Angst gefunden werden:

> »Erstens tragen Tagräume zum Lustgewinn bei, indem sie die Welt umformen und einen dadurch von der Angst, das Trauma könne sich wiederholen, erlösen. Zweitens enthält der Tagtraum Elemente, die ein Wagnis vortäuschen, so daß Erregung – Spannung – ins Spiel kommt. Drittens garantiert der Tagtraum ein glückliches Ende, was bedeutet, daß man diesmal nicht nur das Trauma überwunden, sondern sogar denjenigen einen Strich durch die Rechnung gemacht, wenn nicht gar ein Trauma zugefügt hat, die ursprünglich die Angreifer waren. Wenn der Tagtraum sich schließlich mit genitaler Erregung, insbesondere einem Orgasmus verbindet, erweist sich

seine ›Richtigkeit‹, und das führt zu einer Wiederholung der Erfahrung unter ähnlichen Umständen« (ebd., S. 26).

Letztendlich nehme die perverse Fantasie die »Gestalt einer Rachephantasie« an, bei der ein »Kindheitstrauma in den Triumph des Erwachsenen« (ebd., S. 22) verwandelt werde:

> »Im manifesten Inhalt der Phantasie liegen die Schlüssel für die Traumen und Versagungen, die von außen auf die kindlichen Sexualwünsche einwirken, für die Mechanismen, die die entstehenden Spannungen lösten, und für die Charakterstruktur, mit deren Hilfe man sich die Befriedigung durch den eigenen Körper und die Außenwelt (die Objekte) verschafft« (ebd., S. 124).

In seiner Arbeit zu Perversionen nimmt Stoller (ebd., S. 21) noch eine deutliche analytische Unterscheidung zwischen einem nicht-perversen »vollständigen Sexualakt«, der der »kulturbedingten Definition des Normalen« (ebd.) entspricht, einer nicht-perversen Abweichung davon, die sich zufällig oder durch einen externen Auslöser ergeben hat, und schließlich einer Perversion vor, die er als »gewohnheitsmäßige, bevorzugte Abweichung« definiert, die nötig sei, »um volle Befriedigung zu erreichen, und die ihren Ursprung vor allem in Feindseligkeit hat« (ebd., S. 22). Insbesondere in dem später verfassten Werk *Sexual Excitement* arbeitet Stoller (vgl. 1986 [1975], S. 6) allerdings ein umfassenderes Verständnis von »perversen Mechanismen« aus, die nun die sexuelle Erregung generell auszeichnen sollen und nicht nur die von solchen Personen, die als »Perverse« gelabelt werden. Erregung sei grundsätzlich ein schnelles Hin- und Herpendeln zwischen negativen und positiven Erlebensweisen wie Lust und Schmerz, Entlastung und Trauma, Gefahr und Sicherheit. Die Synthese daraus ergebe einen aufregenden (sexuellen) Tagtraum oder etwa einen Porno, ein Gemälde, ein Theaterstück oder eine Sinfonie (vgl. ebd.). Sexuelle Erregung wiederum sei ohne zumindest einen Hauch von Risiko und Feindseligkeit (entweder versteckt oder offensichtlich) nicht denkbar; eine vollständige Abwesenheit führe zu Langeweile. Dabei sei die Feindseligkeit in der Erotik oder in einer sexuellen Fantasie als ein Versuch zu betrachten, kindliche Traumata, Frustrationen und Konflikte zu überwinden oder kurzfristig zu mildern (vgl. ebd.). Schmidt (2014) fasst daher Stollers Verständnis von Erotik wie folgt zusammen:

> »Erotik, intensives Begehren und sexuelles Erleben sind für Stoller ohne Risiko, ohne Angst, ohne Feindseligkeit, ohne Kampf und Triumph – zumindest in Spuren – nicht denkbar; ohne sie endet alles Sexuelle in Langeweile. Harmonie ist ein Feind der Leidenschaft. Gesellschaftlich hoch und niedrig Bewertetes – Erotik und Perversion – beruht auf den gleichen Mechanismen: auf der Dynamisierung der Sexualität durch nichtsexuelle Affekte; oder, paradoxer und provokanter formuliert, auf der erotisierenden Kraft, die seelische Verletzungen und Konflikte haben können« (ebd., S. 84).

Dieses Verständnis von sexueller Erregung oder sexuell erregenden Fantasien erntete auch vielfältige Kritiken, die die Reduzierung auf einen Teilaspekt oder den Ansatz grundsätzlich infrage stellten. So kritisiert Schorsch (vgl. 1993, S. 40) die Überbetonung der »Feindseligkeit«, die andere Erlebensqualitäten in der sexuellen Erregung wie Zuneigung, Geborgenheit oder Nähe außer Acht lasse. Die Sexualbiografie eines Menschen sei in der Regel keine »ununterbrochene Folge von Frustrationen, Traumata, Wunden« (ebd.). Daher könne eine sexuelle Fantasie das latente Potenzial sowohl der Angstabwehr (wie im Stoller'schen Sinn) als auch der Wunscherfüllung (wie im ursprünglichen Freud'schen Sinn) aufweisen:

> »Wir tragen ebenso unbewußte Erinnerungen an sehr frühe, verlorene und nicht wieder herzustellende Gefühlszustände von Glück und Vollkommenheit in uns, die starke Sehnsüchte wachhalten […]. In der sexuellen Erregung und Lust werden die essentiellen Ereignisse der eigenen frühen Geschichte momentan in der Regression wieder lebendig – dazu gehören die Wunden, die Traumata und Ängste ebenso wie die Zustände von Glück und Erfüllung. […] Es sind einmal sehr frühe Zustände und Sehnsüchte, die aktuell wieder aufleuchten können – Erinnerungsspuren an den Zustand von Vollkommenheit vor der Individuation: der Aspekt von Verschmelzung, Auflösung der Ich-Grenzen, die Aufhebung der Trennung, ein kurzes Wiederaufleben partialobjekthafter Beziehungen […], die Aufgabe von Selbstkontrolle, Idealisierung, die momentane Symbiose mit einem flüchtigen Anklang an primär-narzißtische androgyne Vollkommenheit, der Aspekt von Sättigung und Gesättigt-Werden, das Auftauchen primärprozeßhaften Erlebens mit Auflösung von Raum und Zeit, Verblassen von rationaler Realitätskontrolle, Projektion, Verschiebung – all das kann momentan und sehr flüchtig im Orgasmus anklingen« (ebd., S. 40f.).

Eine grundsätzlichere Kritik fasst Sulyok (2017) in Bezug zu Ansätzen wie dem von Stoller, in denen Perversionen oder perverse Mechanismen als »Lösungen für innere Notlagen und für unlösbar erscheinende Konflikte oder Defizite« (ebd., S. 483) verstanden werden, zusammen. Zum einen bleibe in diesen Perversionstheorien, die einen (hetero-)sexuellen Verkehr der »Liebe und Gegenseitigkeit« (ebd., S. 484) als Idealbild und folglich alle Abweichungen davon als Ausdruck einer wie auch immer gearteten Abwehr und somit implizit als »auszuselektierende Sexualität« (ebd.) begreifen, eine »moralische Komponente« (ebd., S. 483) enthalten, hinter der der Wunsch nach einer »heterosexuellen, ›perversionsfreien‹ Gesellschaft« (ebd., S. 484) aufscheine. Zum anderen könne die »eindimensionale Psychologisierung solcher Betrachtungsweisen, die die multiplen Bedeutungen von Sexualität« (ebd., S. 489) vernachlässige, als »Ausdruck einer Perversion selbst« (ebd., S. 490) kritisiert werden.

4.3 Schlussfolgerungen

Aus der Diskussion der verschiedenen psychoanalytischen Konzeptionen zu sexuellen Fantasien und deren möglichen latenten Bedeutungen folgt für diese Arbeit, dass sie offen für ebenjene vielfältigen Bedeutungsebenen bleiben muss, ohne sich auf ein bestimmtes Verständnis einzuengen. Es wird davon ausgegangen, dass sexuelle Fantasien sowohl das Potenzial besitzen, unbewusste Wünsche in verstellter Form imaginär zur Erfüllung zu bringen (Freud, 1900a; 1908), als auch einen Kompromiss zwischen dem unbewusst Erwünschten und den Verboten des Über-Ich zu finden (Laufer & Laufer, 1989), als auch in verschlüsselter Weise mit biografischen Traumata und Konflikten zu spielen und sie (triumphal) für den Moment zu lösen (Stoller, 2014 [1975]; 1986), als auch Sehnsüchte nach infantiler Vollkommenheit und früheren Glückszuständen symbolisch kurzzeitig zu erfüllen (Schorsch, 1993) sowie Verarbeitungsformen von Erinnerungsspuren an frühere Wahrnehmungen darzustellen, die widersprüchliche Wünsche hervorrufen (Quindeau, 2014). Insbesondere mit Freud (1908e) und Quindeau (vgl. 2014, S. 75) sei aber nochmal die Perspektive betont, dass sexuelle Fantasien keine unveränderlichen und statischen Gebilde sind, sondern im Modus einer permanenten Umschrift sich jeweils der aktuellen (Entwicklungs-)Lage als auch den entsprechenden aktuellen Bedürfnissen und unbewussten Konfliktlagen anpassen und diese aufgreifen.

Gleichzeitig darf nicht missverstanden werden, dass die bewussten sexuellen Fantasien in der Regel weder etwas originalgetreu reinszenieren, was faktisch geschehen ist, noch zum Ausdruck bringen müssen, was sich eine Person tatsächlich wünscht:

> »So wenig wie die bewussten sexuellen Phantasien wirklich Geschehenes abbilden, bilden sie auch etwas als ›wirklich‹ Gewünschtes ab. An diesem Punkt offenbart sich die psychische Leistung der Phantasie, die gerade das zum Ausdruck bringt, was im ›realen Leben‹ keinen Platz findet. Auf diese Weise gelangen sexuelle Wünsche zu einer Inszenierungsmöglichkeit und (zumindest partielle [sic]) Befriedigung, die aus welchen Gründen auch immer keine manifeste Gestaltung erfahren – seien es moralische, ethische, ästhetische, praktische oder auch neurotische Gründe« (ebd., S. 81).

Lewandowski (vgl. 2012, S. 28) macht in diesem Zusammenhang auf eine Besonderheit von sexuellen Fantasien aufmerksam: Analog zum Traumzustand sei auch im Zustand der sexuellen Erregung die Wirksamkeit zensierender psychischer Instanzen eingeschränkt, sodass Vorstellungen, Handlungen und Fantasien, die im Zustand der Unerregtheit noch als abstoßend empfunden worden wären, für den Moment akzeptabler würden: »Traum wie sexuelle Erregung bieten ein ›Einfallstor‹ für Unbewusstes respektive Verdrängtes, indem sie die psychische Zensur abmildern« (ebd.).

Ohne sich für ein bestimmtes theoretisches Verständnis von latenten Anteilen in sexuellen Fantasien zu entscheiden, geht diese Arbeit allgemein davon aus, dass eine solche Ebene in sexuellen Fantasien enthalten sein kann und dass das, was die sexuell erregende Wirkung ausmacht, nicht vollständig in Sprache gefasst, geäußert oder Bestandteil einer bewussten Reflexion werden kann. Es wird angenommen, dass in sexuellen Imaginationen – aus welchem Grund auch immer – ebenso verdrängte, ausgegrenzte, dem Bewusstsein nicht mehr zugängliche Sinninhalte mitschwingen, die aber nicht minder wirksam sein können.

5 Forschungsperspektive und Forschungsfragen

Vor dem Hintergrund des dargestellten empirischen Forschungsstandes und der diskutierten psychoanalytischen Theorien berücksichtigt diese Forschungsarbeit folgende Punkte: Sexuelle Fantasien können vielfältige Formen, Strukturen und Inhalte annehmen und stellen allgemein nichts Ungewöhnliches dar oder verweisen als solche auch nicht auf ein unbefriedigendes oder pathologisches Sexualleben. Von einem statistischen Standpunkt aus betrachtet, kann davon ausgegangen werden, dass ein gewisses Interesse bei Männern für eine Cuckold-Fantasie weiter verbreitet zu sein scheint, als oftmals angenommen. Sowohl die empirische Sexualforschung als auch verschiedene psychoanalytische Konzepte machen darauf aufmerksam, dass sexuelle Fantasien vielfältige Bedeutungsebenen und Funktionen aufweisen können und dass in der Regel ein Unterschied besteht zwischen dem, was eine Person fantasiert, und dem, wie sich eine Person in einer realen sexuellen Interaktion erleben und verhalten möchte. Weiterhin stimmen sie überein, dass sich die individuelle Begehrensstruktur eines Menschen unter vielfältigen Einflüssen in einem komplexen Prozess biografisch entwickelt. Letztendlich wird in einem psychoanalytischen Verständnis angenommen, dass sexuelle Fantasien neben dem manifesten Inhalt auch latente, dem Bewusstsein nicht (direkt) zugängliche Bedeutungsebenen aufweisen, die zwar nicht (vollständig) in Sprache formuliert werden können, aber dennoch wirksam in der Imagination mitschwingen.

5.1 Die Forschungsperspektive des Erregungspotenzials

Um ein offeneres Verständnis von fantasierten Szenen zu erhalten und zu verstehen, auf welche *unterschiedliche* Art und Weise sie eine sexuell erregende Wirkung entfalten können (oder auch nicht), wurde in Auseinandersetzung mit den skizzierten psychoanalytischen Konzeptionen und dem erhobenen Interviewmaterial der Begriff des Erregungspotenzials gewählt. Dabei stand die definitorische Bestimmung des Begriffs und der darauf aufbauenden Forschungsperspektive nicht am Beginn des Forschungsprozesses, sondern ist ein Ergebnis dieser Arbeit, das sich erst im Verlauf allmählich abzeichnete und an Form gewann. Der Begriff des Potenzials beschreibt gemäß Duden »die Gesamtheit aller vorhandenen, verfügbaren Mittel, Möglichkeiten, Fähigkeiten, Energien« (Dudenredaktion: Potenzial, o.J.b) und bietet sich somit an, um deutlich zu machen, dass es etwa nicht *den* latenten Gedanken gibt, von dem aus die Cuckold-Szene ihre erregende Wirkung entfaltet. Eine fantasierte Szene wie die Cuckold-Szene stellt vielmehr eine Folie dar, an die sich eine Fülle von manifesten und latenten Gedanken und Wünschen anheften kann. Nichtsdestotrotz zeichnete es sich ab, dass das Erregungspotenzial der Cuckold-Szene für hetero_bisexuelle Männer innerhalb unseres gesellschaftlichen Kontextes zwar in mehrere Richtungen verweisungsoffen, aber nicht beliebig oder zufällig ist. Das spezifische Potenzial, das die Szene in Abhängigkeit zur symbolischen Ordnung entfaltet, könnte dabei in der Imagination der Szene in seiner Gesamtheit enthalten sein, wobei einzelne Themen für die sexuelle Erregung individuell mal mehr, mal weniger eine Rolle spielen können: Was bei der einen Person zentral zur Erregung beiträgt, ist für eine andere Person nebensächlich; was die eine Person bewusst benennen kann, liegt bei der anderen Person im Latenten oder umgekehrt. Wie sich das bei einer Person letztendlich darstellt, liegt in ihrer aktuellen Lebenssituation vor dem Hintergrund ihres biografischen Gewordenseins innerhalb eines gesellschaftlichen Kontextes begründet. Oder anders herum formuliert: Die symbolische Ordnung definiert für eine imaginierte Szene (in diesem Fall die Cuckold-Szene) den Rahmen des Erregungspotenzials, der sich für eine bestimmte Subjektposition (in diesem Fall die hetero_bisexuell-männliche) unabhängig vom Einzelfall ergibt, während vom individuellen sexuellen Gewordensein und aktueller Lebenssituation abhängt, inwieweit die verschiedenen Themen des Potenzials tatsächlich auf manifester oder latenter Ebene eine Erregung entfalten können.

In der sexuellen Erregung trifft also eine biografisch und somit auch gesellschaftlich geprägte Begehrensstruktur eines Individuums auf den gesellschaftlich bestimmten Bedeutungshof (= Erregungspotenzial) einer imaginierten Szene und findet dort auf manifester und latenter Ebene ausreichend Anknüpfungspunkte, um eine Erregung aufzubauen und zu erhalten. Etwas salopp formuliert lautet die entscheidende Frage: Was hat die imaginierte Cuckold-Szene für hetero_bisexuelle Männer im hiesigen gesellschaftlichen Kontext im Angebot, um sexuelle Erregung hervorzurufen? (Damit soll nicht impliziert werden, dass alle hetero_bisexuellen Männer mit diesem Angebot in gleicher Art und Weise etwas anfangen können.) Diese Perspektive unterscheidet sich von klinisch geprägten Perspektiven wie beispielsweise von Stoller (2014 [1975]) durch den Ansatz der überindividuellen Ebene des Erregungspotenzials einer bestimmten Szene für eine bestimmte Subjektposition. Gefragt wird also weniger danach, warum nun dieses Individuum diese Szene erregend findet, sondern welches Potenzial diese Szene für Menschen einer bestimmten Subjektposition bietet.

5.2 Die biografische Herangehensweise

Dennoch bildet eine biografische Betrachtung von Einzelfällen den Ausgangspunkt der Untersuchung. Dieses Vorgehen fußt auf einem Sexualitätsverständnis, das die soziale Bedingtheit, biografische Gewordenheit und (relative) Wandelbarkeit von Sexualität betont und annimmt, dass sich in der Begehrensstruktur eines Menschen die gesamte individuelle Bedürfnis-, Körper-, Beziehungs- und Geschlechtsgeschichte niederschlägt (vgl. Schmidt, 2014, S. 69). Auch wenn es unmöglich (und auch nicht Zielsetzung dieser Arbeit) ist, eine solche Geschichte einer Begehrensstruktur mithilfe eines qualitativen Interviews (vollständig) zu rekonstruieren und zu entschlüsseln, wurde eine biografische Herangehensweise gewählt, um die verschiedenen manifesten und latenten Themen, die sich an die Cuckold-Szene anheften können, besser verstehen und nachvollziehen zu können. Daher fiel die Wahl des Erhebungsinstruments auf das narrative Interview in der Tradition Rosenthals und Fischer-Rosenthals (2013). Die offene Form des narrativen Interviews bietet den Vorteil, das Thema des Interviews nicht von vornherein auf Cuckold-Fantasien zu beschränken, sondern gibt den Teilnehmenden die Möglichkeit, die Entwicklung ihrer Erinnerung zugänglichen sexuellen Fantasien jeglicher Art »von Geburt bis heute« zu erzählen und lebensgeschichtlich zu rahmen.

5.3 Die Forschungsfragen

Vor dem Hintergrund der entwickelten Forschungsperspektive ergeben sich drei Forschungsfragen, die sinnvoll an das erhobene Material gestellt werden können:

1. Die Frage nach dem manifesten Erregungspotenzial: Welche Themen benennen die vier Interviewten mehr oder weniger explizit, die die Cuckold-Szene für sie zu einer sexuell erregenden Fantasie werden lassen?
2. Die Frage nach dem latenten Erregungspotenzial: Welche Themen tragen womöglich darüber hinaus zu der erregenden Wirkung der Cuckold-Szene bei, ohne dass sie den Interviewten bewusst sind?
3. Die Frage nach der biografischen Verwobenheit: Inwieweit lassen sich diese manifesten und latenten Themen in gleicher, ähnlicher oder abgewandelter Form bereits in Erzählungen über zurückliegende sexuelle Erfahrungen und Fantasien finden?

6 Forschungsvorgehen und Methodik

6.1 Feldzugang

Die Gestaltung des Feldzugangs war geprägt von folgenden Überlegungen: Das Forschungsinteresse bezieht sich auf das Erregungspotenzial der Cuckold-Fantasie und weniger auf Cuckold/Cuckoldry als eine bestimmte Möglichkeit der Beziehungsgestaltung und wie diese von den Partner*innen konkret gelebt wird. Um dem Forschungsgegenstand *Fantasie* gerecht zu werden, wurde die Cuckold-Fantasie möglichst breit und offen definiert, ohne bestimmte Erregungsthemen wie Demütigung und Masochismus bereits vorzugeben, mit denen die Fantasie oder Praktik innerhalb der BDSM-Subkultur in Verbindung gebracht wird. Ziel war es auch, Personen anzusprechen, die keine Berührungspunkte mit der BDSM-Subkultur und/oder dem dort verwendeten Vokabular aufweisen oder beispielsweise bislang nicht wussten, dass für eine ihrer sexuellen Fantasien bereits Begriffe wie »Cuckold« firmieren.

Vor dem Hintergrund dieser Überlegungen fiel die Wahl darauf, mittels eines offen formulierten Aufrufs eine selbstgenerierte Teilnehmer-Auswahl zu erzielen. Der ursprüngliche Plan sah dabei vor, einerseits den Aufruf willkürlich und möglichst breit über Soziale Medien und private Kontakte zu streuen und ihn anderseits ebenso in spezifischen deutschsprachigen Cuckold-Onlineforen zu posten. Letzteres vor allem aus einer Skepsis heraus, dass über eine willkürliche Streuung über Kontakte genügend passende Interviewpartner erreicht werden können.

Adressiert wurden im Aufruf männliche (egal ob cis oder trans*) Personen über 18 Jahre, die ihre sexuelle Orientierung als hetero- oder bisexuell oder zwischen diesen beiden Polen verorteten und sich von folgenden Fragen angesprochen fühlten:

> »[D]ie Vorstellung, die eigene Partnerin hat Sex mit einem anderen Mann, ruft neben anderen Gefühlen auch eine sexuell-erregende Wirkung bei Ihnen hervor? Sie haben schon einmal eine sogenannte »Cuckold«-Fantasie gehabt oder solche oder ähnliche Vorstellungen gehören eventuell sogar zu ihren sexuellen Lieblingsfantasien?« (Teilnahmeaufruf[13])

Als Cuckold-Fantasien wurden weiterhin solche Fantasien definiert, »die sich um die als erregend empfundene Vorstellung kreisen, die eigene Freundin/Partnerin/Ehefrau beim Sex mit einem anderen Mann zu beobachten« (Teilnahmeaufruf). Dabei spielte es keine Rolle, ob die Person eine solche Fantasie bereits in der Realität umgesetzt hat oder sich dies prinzipiell vorstellen könnte oder ob diese Vorstellung nur in der Fantasie erregend ist. Auch ob die angesprochene Person sich derzeit in einer Partnerschaft befindet oder Single ist, war für eine Teilnahme unerheblich. Im Begleittext des Aufrufs wurde das Forschungsinteresse mit bestehenden Forschungslücken gerade in Bezug zu Fantasien begründet, die gesellschaftlich als »ungewöhnlich« gelten, aber laut Studien viel weiter verbreitet zu sein scheinen, als oftmals angenommen. Weiterhin beschrieb sich der Forscher als »offenen, wertschätzenden und neutralen Zuhörer« (ebd.), der im Bereich der Sexuellen Bildung und Beratung arbeitet. Es wurde Diskretion sowie Pseudonymisierung und Anonymisierung im Forschungsprozess oder in etwaigen Veröffentlichungen zugesichert und eine Aufwandsentschädigung von 25 Euro angeboten (vgl. ebd.).

Am 30. Januar 2019 wurde mit dem Versenden des Teilnahmeaufrufs begonnen. Dies geschah wesentlich durch Mithilfe von Freund*innen und Bekannten des Forschers, die den Aufruf ebenfalls mit einer Bitte um Weiterleitung über WhatsApp, Telegram, Facebook und Instagram streuten (vgl. Rückmeldebögen zu den Erfahrungen beim Aufrufverteilen; s. Fußnote 13). Weiterhin wurde der Aufruf über einen E-Mail-Verteiler eines Stipendienwerkes verschickt, der ca. 2.500 aktuelle und ehemalige Stipendiat*innen des Programms umfasst. Da bereits dieser Weg überraschend schnell zu mehr als genügend Anfragen von interessierten Interviewpartnern führte (bereits innerhalb der ersten zwei Tage hatten sich fünf potenziell interessierte Personen gemeldet), konnte das Posten in den On-

13 Der komplette Teilnahmeaufruf, die vollständigen Rückmeldebögen sowie die Übersicht über den Rücklauf sind im Anhang der Masterarbeit (Zengler, 2020) aufgeführt und können auf Anfrage beim Autor gerne eingesehen werden.

lineforen unterlassen werden (vgl. Übersicht über den Rücklauf der Teilnehmer*innen-Akquise; s. Fußnote 13). Insgesamt meldeten sich innerhalb von sieben Wochen zehn an einer Teilnahme interessierte Personen. Vonseiten des Forschers wurde davon denjenigen Personen abgesagt, zu denen entweder eine persönliche Bekanntschaft bestand, bei denen sich in der Vorab-Kommunikation herausstellte, dass sie nicht zu der adressierten Zielgruppe gehörten (beispielsweise aufgrund der Geschlechtsidentität) oder sie zu weit weg wohnten, sodass ein Interview bei einem persönlichen Treffen nicht möglich gewesen wäre. Von den übrig gebliebenen Personen wurde schließlich mit den ersten vier ein Interviewtermin verabredet und den restlichen interessierten Personen aus Gründen der fehlenden Kapazität dankend abgesagt. Bestandteile der folgenden Vorab-Kommunikation waren weitere Hintergrundinformationen zum Projekt, zum möglichen Ablauf der Interviews, zur Pseudonymisierung/Anonymisierung und zum psychoanalytisch fundierten Auswertungsverfahren in Gruppen.

6.2 Erhebungsinstrument

Um der biografischen und offenen Forschungsperspektive gerecht zu werden, fiel die Wahl des Erhebungsinstruments auf das narrative Interview in der Tradition Rosenthals und Fischer-Rosenthals (2013). Es wird davon ausgegangen, dass sich die individuellen manifesten und latenten Erregungsthemen, die die imaginierte Cuckold-Szene für eine Person zu einer sexuell erregenden Fantasie werden lassen, besser im Kontext der Erzählung anderer Fantasien und darin verstehen lassen, wie eine Person retrospektiv Fantasien und sexuelle Erlebensweisen aus früheren Lebensphasen darstellt. Insbesondere vor dem Hintergrund der Freud'schen Perspektive der »Nachträglichkeit« (vgl. Laplanche & Pontalis, 2016, S. 313f.) kann mittels einer retrospektiven Erzählung einer erwachsenen Person nicht zwingend darauf geschlossen werden, wie Erfahrungen, Eindrücke und Fantasien in der Kindheit oder anderen früheren Lebensphasen tatsächlich von ihr erlebt worden sind. Das Konzept der »Nachträglichkeit« macht darauf aufmerksam, dass Erlebnisse und Erinnerungsspuren später aufgrund neuer Erfahrungen und mit dem Erreichen einer anderen Entwicklungsstufe umgearbeitet werden und somit ihre Gestalt wandeln und gleichzeitig einen neuen Sinn und eine neue psychische Wirklichkeit erhalten können (vgl. ebd.). Daher können aber in der Art und Weise, wie eine Person frühere

Fantasien erzählt, womöglich Hinweise gesehen werden, welche Erregungsthemen sie aktuell beispielsweise in Bezug auf die Cuckold-Szene ansprechen.

Als Intervieweröffnung überlegte sich der Forscher eine etwas längere Erzähleinheit, die der interviewten Person nach dem Einschalten des Aufnahmegeräts etwas Zeit zum »Verschnaufen«, sich Sammeln und Einstimmen bieten sollte (vgl. Anhang). Das Ende des kleineren Monologs bildete ein Erzählstimulus, der bewusst den maximal frühesten Zeitpunkt (die Geburt) und den maximal spätesten Zeitpunkt (heute) als Rahmen der Erzählung absteckte. Dabei verzichtete der Forscher darauf, das Thema Cuckold-Fantasie erneut zu benennen, um die Erzählung nicht von vornherein darauf einzuengen, sondern vertraute darauf, dass die interviewte Person von selbst im Laufe des Interviews auf dieses Thema zu sprechen käme, da sie sich ja auf einen entsprechenden Teilnahmeaufruf gemeldet hatte.

Im Anschluss an die erste längere Stegreiferzählung bat der Forscher die interviewte Person im Modus der immanenten Nachfragen, einzelne Erlebnisse und Gegebenheiten erneut ausführlicher darzustellen. Dabei griff er auf Notizen zurück, die er während der ersten Stegreiferzählung anfertigte. Als Letztes folgten die vorbereiteten exmanenten Nachfragen, die in erster Linie auf die Cuckold-Fantasie abzielten und die interviewte Person aufforderten, eine für sie sexuell erregende Cuckold-Fantasie möglichst detailliert zu beschreiben und zu schildern (vgl. Anhang).

6.3 Datenschutz und forschungsethisches Vorgehen

Das Vorgehen in Bezug auf Datenschutz, Pseudonymisierung und Anonymisierung ist ausführlich in den Informationsblättern dargestellt, die der Forscher den Interviewteilnehmern im Vorgespräch aushändigte und deren Inhalte er nochmals mündlich wiederholte, bevor er sie bat, die beigefügte Einwilligungserklärung zu unterschreiben. Im Wesentlichen betraf dies die Zusicherung der Schweigepflicht seitens des Forschers, die Betonung der Freiwilligkeit und der Möglichkeit, jederzeit das Interview zu unterbrechen, abzubrechen oder auf Fragen nicht zu antworten, ohne dass Nachteile dadurch entstehen, die Löschung aller Kontaktdaten direkt im Anschluss an das Interview, die Information über das weitere Vorgehen, die Vorgehensweise bei der Transkription des aufgezeichneten Interviews und etwaiger Kommunikation im Vorfeld durch den Forscher persönlich, wobei alle Informationen (wie beispielsweise Namen, Alter, Orte) abgeändert werden, sodass das Transkript nicht mehr mit der interviewten Person in Verbindung gebracht werden kann, die Löschung der Audiodatei nachdem das Interview vollständig transkribiert wurde, sowie die Interpretation des anonymisierten Transkripts in Interpretationsgruppen. Darüber hinaus wurde mitgeteilt, dass die vollständigen Interviewtranskripte nur den Mitgliedern der jeweiligen Interpretationsgruppen sowie den jeweiligen Betreuer*innen der Arbeit zur Verfügung gestellt werden.

In Vorbereitung auf die Interviews informierte sich der Forscher über psychosoziale Beratungsmöglichkeiten im Umfeld der jeweiligen interviewten Personen, um auf diese gegebenenfalls bei Bedarf verweisen zu können. Außerdem plante der Forscher ausgiebig Zeit für ein Nachgespräch ein, das von drei von vier der Interviewten auch in Anspruch genommen wurde. Weiterhin setzte sich der Forscher mit forschungsethischen Fragestellungen im Kontext von Forschungsinterviews allgemein (vgl. Küsters, 2009, S. 68ff.) und in Bezug zu sexualisierter Gewalt auseinander (vgl. Poelchau et al., 2015).

Die beiden durchgeführten Gruppeninterpretationen wurden ebenfalls mit Zustimmung der Teilnehmer*innen mit einem Audio-Aufnahmegerät aufgezeichnet. Im Anschluss fertigte der Forscher anonymisierte Protokolle der Interpretationsrunden an. Alle Audiodateien wurden nach der Verteidigung der Thesis gelöscht.

6.4 Die Interpretationsmethode der Tiefenhermeneutik

Die erste Forschungsfrage ist, was die vier Interviews über das manifeste Potenzial der Cuckold-Fantasie offenlegen können. Dazu wurden die Interviews unter der Fragestellung betrachtet, welche Inhalte die vier Interviewten mehr oder weniger explizit benennen, die die Cuckold-Szene für sie zu einer sexuell erregenden Fantasie werden lassen. Zentraler Bezugspunkt war dabei vor allem eine möglichst detaillierte Schilderung und Beschreibung einer persönlichen Cuckold-Fantasie durch die Interviewten, sofern sie sich auf diese Frage im exmanenten Nachfrageteil des Interviews einlassen konnten (dies gelang in drei von vier Interviews). Gleichzeitig stellt die Unterscheidung des manifesten und latenten Sinngehalts die zentrale Fragestellung der weiter unten erläuterten tiefenhermeneutischen

Interpretationsprozesse dar. Auch wenn in dieser Arbeit bei der Ergebnisdarstellung der verschiedenen Fälle beide Ebenen voneinander getrennt aufgeführt werden, war die Herausarbeitung der manifesten Erregungsthemen immer auch ein Ergebnis des Gesamtprozesses.

Wie lässt sich also nun die Frage nach den latenten Erregungsthemen der Cuckold-Fantasie in den verschiedenen Fällen beantworten, wenn diese doch per Definition dem Bewusstsein der Interviewten nicht (direkt) zugänglich sind und daher auch nicht von ihnen im Interview benannt werden können? Sie müssen nachträglich in einem hermeneutischen Verstehensprozess aus dem Material herausgearbeitet werden und bilden daher die Form von möglichen Deutungen und Lesarten, die sich im Dialog zwischen Material und Forscher bzw. Material und Interpretationsgruppe herausbildeten.

Dazu wurde auf die auf Alfred Lorenzer (1986) zurückgehende Methode der Tiefenhermeneutik zurückgegriffen. Die von der Freud'schen Psychoanalyse inspirierte und zu einer sozialwissenschaftlichen Interpretationsmethode reformulierte Tiefenhermeneutik analysiert ausgehend von der Wirkung auf das Erleben der Interpretierenden den narrativen Gehalt von Texten wie beispielsweise von Interviewtranskripten (vgl. König, 2013, S. 556). Kratz und Ruth (vgl. 2016, S. 241ff.) zufolge kann dabei der im Interviewtranskript festgehaltenen sozialen Interaktion zwischen Forscher*in und interviewter Person eine Doppelbödigkeit von bewussten (manifesten) und unbewussten (latenten) Sinnebenen unterstellt werden, die im Wechselspiel hinter den transkribierten menschlichen Ausdrucksformen wirksam sind:

> »Die *manifeste* Sinnebene umfasst sozial und individuell anerkannte Bewusstseinsfiguren, die in Sprache gefasst, mitgeteilt und reflektiert werden können, das, was ich von mir weiß […]. Als Gegenspieler dazu drängt die sprachlos wirksame, weil verdrängte, verpönte und ausgegrenzte Schicht der unbewussten Praxisfiguren des *latenten* Sinns an die Oberfläche – […] das, was ich noch nicht oder nicht mehr von mir weiß. Dazwischen stehen, hin- und hergerissen, mal nach der einen, mal nach der anderen Seite, die *sinnlich-symbolischen Interaktionsformen*, die sich in Texten als Wortbilder figurieren und bewusste mit unbewussten Sinninhalten verknüpfen« (R. Klein, 2009, S. 4; Hervorh. im Original).

Die Vorgehensweise, die in der tiefenhermeneutischen Analyse angewandt wird, um die latente Ebene zu erschließen, besteht im sogenannten »Szenischen Verstehen«:

> »*Szenisches* Verstehen geht über das Verstehen der manifest artikulierten, sprachlich, mimisch, gestisch symbolisierten Inhalte hinaus und hat die gesamte *Situationsauslegung* mit desymbolisiertem, unbewusstem Bedeutungshof im Auge. Die Annäherung an *latente, unbewusste* Sinninhalte wird über die Reflektion [sic] der eigenen szenischen Teilhabe an der im Sprachspiel mittransportierten, latent virulenten Lebenspraxis erreicht. Letztlich wird nicht das Forschungsmaterial ›an sich‹ gedeutet, sondern die gesamte Wirkung, die es auslöst« (ebd., S. 7; Hervorh. im Original).

Als Erkenntnisinstrumente dienen das Nachspüren von Übertragungs- und Gegenübertragungsphänomenen, das freie Assoziieren zu Wortbildern, das Anknüpfen an Irritationsmomente und die Beobachtung von Affekten, die das Material oder die Auseinandersetzung mit dem Forschungsthema bei der forschenden Person hinterlassen (vgl. Kratz & Ruth, 2016, S. 249). Um dies auch später noch nachvollziehen zu können, wurde bereits von Beginn des Forschungsprozesses an ein Forschungstagebuch[14] geführt, in dem möglichst unzensiert die Gedanken, Emotionen, Wünsche und Befürchtungen des Forschers im Verlauf der Arbeit protokolliert wurden. Auch die wahrgenommenen Irritationen und Affekte während der einzelnen Interview- oder Interpretationssituationen wurden darin festgehalten. Zentral für die tiefenhermeneutische Analyse ist schließlich das Interpretieren in Gruppen, um die eigene Verstrickung mit dem Material zu reflektieren und die eigene Brille intersubjektiv zu überprüfen:

> »Die Gruppeninterpretation […] folgt den dargestellten Verstehensmodi und Wegweisern, frei assoziierend, deutungsoffen, äußerst irritabel, manchmal textfern stellen die Gruppenmitglieder ihre Eindrücke zur Debatte. ›Spielen wir mit dem Material‹, lautet die entsprechende Lorenzersche Aufforderung. […] Die eigene Verhältnisbestimmung mit ihren Vorannahmen und Interpretationsleitlinien setzt sich einer offenen Konfrontation, Überprüfung und meist einer Revision aus. Vorgefasste Wahrnehmungs- und Erkenntnislinien relativieren sich dabei im Sinne von Verdacht und Irrtum im Gruppensetting« (R. Klein, 2010, S. 274).

14 Detaillierte Auszüge aus dem Forschungstagebuch sind im Anhang der Masterarbeit (Zengler, 2020) aufgeführt und können auf Anfrage beim Autor gerne eingesehen werden.

Dieses Vorgehen konnte vor allem in Bezug auf ein Interview (Chris) realisiert werden. Dieses Material wurde zunächst im Rahmen einer Gruppeninterpretation auf einem Methodenworkshop und darauf aufbauend in einer professionell moderierten tiefenhermeneutischen Interpretationsgruppe ausgewertet. In Bezug auf die anderen drei Interviews liegen unterschiedlich weit ausgearbeitete Interpretationszugänge vor,[15] weswegen sich die Beantwortung von Forschungsfrage 2 wesentlich und die Beantwortung von Forschungsfrage 3 ausschließlich auf die Interpretation des Materials zum Interview mit Chris konzentriert. Doch auch zu den anderen Fällen liegen erste Zugänge und mögliche Deutungen zur latenten Ebene der Cuckold-Fantasien vor, die sich aus der Forscher-Material-Interaktion ergaben und die teilweise mithilfe von Konzepten aus Psychoanalyse und Geschlechterforschung begriffen wurden. Einschränkend muss aber hinzugefügt werden, dass diese Zugänge und möglichen Lesarten bislang noch nicht ausreichend intersubjektiv überprüft werden konnten.

15 So wurde relativ zu Beginn des Forschungsprozesses versucht, das Transkript zum Interview mit Philipp in zwei verschiedenen unmoderierten Interpretationsgruppen tiefenhermeneutisch zu analysieren. Damals stellten sich allerdings keine »zufriedenstellenden« und »geerdeten« Lesarten ein. Die Gründe hierfür waren vermutlich, dass zu dem Zeitpunkt noch keine ausgereifte Forschungsfrage und Verstehensperspektive vorlagen sowie dass die Anwendung der Methode erst einmal besser verstanden, verinnerlicht und geübt werden musste.

7 Das Erregungspotenzial der Cuckold-Fantasie – ein Überblick über die Ergebnisse

An dieser Stelle erfolgt zunächst ein Überblick über die verschiedenen Erregungsthemen, die aus dem empirischen Material herausgearbeitet wurden. Die Detaildarstellung erfolgt dann in den Kapiteln 8 bis 12 und mündet in einem Fazit. Diese extrahierten Themen sind als ein Ausschnitt aus dem Erregungspotenzial der Cuckold-Fantasie zu verstehen, welches der Fantasieinhalt für hetero_bisexuelle männliche Subjekte innerhalb der hiesigen symbolischen Ordnung zu entfalten vermag.

Insgesamt haben sich über die vier Fälle hinweg 20 verschiedene Erregungsthemen identifizieren lassen, die sich, wie in Kapitel 13 (Zusammenfassung und Fazit) dargelegt, unter sieben Oberthemen gruppieren ließen. Es zeigte sich dabei eine große Bandbreite an Erregung stiftenden Inhalten, die die interviewten Personen in ihre jeweilige Konstruktion der Fantasie einbinden konnten. Nicht alle aufgeführten Erregungsthemen wurden dabei von den Interviewten manifest auf einen Begriff gebracht, sondern stellen das Resultat tiefenhermeneutischer Gruppeninterpretationen oder ersten Interpretationsversuchen vonseiten des Forschers dar. Die Deutungen, die sich bislang noch nicht ausreichend intersubjektiv verdichten ließen, werden in diesem Überblick mit Asterisken gekennzeichnet. In Kapitel 13 werden alle Erregungsthemen ausführlicher dargestellt und erläutert, wobei insbesondere auf Querverbindungen und mögliche Anschlüsse an psychoanalytische und/oder sexualwissenschaftliche Theorien zu sexuellen Fantasien eingegangen wird.

7.1 Systematischer Überblick

Potenzial für tabuüberschreitende Erregungsweisen:

➢ Lustvoller Tabubruch (Chris: manifest)

Potenzial für sadomasochistische Erregungsweisen:

- Lustvolles Erniedrigt- und Gedemütigtwerden (Dominik: manifest; Markus: manifest; Philipp: manifest)
- Lustvolles Erleben eines (gefährlichen) Eifersuchtsschmerzes (Markus: manifest)
- Lustvoll-erleichterndes Erleben eines (überstandenen) Eifersuchts- und Liebesschmerzes (Philipp: manifest)
- Lustvolles Hin- und Herspringen zwischen dominant-sadistischen und devot-masochistischen Erlebensweisen (Markus: manifest)

Potenzial zur Vermeidung von Anforderungen und Erwartungen:

- Lustvolle Abwesenheit von Druck und Männlichkeitserwartungen (Dominik: manifest)
- Verlust von Anforderungen, die Partnerin befriedigen zu müssen, und Hemmungen, sich beherrschen zu müssen (Chris: manifest)
- ** Vermeidung von Ängsten um Kontrollverlust und Erwartungsenttäuschung (Markus: latent) **

Potenzial zur imaginären Transformation einer (konflikthaften) Paardynamik:

- Lustvolle Wahrnehmung des sexuellen Verhaltens der Partnerin als »paraphil« (Markus: manifest)
- Lustvolle Wahrnehmung (aus Distanz) der Frau als »ungehemmtes, sexuelles Wesen« (Chris: manifest)
- Aufbrechen einer als konflikthaft erlebten Beziehungsdynamik vor dem Hintergrund latenter biografischer Schuld- bzw. Angstgefühle in Bezug auf die Verletzungsmächtigkeit des eigenen sexuellen Verlangens (Chris: latent)

Potenzial für positive, annehmende Beziehungserfahrungen:

- Lustvolles Geliebt- und Angenommenwerden (Dominik: manifest)
- Unsicherheit und Suche nach Geborgenheit (Chris: manifest)
- Wunscherfüllung nach einer Versöhnung und »Heilung« von bedrückenden (Schuld-)Gefühlen (Chris: latent)

Potenzial für homoerotische/geschlechterübergreifende Erregungsweisen:

- Lustvolle Betrachtung von auf Frauen bezogenen sexuellen Handlungen maskuliner Männer (Markus: manifest)

- ** Ambivalente Ekellust in Bezug zu gleichgeschlechtlich oral-genitalen Praktiken (Dominik: latent) **
- ** Eingehen einer bedeutsamen mann-männlichen Verbindung über den Mechanismus des »mimetischen Begehrens« (Philipp: latent) **

Potenzial zur Integration anderer individuell bedeutsamer Erregungsweisen:
- Lustvolle Realitäts- und Alltagsnähe (Chris: manifest)
- Lustvolles Eintauchen in eine (besamte) Vagina (Chris: manifest)
- Lustvoller Anilingus an einem durch einen anderen Mann penetrierten Anus (Philipp: manifest)

7.2 Fallbezogener Überblick

	manifest	latent
Chris	– Lustvoller Tabubruch – Lustvolle Realitäts- und Alltagsnähe – Lustvolle Wahrnehmung (aus Distanz) der Frau als »ungehemmtes, sexuelles Wesen« – Verlust von Anforderungen, die Partnerin befriedigen zu müssen, und Hemmungen, sich beherrschen zu müssen – Lustvolles Eintauchen in eine (besamte) Vagina – Unsicherheit und Suche nach Geborgenheit	– Aufbrechen einer als konflikthaft erlebten Beziehungsdynamik vor dem Hintergrund latenter biografischer Schuld- bzw. Angstgefühle in Bezug auf die Verletzungsmächtigkeit des eigenen sexuellen Verlangens – Wunscherfüllung nach einer Versöhnung und »Heilung« von bedrückenden (Schuld-)Gefühlen
Dominik	– Lustvolles Erniedrigt- und Gedemütigtwerden – Lustvolles Geliebt- und Angenommenwerden – Lustvolle Abwesenheit von Druck und Männlichkeitserwartungen	– ** ambivalente Ekellust in Bezug zu gleichgeschlechtlich oral-genitalen Praktiken **
Markus	– Lustvolles Erleben eines (gefährlichen) Eifersuchtschmerzes – Lustvolles Hin- und Herspringen zwischen dominant-sadistischen und devot-masochistischen Erlebensweisen – Lustvolle Wahrnehmung des sexuellen Verhaltens der Partnerin als »paraphil«	– ** Vermeidung von Ängsten um Kontrollverlust und Erwartungsenttäuschung (Andeutungen dazu) **

	– Lustvolle Betrachtung von auf Frauen bezogenen sexuellen Handlungen maskuliner Männer	
Philipp	– Lustvoll-erleichterndes Erleben eines (überstandenen) Eifersuchts- und Liebesschmerzes – Lustvolles Erniedrigt- und Gedemütigtwerden – Lustvoller Anilingus an einem durch einen anderen Mann penetrierten Anus	– ** Eingehen einer bedeutsamen mann-männlichen Verbindung über den Mechanismus des »mimetischen Begehrens« **

8 Reflexion des Feldzugangs und erste Hypothesen

8.1 Reflexion des Feldzugangs

Reflektiere ich[16] als Forscher meine Erfahrungen und Affekte während des Feldzugangs, erhärtetet sich der Eindruck, dass die Cuckold-Fantasie keine »belanglose« Fantasie hetero_bisexueller Männer innerhalb unseres gesellschaftlichen Kontextes ist. Das Forschungsthema der Arbeit stellte ein Thema dar, das im Gespräch bei vielen Menschen »etwas auslöste«, sie in einer bestimmten Weise darauf reagieren ließ und auch beim Forscher immer wieder Affekte wachrief. Aufschluss dazu liefern die Einträge aus dem Forschungstagebuch wie die Rückmeldungen, die ich von Bekannten erhalten habe, die besonders beim Streuen und Verteilen des Forschungsaufrufs aktiv waren. Fünf von ihnen haben dankenswerterweise ihre Eindrücke und Erfahrungen in einer systematischen Weise festgehalten und für die Arbeit zur Verfügung gestellt. Erstaunlicherweise deckten sich die beschriebenen Erfahrungen und Affekte weitestgehend mit meinen Eindrücken beim Feldzugang. Charakteristisch waren dabei Gefühle von Verlegenheit und Scham einerseits, die in bestimmten Situationen und Kontexten aber auch durch eine Art lustvoller Freude beim Ansprechen des Themas abgelöst wurden. Bei den Angesprochenen bewirkte das Thema oftmals eine Art innere Unruhe, die sich in großer, freudig-erregter – aber manchmal auch verlegener – Neugierde und stark interessiertem Nachfragebedürfnis oder aber auch in wahrnehmbarer Distanzierung zeigte.

Beim Sprechen über meine Masterarbeit, zum Beispiel in Kolloquien oder vor anderen Gruppen, habe ich oftmals eine leichte Aufregung, Verle-

16 In den Passagen, in denen auch die Subjektivität des Forschers im Sinne der Tiefenhermeneutik als Erkenntnisinstrument genutzt wird, wechselt die Autor*innen-Stimme in die erste Person Singular.

genheit und Unsicherheit in mir wahrgenommen. Dies spürte ich selbst innerhalb meines sexualwissenschaftlichen Studienganges (vgl. Forschungstagebuch). Ich empfand diese Gefühle als bemerkenswert, da ich es sonst in meinem Berufsalltag gewohnt bin, über sexuelle Themen zu sprechen. Der Begriff »Cuckold«, der oftmals von vielen beim ersten Hören nicht verstanden wurde, verstärkte diesen Effekt. Eine Person schrieb in den Rückmeldebogen dazu den Vermerk: »dass ich zur Hölle immer noch nicht weiß, wie es korrekt ausgesprochen wird« (Rückmeldebogen 2). Eine andere Person notierte: »Das klingt so albern und immer etwas nach ›Kacke‹« (Rückmeldebogen 3). Daran anschließend fällt der Forschungstagebucheintrag auf, dass ich mich beim Vorstellen des Masterarbeitsthemas im Kolloquium »etwas schmutzig« gefühlt habe. Gleichzeitig nahm ich wahr, dass zu meinem Thema überdurchschnittlich viele Nachfragen gestellt wurden und alle Anwesenden die Diskussion mit gespanntem Interesse verfolgten. Als ich eine positive Antwort von einem Administrator eines Cuckold-Online-Forums erhielt, dass ich dort meinen Aufruf posten dürfe, verspürte ich überraschenderweise keine Freude oder Erleichterung, sondern machte mir Sorgen, dass ich in diesem Fall über den Aufruf mit meinem Klarnamen in dem Forum öffentlich sichtbar und eventuell auch über eine Google-Suche auffindbar wäre. All diese Affekte empfand ich als Widerspruch zu meinem Selbstbild und dem Anspruch, der Stigmatisierung von sexuellen Fantasien durch meine Forschungstätigkeit keinen Vorschub leisten zu wollen. Umgekehrt beschreibe ich meine Gefühle beim Verfassen des Aufrufs für den E-Mail-Verteiler des Stipendienprogramms als »kindliche Freude des Provozierens und Rebellierens« (Forschungstagebuch).

Eine ähnlich paradoxe Mischung an Affekten und widersprüchlichen Gedanken findet sich auch in den Rückmeldebögen der Verteiler*innen des Aufrufs. Verteiler*in 1 schildert die Überlegung, einen Aushang an der Hochschule zu machen. Dies habe sie*er aber deshalb verworfen, weil sie*er unsicher war, wie sie*er hätte reagieren sollen, »wenn ein Prof mich beim Aushängen ansprechen« würde (vgl. Rückmeldebogen 1). Weitere Rückmeldungen waren, dass ein*e Verteiler*in »gespannt« sei, wie wohl Freund*innen und Bekannte damit umgehen würden (vgl. Rückmeldebogen 4), Verteiler*in 4 schreibt:

> »Zusätzlich habe ich auch Freude dabei empfunden, diesen Aufruf und somit das Thema zu verbreiten. Aber durchaus auch Gefühle von Unsicher-

heit, ob ich damit auch niemandem auf den Schlips trete« (Rückmeldebogen 4).

Ähnlich schildert es Verteiler*in 2:

> »Und auf der anderen Seite ist es einfach lustvoller, diese Infos in Kreisen zu streuen, mit denen man eh über Sex redet, weil es dann wieder einen Anlass dazu gibt und das ist dann ja auch sehr spannend« (Rückmeldebogen 2).

Dieselbe Person befürchtete aber in anderen Kreisen Ablehnung und »subtile/passiv aggressive Reaktionen a lá [sic] ist das pervers« (ebd.) und verzichtete daher darauf, den Aufruf an diese Personenkreise zu versenden. Verteiler*in 4 notiert hingegen, dass sie*er den Aufruf an alle männlichen Personen aus ihrem Kontaktbuch geschickt habe und dass es ihr*ihm bei keinem schwergefallen sei (vgl. Rückmeldebogen 4). Die Reaktionen der Angeschriebenen fielen unterschiedlich aus: Eine angeschriebene Person habe das Teilen des Aufrufs als Signal gesehen, dass der*die Verteiler*in eine offene Haltung habe, und habe sich somit ermutigt gefühlt, mit ihr*ihm über die eigene BDSM-Affinität zu sprechen (vgl. Rückmeldebogen 1). Verteiler*in 2 schildert, dass der Aufruf das ein oder andere Mal Anlass geboten habe, über Sexualität zu sprechen (vgl. Rückmeldebogen 2). Verteiler*in 3 empfand es als »auffallend, dass manche Männer gar nicht drauf geantwortet haben« (Rückmeldebogen 3), ansonsten habe es neben interessiert klingenden Rückfragen und Bereitschaftsbekundungen, den Aufruf weiter zu streuen, auch ironisch-süffisante Antworten mit einigen Lach-Smileys gegeben (vgl. Rückmeldebogen 3 und 4).

8.2 Interpretation der Erfahrungen und erste Hypothesen

Was lassen sich für erste Hypothesen aus den beschriebenen Erfahrungen und Affekten über das Forschungsfeld ableiten? Zunächst beschreibt der Forscher in weitestgehender Übereinstimmung mit den Erfahrungen der Verteiler*innen Affekte von Scham und Abgrenzungsbedürfnissen, die er immer mal wieder beim Sprechen oder Vorstellen seines Masterarbeitsthemas bei sich wahrgenommen habe. Er schildert weiterhin, dass ihn diese Affekte überraschten, sei er doch aus Studium und Lohnarbeit gewohnt, über sexuelle Themen zu sprechen. Darüber hinaus empfand er es als einen

Widerspruch zu seinem Selbstbild und dem Anspruch, der Stigmatisierung von sexuellen Fantasien keinen Vorschub leisten zu wollen.

Darin zeigt sich, dass Schamgefühle sich nicht als Ergebnis eines vernünftigen Abwägens von Argumenten darstellen, sondern sich dem Individuum »unmittelbar« aufdrängen (vgl. Schäfer & Thompson, 2009, S. 9). Auch wenn der Forscher rational nicht für sich begründen konnte, warum er sich für sein Masterarbeitsthema schämen solle, verweist der Affekt darauf, dass Schamgefühle einerseits im Zusammenhang mit unbewussten Wünschen und Abwehrhandlungen stehen können (vgl. Wurmser, 1993, S. 29), und andererseits darauf, dass Scham ein soziales Gefühl ist. Es bleibt untrennbar mit gesellschaftlichen Normen und der symbolischen Ordnung der ungleich verteilten sozialen Anerkennung verknüpft, von denen sich ein Individuum nicht einfach loslösen kann (vgl. Blumenthal, 2014, S. 151).

Die kontextabhängigen, mal mehr, mal weniger vorhandenen Schamgefühle beim Sprechen über die Arbeit oder beim Verteilen des Aufrufs lassen sich vor diesem Hintergrund als Befürchtung verstehen, mit dem Forschungsthema Cuckold-Fantasien persönlich in Verbindung gebracht zu werden und somit in den Augen (bestimmter) Dritter abgewertet oder stigmatisiert zu werden. Darin könnte sich dem »Liberalisierungsdiskurs« (Schmidt, 2014, S. 8), der öffentlichen Vermarktung des Sexuellen und der »neosexuellen Revolution« (Sigusch, 2005) zum Trotz die nach wie vor wirksame und im persönlichen Erleben spürbare ungleich verteilte soziale Anerkennung von Sexualitäten und Begehrensformen zeigen. Vor diesem gesellschaftlichen Hintergrund kann das Schamgefühl wiederum selbst zur Quelle einer »Scham über die Scham« werden, wenn es mit dem Anspruch und einem Selbstbild in Konflikt gerät, »eigentlich« eine grundsätzlich offene und positive Haltung gegenüber der Vielfältigkeit menschlicher Sexualität zu vertreten.

Die Forschungsthemen sexuelle Fantasien im Allgemeinen und Cuckold-Fantasien im Besonderen scheinen darüber hinaus anders verortet zu sein als andere sexuelle Themen, die sich mittlerweile als anerkannte sexualwissenschaftliche Forschungsgegenstände etabliert haben. Auch unabhängig von der spezifischen Cuckold-Thematik und ihrer vermutlich besonderen Tabuisierung lassen sexuelle Fantasien als Thema womöglich stärker die »persönlich-emotionale Verankerung« (Sielert, 2005, S. 30) von Sexualität anklingen, als dies andere sexuelle Forschungsthemen wie beispielsweise Verhütung, Anti-Diskriminierung, biologisch-medizinische Fragestellungen oder Studien über das äußere Sexualverhalten von Menschen tun.

Wenn Schamgefühlen eine schützende Funktion zugeschrieben wird, weil sie um besonders verletzbare Bereiche der Persönlichkeit eine schützende Grenze ziehen (vgl. Wurmser, 1993, S. 56), verweist dies darauf, dass sexuelle Fantasien stärker noch als andere Aspekte der Sexualität im »Bereich der Innerlichkeit« (ebd.) verortet werden, »der von niemandem von außen her, selbst nicht von anderen Teilen der eigenen Persönlichkeit verletzt werden darf« (ebd.). Erklären ließe sich die Vulnerabilität dieses Persönlichkeitsbereichs mit der Annahme, auf der auch diese Forschungsarbeit beruht, dass sich in der Begehrensstruktur und somit auch in den sexuellen Fantasien eines Menschen die gesamte individuelle Bedürfnis-, Körper-, Beziehungs- und Geschlechtsgeschichte – inklusive der damit verbundenen Ängste, Wünsche und Konflikte – niedergeschlagen habe (vgl. Schmidt, 2014, S. 69).

Folgt man Freud (1908e), weisen aber jenseits der Tabuisierung des Sexuellen auch Tagträume nicht sexueller Art, wie zum Beispiel Größenfantasien, grundsätzlich ein Schampotenzial auf:

> »Der Erwachsene aber schämt sich seiner Phantasien und versteckt sie vor anderen, er hegt sie als seine eigensten Intimitäten, er würde in der Regel lieber seine Vergehungen eingestehen als seine Phantasien mitteilen. Es mag vorkommen, daß er sich darum für den einzigen hält, der solche Phantasien bildet, und von der allgemeinen Verbreitung ganz ähnlicher Schöpfungen bei anderen nichts ahnt« (ebd., S. 215f.).

Im Gegensatz zum spielenden Kind spüre der*die fantasierende Erwachsene,

> »daß man von ihm erwartet, nicht mehr zu spielen oder zu phantasieren, sondern in der wirklichen Welt zu handeln, und anderseits sind unter den seine Phantasien erzeugenden Wünschen manche, die es überhaupt zu verbergen nottut; darum schämt er sich seines Phantasierens als kindisch und als unerlaubt« (ebd., S. 216).

Auch wenn dieses Ideal in unserer heutigen Gesellschaft vermutlich nicht mehr so rigide wirken mag wie zu Zeiten Freuds, so scheint es immer noch in Teilen präsent zu sein. Wie lassen sich aber nun im Anschluss daran die anderen beschriebenen Affekte verstehen, die auf den ersten Blick widersprüchlich zum präsenten Schamaffekt scheinen: Das Lustvolle beim Sprechen über das Forschungsthema, das oftmals große und freudig-erregte Interesse Dritter daran sowie der überraschend schnelle und unkomplizierte Feldzugang?

Freud (vgl. ebd., S. 223) geht davon aus, dass Zuhörende in erster Linie mit Abstoßung oder kühler Distanz reagieren, wenn ein*e andere*r ihnen ihre*seine persönlichen Tagträume oder Fantasien in direkter Form erzählen würde. Nun stellt er die Frage (vgl. ebd.), wieso im Gegensatz dazu Dichtungen und Romane, die er als in Form gebrachte Produkte der persönlichen tagträumerischen Aktivitäten der Autor*innen begreift, bei den Lesenden eine besondere lustvolle Wirkung entfalten könnten, die weit über den rein formalen, ästhetischen Lustgewinn hinausgehe. Um die abstoßende Wirkung zu überwinden, verhülle und verfremde der*die Dichter*in durch eine Vielzahl an Techniken den Inhalt seiner*ihrer persönlichen Fantasien und bringe diesen dann in eine künstlerische Form (vgl. ebd.). Diese ästhetische Form löse bei den Lesenden eine »Vorlust« aus und wirke wie eine »Verlockungsprämie«, die erst den Zugang zu einer Lust aus »tiefer reichenden psychischen Quellen« (ebd.) eröffne:

> »Ich bin der Meinung, daß alle ästhetische Lust, die uns der Dichter verschafft, den Charakter solcher Vorlust trägt, und daß der eigentliche Genuß des Dichtwerkes aus der Befreiung von Spannungen in unserer Seele hervorgeht. Vielleicht trägt es sogar zu diesem Erfolge nicht wenig bei, daß uns der Dichter in den Stand setzt, unsere eigenen Phantasien nunmehr ohne jeden Vorwurf und ohne Schämen zu genießen« (ebd., S. 223).

An dieser Stelle schließt Freud mit seinen Erörterungen zum Text »Der Dichter und das Phantasieren«. Der nicht weiter ausgearbeitete Begriff der »Vorlust« in Bezug zu Fantasien könnte aber zum Verständnis des beobachteten großen Interesses vieler Menschen am Forschungsthema beitragen, das sich häufig zuerst vorsichtig-distanziert, dann aber schnell in einer gewissen freudig-erregten Art und Weise zeigte. Die Vorlust, die über eine anfängliche Skepsis und Distanz hinwegzuhelfen vermag, bestünde in diesem Fall aber nicht in einer ästhetischen Freude, sondern beispielsweise in einer wissenschaftlichen Neugier und der Freude, mittels methodischer und inhaltlicher Fragen über den Zusammenhang von Gesellschaft, Sexualität, und Geschlechterrollen diskutieren zu können. Der wissenschaftliche Kontext der Forschungsarbeit könnte somit als Zugang dienen, sich lustvoll mit den Cuckold-Fantasien der anderen auseinanderzusetzen und dabei womöglich unbewusst die eigenen (sexuellen) Fantasien – welcher Gestalt auch immer – ohne Vorwurf genießen zu können. Ähnliche Dynamiken lassen sich vermutlich auch zu früheren (z. B. im Forscher selbst bei der Findung des Forschungsthemas) und zu späteren (z. B. in der Gruppendynamik beim Interpretieren der Transkripte in den Interpretationsgruppe) Phasen des Projekts ausfindig machen. Gleichzeitig könnte es ebenfalls mit der gesellschaftlichen Tabuisierung des Fantasieinhalts zusammenhängen, die ein öffentliches Ansprechen des Themas zu einem potenziell lustvollen Akt der Tabuüberschreitung werden lässt.

Das Forschungsthema Cuckold-Fantasien entfaltete nicht nur ein Zuhörbedürfnis Dritter, sondern auch ein Erzählbedürfnis bei genügend Adressat*innen, was sich in einem überraschend schnellen Feldzugang äußerte. Der Feldzugang ist theoretisch abhängig von drei Variablen: 1) der Reichweite des geteilten Aufrufs; 2) der Größe des Feldes; 3) der potenziellen Teilnahmemotivation im Feld.

Über Variable 1) hat der Forscher nur einen begrenzten Überblick. Die absolute Reichweite lässt sich schwer ermitteln, liegt aber theoretisch etwas über 2.500 Personen (das ist die Anzahl der Mitglieder des größten E-Mail-Verteilers, über den der Aufruf versendet wurde). Soweit es dem Forscher bekannt ist, wurde der Aufruf nicht gezielt an Gruppen oder Kreise geschickt, die sich über eine Affinität zu Cuckold-Fantasien definieren, sondern wurde hauptsächlich in willkürlicher Form an männliche Personen versendet, bei denen der Forscher oder die Verteiler*innen keine größeren inneren Widerstände bei sich selbst spürten, den Aufruf zu teilen. Über Variable 2 könnten nur quantitative Studien eine Auskunft geben. Wie oben aber bereits geschildert wurde, liegen keine aktuellen Studien für Deutschland vor, die zu der Verbreitung von Cuckold-Fantasien Zahlen liefern könnten.

Aber auch ein Aufruf mit einer größtmöglichen Reichweite, der eine ausreichend große Anzahl an potenziell durch die Forschungsarbeit adressierten Personen erreicht hätte, wäre doch ins Leere gelaufen, wenn innerhalb des Feldes nur wenige Menschen sich zu einer Teilnahme motiviert gefühlt hätten (Variable 3). Die hohe Teilnahmemotivation überrascht angesichts der dargelegten Schambarrieren, die bei dem Thema sexuelle Fantasien zu erwarten gewesen wären – oder wie es Teilnehmer Markus formuliert: »Das Thema ist einigermaßen sensibel und darüber zu sprechen eher anspruchsvoll« (Forschungstagebuch). Sodann stellt sich die Frage, welche Motive so stark waren, dass beispielsweise Teilnehmer Dominik für eine Teilnahme »keinen Aufwand scheuen würde« (vgl. ebd.).

Mit Freud (vgl. 1908e, S. 220) ließe sich annehmen, dass nur die Menschen bereit seien, die Schambarrieren zu überwinden und über ihre Fantasien zu erzählen, »denen eine strenge Göttin – die Notwendigkeit – den Auftrag erteilt hat zu sagen, was sie leiden und woran sie sich erfreuen« (ebd.). In seinem Fall waren es seine Patient*innen, die bei ihm Heilung von ihren psychischen Leiden suchten. Er betont aber zugleich, dass »unsere Kranken uns nichts anderes mitteilen, als was wir auch von den Gesunden erfahren könnten« (ebd.). Nun ist es gewiss kein pathologisches Leiden, was die Interviewten zu einer Teilnahme bewegte (damit wären sie bei einer sozialwissenschaftlichen Forschung auch an der falschen Stelle), dennoch zeigte sich zum Teil bereits in der Vorabkommunikation und auch in den Interviews selbst jeweils eine spezifische Erzählmotivation, auf die in der folgenden Interpretation der verschiedenen Fälle eingegangen wird. Dies sagt nicht zwingend etwas über den Forschungsgegenstand Cuckold-Fantasien aus, sondern kann auch als Ergebnis des gewählten Verfahrens der Teilnehmer*innen-Akquise über den gestreuten Aufruf betrachtet werden, bei dem sich der Forscher explizit als »offenen, wertschätzenden und neutralen Zuhörer« (Teilnahmeaufruf) beschreibt, der im Bereich der Sexuellen Bildung und Beratung arbeitet. Andererseits könnte die überraschend hohe Teilnahmemotivation indirekt wiederum auf die gesellschaftliche Tabuisierung der Cuckold-Thematik verweisen, die Menschen motiviert, zu einer größeren Sichtbarkeit der Vielfältigkeit von Sexualität beizutragen, oder die ein Forschungsinterview als einen seltenen Raum begreifen lässt, innerhalb dessen über diese Thematik auf einer persönlichen Ebene gesprochen und reflektiert werden kann.

Bevor nun die vier erhobenen Fälle nacheinander ausführlich dargestellt und interpretiert werden, sollen an dieser Stelle kurz die ersten Hypothesen aus der Reflexion des Feldzugangs zusammengefasst werden: Die Cuckold-Fantasie scheint innerhalb unseres gesellschaftlichen Kontextes keine »belanglose« Fantasie zu sein, auf die Menschen in der Regel indifferent reagieren. Vielmehr konnte im Forschungsprozess wiederholt eine ambivalente Dynamik beobachtet werden, die zwischen einem überdurchschnittlichen Interesse an der Forschungsarbeit und eventuell somit indirekt auch an den sexuellen Fantasien der anderen auf der einen Seite und Affekten von Scham, Verlegenheit und Distanzierungsbedürfnissen auf der anderen Seite hin- und herpendelt. Gleichzeitig war die Teilnahme-Akquise über einen gestreuten Aufruf überraschend erfolgreich, was einen Zusammenhang von gesellschaftlicher Tabuisierung oder Abwertung und einem bei genügend Personen vorhandenem Bedürfnis nach einem (relativ) geschützten Raum, innerhalb dessen ein Sprechen über die und ein (anonymisiertes) Sichtbarwerden mit der Thematik möglich und erwünscht ist, vermuten lässt. Auch das Lustvolle am öffentlichen Ansprechen des Themas könnte vor dem Hintergrund der Tabuisierung verstanden werden.

9 Fallinterpretation Chris

9.1 Vorabkommunikation

Chris[17] (zwischen 30 und 40 Jahre alt) meldete sich via E-Mail, wobei sich die Kommunikation und die Terminfindung über einen Mailwechsel innerhalb einer Woche als recht schnell und unkompliziert erwies. In meinem Forschungstagebuch notierte ich die Bemerkung, dass Chris mir sehr »enthusiastisch« vorkomme und »fast schon eine kindliche Freude« auf das Interview zeige. Er gab an, keine weiteren Fragen zur Forschungsarbeit oder zum Ablauf des Interviews zu haben, und betonte, dass er sich freue, »einen kleinen bescheidenen Beitrag zur Wissenschaft machen zu können« (Forschungstagebuch). Weiterhin bekundete er Interesse an meinem Beruf und Studiengang, worauf ich mit dem Hinweis antwortete, dass das Interview nicht in Zusammenhang mit meinem Beruf stehe, ich aber dennoch gerne im Anschluss für einen Austausch zur Verfügung stünde. In einer weiteren Mail nahm Chris Bezug auf die Informationen zur Forschungsarbeit, zur erwähnten tiefenhermeneutischen Forschungsperspektive und zum angedachten Ablauf des Interviews. Er meinte, dass sein Interesse zunehme, je mehr er

17 Der Name »Chris« ist – wie alle anderen verwendeten Namen auch – ein vom Forscher vergebenes Pseudonym. Die Entscheidung, einen Namen und kein Kürzel zu verwenden, wurde getroffen, um den Lesefluss nicht zu stören. »Chris« wurde deshalb als Pseudonym ausgewählt, weil es üblicherweise eine Kurzform für einen längeren Namen darstellt und daher der Begebenheit entspricht, dass sich die interviewte Person bereits im ersten Mailkontakt mit einer solchen Kurzform eines Namens vorgestellt hatte. Dass »Chris« wiederum als geläufige Kurzform für »Christian« oder »Christopher« verwendet wird und somit die Vermutung nahe legen könnte, das dies ein bewusst gewählter Verweis auf die religiösen Elemente in Chris' Lebensgeschichte wäre, fiel erst im Nachhinein auf und war nicht vom Forscher bei der Wahl des Pseudonyms intendiert.

von meiner Arbeit höre, und scherzte: »Beim Interview werde ich mich zügeln müssen, um nicht dich auszufragen anstatt selber zu erzählen! ;)« (Forschungstagebuch).

Am Tag des Interviews trafen wir uns am Bahnhof in der Nähe seines Wohnortes und Chris nahm mich ab dort mit seinem Auto mit. Unterwegs ergab sich schnell eine angeregte und dichte Unterhaltung über viele unterschiedliche Themen, als ob das Interview bereits im Auto gestartet wäre. Die Unterhaltung drehte sich zunächst um meinen Studiengang, meine Arbeit, meine Haltung zur Schwangerschaftskonfliktberatung und meine beruflichen Erfahrungen mit dem Thema Jugendsexualität und Pornografie. Dann erzählte Chris von seiner Migrationsgeschichte und berichtete, dass er in seinem Heimatland in einem Priesterseminar war. Dabei fiel als Stichpunkt der Heilige Augustinus, der gemäß Chris' Ausführungen zuerst ein sehr körperlicher, lustvoller Mensch gewesen sei und durch einen Wendepunkt in seinem Leben zum leibfeindlichen Christentum konvertierte. Weiterhin thematisierte er kurz sein Studium im Herkunftsland und in Deutschland sowie seinen beruflichen Werdegang. Als wir im Hof vor seinem Haus ankamen, erzählte Chris von momentanen Schwierigkeiten in seiner Ehe. Das Ehepaar hatte aufgrund dieser entschieden, dass seine Frau mit dem gemeinsamen Kind die oberen Stockwerke des Hauses bewohnt, während er sich ein Zimmer im Erdgeschoss eingerichtet hatte. Just in diesem Moment öffnete seine Frau oben ein Fenster, winkte uns zu und rief, dass wir auch gerne für das Interview hoch in die Küche kommen könnten. Chris lehnte dies mit der Begründung ab, dass er unten schon alles vorbereitet habe (vgl. ebd.).

9.2 Interviewsituation und Eröffnung des Interviews

Chris' Zimmer, in das wir uns zum Interview begaben, weckte meinen Forschungstagebucheinträgen zufolge die Assoziation an ein Jugendzimmer oder ein Zimmer in einer Studierenden-WG mit Hochbett, Couch, Schreibtisch, Bücherregal und Musikinstrumenten an der Wand. Vor diesem Hintergrund grenzten sich zwei antik aussehende und bequem wirkende große Sessel im Biedermeier-Stil ab, die um einen kleinen Café-Tisch gruppiert waren. Chris bat mich, Platz zu nehmen, und bot mir einen Kaffee und Pomelo an, die halb aufgeschnitten neben zwei Teelöffeln auf dem Café-Tisch lag. Die aufgeschnittene Pomelo-Hälfte ließ mich direkt assoziativ an eine Vulva denken, was mich innerlich schmunzeln ließ. Mein innerliches Schmunzeln rührte daher, dass ich mir in dem Moment vorstellte, wie wohl Analytiker*innen diese Szene interpretieren würden, dass ein Mann einen anderen Mann dazu einlädt, gemeinsam in einer vulvaartigen Pomelohälfte zu löffeln, während sie ein Interview über Cuckold-Fantasien führen. Diese Symbolik schien mir aber bereits in der Situation als zu offensichtlich und »drüber«, sodass es mich verunsicherte, wie das Gesamtbild zu verstehen war: War das Anbieten der Pomelo in dieser Art und Weise als eine von Chris intendierte Andeutung zu verstehen, die vermutlich aber dezent wirken sollte? Wenn ja, dann scheiterte sie jedoch genau in diesem Punkt und gewann dadurch etwas Unbeholfenes, Komisches. Oder wollte Chris lediglich ein guter Gastgeber sein und war sich nicht darüber bewusst, welche Assoziationen er mit der Art und Weise, wie er die Pomelo innerhalb dieses Settings anbot, hervorrufen konnte? So oder so schien es mir in der Situation intuitiv zu »intim« – oder zumindest »unpassend« – während eines Interviews gemeinsam in einer Pomelo zu löffeln, sodass ich die Pomelo dankend ablehnte, aber zum Kaffee gerne ja sagte. Chris nahm daraufhin eine alte Kaffeemühle hervor und begann lautstark Kaffeebohnen zu zermahlen, während ich mit dem formalen Vorgespräch inklusive Datenschutzregularien und Erläuterung der Einverständniserklärung begann. Das Mahlen der Kaffeebohnen war dabei so laut, dass ich mir Sorgen machte, wie lang die Prozedur noch dauern würde, da so unter keinen Umständen eine Aufzeichnung des Interviews gelingen würde. Glücklicherweise fand das Kaffeemahlen ein Ende, als wir auch alle Formalitäten geklärt hatten, sodass ich mit Chris' Zustimmung das Audiogerät anschalten konnte, das ich auf den Café-Tisch neben die Pomelo gelegt hatte.

Da das Anschalten des Aufnahmegeräts in Interviewsituationen gewöhnlich einen heiklen Moment darstellt, habe ich von meinem Zweitbetreuer den Rat erhalten, das Aufnahmegerät relativ früh anzuschalten und selbst als erste Person nach dem Anschalten zu sprechen. Dabei sollte ich auch erstmal viel und etwas länger reden, um meinem Gegenüber die »Angst« vor dem Aufnahmegerät zu nehmen. Diese Strategie hatte ich zwei Tage zuvor beim ersten Interview bereits erfolgreich angewandt. Umso irritierte war ich nun, dass Chris nach dem Einschalten direkt das Wort ergriff und mich dabei unterbrach, als ich gerade Luft nahm, um zu meinem eingeübten Erzählstimulus anzusetzen:

»Y: °genau jetzt läufts schonmal° (*leise*) (*raschelt mit Papier*) (2.) // genau- //
C: // jou ich heiße Chris [Nachname] ich sitze hier mit (Y: *lacht*) Yannick Zengler und wir fangen an ein interview zum Thema (.) ähh Cuckoldry-Fantasies für hetero bzw. bisexuelle Männer // ich bin //
Y: // ja //
C: // mit dem Aufnahme einverstanden- //
Y: // (*lacht*) Dankeschön (*raschelt mit Papier*) (3.) genau ähm (.) und genau ich wollt nur nochmal kurz noch sagen was mir so wichtig ist oder erstmal auch vielen Dank dass du dir die Zeit genommen hast« (Interviewtranskript[18] Chris).

Nachdem wenige Minuten zuvor noch im Vorgespräch die Rede von Anonymisierung und Datenschutz war, setzt Chris nun unaufgefordert an, indem er seinen vollständigen Vor- und Nachnamen, den vollständigen Namen des Forschers und das Thema des Interviews nennt. Das Ganze erinnerte mich dabei an die Eröffnung eines förmlichen Protokolls oder gar einer Gerichtsverhandlung, die darin mündet, dass Chris »offiziell« zu Protokoll gibt, dass er mit der Aufnahme einverstanden sei. Eine Lesart, die später im Rahmen des Interpretationsprozesses angelegt wurde, sah in diesem Akt ebenfalls die Eröffnung einer Gerichtsverhandlung, die Chris mit dem Forscher als Zeugen eröffnete (vgl. Protokoll Interpretationsgruppe Tiefenhermeneutik[19]). Eine andere Deutung, die im Rahmen einer Interpretationsgruppe auf einem Methodenworkshop stark gemacht wurde, sah darin einen Akt, sich als Co-Wissenschaftler zu inszenieren, der forschungspraktisches Know-how beweist und gemeinsam mit dem Forscher in der Art und Weise das Interview eröffnet, wie er es von einem »richtigen« Forschungsinterview erwarten würde (vgl. Protokoll der Interpretationsgruppe des Workshops; siehe Fußnote 19). Eine dritte Mög-

18 Die Transkriptionsregeln sind im Anhang aufgeführt.

19 Die vollständigen Protokolle der verschiedenen Interpretationsgruppen sind im Anhang der Masterarbeit (Zengler, 2020) aufgeführt und können auf Anfrage beim Autor gerne eingesehen werden.

lichkeit besteht darin, in diesem Akt eine Strategie der Angstüberwindung zu sehen, gleichsam eine »Flucht nach vorne«, um mit der eigenen Aufregung in Bezug auf das Interview umzugehen. Alle drei Lesarten widersprechen sich jedoch nicht und es wird sich noch zeigen, wie sich insbesondere die ersten beiden Assoziationen im Zusammenspiel mit anderen Verknüpfungen zu einer tragfähigen Lesart zur latenten Ebene der Interviewdynamik verdichten lassen.

Nachdem ich schließlich meinen Erzählstimulus mit der Bitte, die Entwicklung seiner sexuellen Fantasien »von Geburt bis heute«) zu erzählen, mit den Worten »und wie das damals so war und wie das dann bis heute so weiter ging« beendete, eröffnete Chris folgendermaßen seine Stegreiferzählung:

> »C: jou das ein ein gute (.) äh Ausgangspunkt (.) ähhm (1.) von Familienerzählung also von Erzählungen von meiner Mutter (.) war ich äh (.) hab ich sehr früh ein eine Körperlichkeit gehabt (.) ich konnte noch net viel sprechen aber sie hat erzählt (Y: hmh) dass ich ähm (.) im Badewanne mich am am Penis angefasst habe (Y: hmh) genüsslich (.) (Y: ja) und habe nur ähm (.) warm gesagt (Y: ja) (.) also diese äh (.) Äußerung ähh (.) ich fass mich an und das tut s- tut gut (Y: *trinkt einen Schluck Kaffee*) das war (.) ähh ein (.) eine (.) Erfahrung mit Körperlichkeit die (.) sogar vor meiner eigenen Erinnerung (.)ähm (Y: hmh) passiert sein sollte (.) so ist die Erzählung zumindest (.)« (Interviewtranskript Chris).

Mit der Eröffnung »das ist ein guter Ausgangspunkt«[20] ratifiziert Chris die Erzählaufforderung und macht deutlich, dass die formulierte zeitliche und thematische Offenheit für ihn einen guten Rahmen zum Ent-

20 Um den Lesefluss nicht zu stören, wird bei den kürzeren und in den Fließtext eingebunden Interviewzitaten eine leichte sprachliche Glättung vorgenommen und das Zitat der grammatikalischen Struktur des Satzes ohne weitere Kennzeichnung angepasst. Dies ist vertretbar, da bei den kürzeren Zitaten im Fließtext im Gegensatz zu den eingerückten Zitaten in erster Linie die inhaltliche Ebene des Zitats von Bedeutung ist. Um die direkten Zitate der interviewten Personen (bzw. des Interviewers) von der Autor*innen-Stimme des Fließtextes abzuheben, erscheinen sie wie die längeren, eingerückten Passagen in der Original-Schriftart des Transkripts.

werfen seiner (sexuellen) Lebensgeschichte bietet. Für ihn ist es möglich, ohne Zögern oder längeres Überlegen seine Narration mit einer Gegebenheit aus seiner frühen Kindheit zu beginnen, die sogar vor dem Einsetzen seines Erinnerungsvermögens spielt. Die widergegebene Geschichte über das Kleinkind Chris in der Badewanne, das »sehr früh eine Körperlichkeit« hatte, nimmt dabei die Form einer Anekdote ein, die über ihn erzählt wurde. Anekdoten als mündlich tradierte Erzählungen haben gewöhnlich die Funktion, in einer kurzen, meist witzigen Geschichte, eine Persönlichkeit treffend zu charakterisieren (vgl. Dudenredaktion: Anekdote, o. J.a). Es bleibt jedoch unklar, welche Funktion genau diese »Familienerzählung« innerhalb der Familie einnahm und was sie genau über Chris aussagen sollte. Die Begebenheit scheint zumindest so bedeutsam gewesen zu sein, dass sie in Form einer Anekdote weiter tradiert wurde und Chris sie nun als Eröffnung seiner Haupterzählung wählte.

Insgesamt blickt Chris dabei im ca. 90-minütigen Interview auf eine bewegte Lebensgeschichte zurück, die reich an Wendungen und Erlebnissen ist. Auf die Mitglieder der Interpretationsgruppe wirkte das Interview daher zum Teil »erschlagend« und »verwirrend« angesichts der erzählten »Masse und Fülle an Geschichten und Beziehungen« (Protokoll Interpretationsgruppe Tiefenhermeneutik).

9.3 Der manifeste Erzählinhalt der (sexuellen) Biografie

9.3.1 Kindheit

> »meine ähm (.) Zeit als Kind (.) war durchaus sexualisiert« (Interviewtranskript Chris).

Chris wuchs in seinem Heimatland als ältester Sohn mit einer zwei Jahre jüngeren Schwester und einem jüngeren Bruder auf. Über den Vater erfahren wir, dass er Naturwissenschaftler war. Die Mutter taucht in seiner Erzählung im Zusammenhang mit verschiedenen Kindheitserlebnissen auf, ihr Beruf bleibt dabei unklar. Sein Elternhaus hat Chris als offen und unaufgeregt in Bezug auf die Themen Sexualität und Sexualerziehung in Erinnerung. Insbesondere sein Vater sprach »sehr offen über Sexualität mit uns [den Kindern]«, sodass Sexualität »nie ein tabuisiertes Thema im Haushalt« war. Verknüpft wird diese Erinnerung mit dem

Bild der großen Bibliothek im Haus, die eine große Bandbreite an unterschiedlichen Büchern zur Verfügung stellte, inklusive Kunstbüchern oder biologischen Fachbüchern, in denen nackte Menschen betrachtet werden konnten. Chris erinnert sich, dass ihn das alles von früh an faszinierte. Er beschreibt sich als ein Kind, das »sehr früh eine Körperlichkeit« hatte und das eine große Neugierde, auch im sexuellen Bereich, aufwies.

Als seine erste »klare Erinnerung an Fantasie« benennt Chris das Zeichnen von »teuflischen Figuren mit erregten Genitalien«. Für diese Zeichnungen schämte er sich und versteckte sie daher unter seinem Bett. Zugleich gibt er an, dass gerade diese »Tabuisierung« für ihn aufregend war. Als seine Mutter schließlich die Zeichnungen zufällig entdeckte, versuchte sie ihm die Scham »wegzunehmen«. Dennoch empfand Chris es als eine »unfreiwillige Offenbarung [seiner] Fantasiewelt«.

Chris benennt, dass ihn von »frühem Alter« an insbesondere die Vorstellung von einer Vagina faszinierte. Er fragte sich damals, »wie fühlt sich das an in eine Vagina einzutauchen«. Für ihn war es ein »Rätsel« und ein »Problem«, wie er dieses Gefühl selbst erzeugen könnte. Er erinnert sich, sich »ein bisschen darüber geärgert [zu haben,] Mann zu sein allein wegen [den] praktischen Problemen des Onanierens«. Als Kind versuchte Chris daher, Geräte zu bauen, um dieses Gefühl zu simulieren. Gemäß Chris' Darstellung führte seine Neugier auch dazu, dass er im Vorschulalter zunächst in einen »sexualen Kontakt« mit einem Mädchen aus der Nachbarschaft trat. Als achtjähriger Junge fehlte ihm aber die Möglichkeit, ähnliche Kontakte mit gleichaltrigen Kindern einzugehen, um gemeinsam der sexuellen Neugier nachzugehen. So erklärt sich Chris, dass er in diesem Alter »sexuellen Kontakt« mit seiner zwei Jahre jüngeren Schwester, seinem Bruder und den gemeinsamen Freunden suchte. Er benennt das Anschauen von *Playboy*-Heften, die sie bei einem Nachbarn fanden, gemeinsame Selbstbefriedigung sowie »gegenseitige Berührungen«, »die aber durchaus sexual waren«. Um Missverständnisse auszuschließen ergänzt er, dass sie nie »vaginale Penetration« miteinander ausübten. Er betont, dass die Erkundungs- und Berührungsspiele alle »einvernehmlich« waren. Die begleitenden Gefühle beschreibt Chris mit Scham und dem Bedürfnis, die sexuellen Spiele vor den Blicken der Erwachsenen zu verbergen. Wie auch schon in Bezug auf das Zeichnen der Teufel charakterisiert Chris das Doktorspiel mit den jüngeren Geschwistern als eine »frühkindliche Erfahrung mit Tabubruch«. Als er zwölf Jahre alt war, fand der letzte sexuelle Kontakt dieser Art mit der Schwester statt. Danach fühlte es sich für ihn nicht mehr »richtig« an.

Zunächst bleibt Chris bei dieser unproblematischen Darstellung der beschriebenen sexuellen Kontakte zwischen ihm und seiner zwei Jahre jüngeren Schwester. An dieser Stelle sei aber bereits darauf hingewiesen, dass diese Darstellung zu einem späteren Zeitpunkt im Interview eine Wendung erfährt: Als Chris bereits an einem anderen Ort studierte, erzählte die Schwester den Eltern von den sexuellen Kontakten als Kinder, die sie sehr belasteten. Sie fühlte sich durch Chris »missbraucht« und »unter eine geheimnisvolle Last gesteckt«. Chris beteuert, dass er alle diese Gefühle nie bei ihr wahrgenommen hatte.

9.3.2 Exkurs:[21] Kindliche »Doktorspiele« zwischen Geschwistern vs. sexualisierte Übergriffe durch Geschwister

Aus sexualwissenschaftlicher Perspektive stellen die erzählten Einzelheiten aus seiner Vorschulzeit (Körpererkundungen in der Badewanne und lustvolles Reiben des Penis, Interesse an nackten Körpern, später Körpererkundungsspiele mit anderen Kindern) nichts Ungewöhnliches dar, sondern können als Teil einer altersangemessenen psychosexuellen Entwicklung betrachtet werden (einen guten Überblick über den empirischen Forschungsstand bietet Schuhrke, 2015). Auch dass die sexuellen Spiele mit anderen Kindern nach dem Einsetzen des Schamgefühls (in der Regel spätestens mit sieben Jahren) weiter vor den Blicken der Erwachsenen versteckt im Verborgen praktiziert wurden, kann einer altersgemäßen psychosexuellen Entwicklung entsprechen (vgl. ebd., S. 166; Kerger-Ladleif, 2018, S. 46). Kerger-Ladleif betont, dass es grundsätzlich sogenannte »Doktorspiele« im Sinne von

21 Da die Erzählung von Chris zu seinen (sexuellen) Kindheitserfahrungen allgemein (und nicht nur in Bezug auf die unterschiedliche Bewertung der Begebenheit zwischen ihm und seiner Schwester) im Forschungsprozess wiederholt bei verschiedenen Personen Irritationen auslöste (siehe Kapitel 9.7.1.), die teilweise (auch) auf einer Unkenntnis in Bezug auf Ausdrucksformen kindlichen Sexualverhaltens gründeten, wird an dieser Stelle sexualpädagogisches bzw. sexualwissenschaftliches Kontextwissen geboten – ohne jedoch eine abschließende vermeintlich objektive Bewertung oder Einordnung vorzunehmen.

> »kindlichem Explorationsverhalten, das freiwillig, gleichaltrig und gewaltfrei ist, […] auch unter Geschwistern geben [kann]. Im Kindergarten- und Vorschulalter steht hierbei das neugierige Erkunden des eigenen Körpers, seiner Reaktion auf Berührungen und das Entdecken von Gemeinsamkeiten und Unterschieden im Vordergrund« (Kerger-Ladleif, 2018, S. 58).

Die Trennlinie zwischen entwicklungsangemessenen Doktorspielen und sexualisierten Übergriffen ist hierbei wie auch bei Doktorspielen zwischen Kindern, die in keiner Geschwisterbeziehung zueinander stehen, eine zu große Alters- und/oder Entwicklungsungleichheit, Unfreiwilligkeit und Gewalt. Der maximale Altersunterschied wird in der Fachliteratur mit zwei Jahren beziffert (vgl. ebd., S. 48). Unfreiwilligkeit kann beispielsweise auch vor dem Hintergrund eines Machtgefälles (Geschlecht, körperliche Kraft, kognitive Reife, Beliebtheit und Position innerhalb einer Kindergruppe oder der Familie) entstehen, wenn ein Kind durch Versprechungen, Anerkennungen und Drohungen Druck ausübt (vgl. ebd., S. 50). In diesem Fall stehen Erwachsene (Eltern, Erziehende, Fachkräfte) in der Verantwortung, Übergriffe zu erkennen, zu unterbinden und eine jeweils beiden Kindern angemessene pädagogische Reaktion, Unterstützung und Umgangsweise zu finden (vgl. ebd., S. 57f.).

Kerger-Ladleif weist weiterhin in Bezug auf Geschwisterbeziehungen auf spezifische familiäre Risikofaktoren hin, die begünstigen können, dass aus

> »einvernehmlichen sexuellen Handlungen unter Geschwistern, die aus Neugier und experimentellen sexuellen Annäherungen begannen, sexualisierte Übergriffe werden, in denen die Bedürfnisbefriedigung eines Geschwisterteils im Vordergrund steht« (ebd., S. 57).

In Anbetracht dessen, was wir aus Chris' Erzählungen erfahren (insbesondere zu seinem familiären Hintergrund), muss festgehalten werden, dass zu wenige Informationen vorliegen, um das Geschehene nachträglich aus fachlicher Perspektive stimmig einzuordnen. Auf Grundlage des erzählten Inhalts sind unterschiedliche Erklärungen denkbar, die von der Variante, dass Chris im Nachhinein als Erwachsener das übergriffige Verhalten als Kind als einvernehmliche Doktorspiele bagatellisiert, über die Möglichkeit, dass Chris als Kind nicht in der Lage war (z. B. aufgrund noch nicht ausreichend entwickelter empathischer Fähigkeiten), das eigene Verhalten als grenzverletzend wahrzunehmen, bis hin zur Annahme reichen, dass die Schwester erst als Jugendliche/Erwachsene nachträglich im Konflikt mit dem gesellschaftlichen Inzesttabu ein Verständnis für sich entwickelt hat, das die sexuellen Aktivitäten zwischen den Geschwistern als Missbrauch durch den älteren Bruder einordnet. Eine weitere Hypothese könnte ausgehend von dem Bericht, dass der »sexuelle Kontakt« von Chris mit seiner jüngeren Schwester andauerte, bis er bereits zwölf Jahre und seine Schwester demnach zehn Jahre alt war, eine sich allmählich zuspitzende Entwicklungsdiskrepanz und damit ein sich vergrößerndes Machtgefälle zwischen den Geschwistern annehmen. So könnte ein »Kippen« der anfänglich beidseitigen sexuellen Erkundungsspiele als jüngere Kinder zu einem später dann grenzverletzenden/übergriffigen Verhalten durch den älteren Bruder vermutet werden, da er sich als Zwölfjähriger unter Umständen hormonell und psychosozial bedingt bereits im Angangsstadium der Pubertät befunden haben könnte.

Welche Hypothese letztendlich zutreffen könnte, kann im Kontext dieser Forschungsarbeit jedoch nicht beantwortet werden. Als qualitative Arbeit zielt sie auch nicht darauf, Tatsachen aus der Vergangenheit »objektiv« zu rekonstruieren, sondern fragt danach, welche Bedeutungen eine so erinnerte und erzählte Erfahrung für die interviewte Person im Heute einnimmt und wie sie das so Erinnerte in die Lebensgeschichte einbettet und in Bezug zu ihrer sexuellen Entwicklung setzt.

9.3.3 Pubertät und Jugend

> »[ich] durfte meine Sexualität sehr (.) ausgeprägt ausleben« (Interviewtranskript Chris).

Als Chris 14 Jahre alt war, zog die Familie an einen neuen Ort, wo Chris neue Freund*innen aus der Nachbarschaft kennen lernte. Zu dieser Zeit »betrieb« er »regelmäßig Selbstbefriedigung«. Dabei stellte er sich über zwei Jahre hinweg vor allem Jennifer, ein Mädchen aus der Nachbarschaft, vor, das er sehr hübsch fand. Chris beschreibt seine Fantasien über Jennifer auf der Suche nach passenden Worten etwas zögerlich als »vorsexuell« und als »naiv«, da er zu dem Zeitpunkt noch über kein »Vorwissen« verfügte, wie eine »echte« sexuelle Begegnung von Erwachsenen aussehen soll. Diese Fantasien griffen aber auch zum Teil pornografische »Bilder von Sexualität« auf, die Chris heimlich im Internet entdeckte, das zu der Zeit erstmals im Haushalt zugänglich war. Auch hier waren es wieder Bilder von »einer erregten Vagina aus der Perspektive eines Mannes der es [sic] bald penetrieren wird«, die Eingang in seine Fantasien fanden.

Eine besondere Begebenheit trug sich zu, als Jennifer, über die Chris mehrere Jahre in dieser Weise fantasierte, ihn besuchte und ihm plötzlich »aus dem heiteren Himmel« die »Hose runterzog« und ihm »einen geblasen« hatte. In seiner Erinnerung blieb er verwirrt und überwältigt zurück und stellte sich ungläubig Fragen, ob er wohl durch seine Fantasien die Realität beeinflussen könne oder ob es da einen »kausalen Zusammenhang« gäbe.

Mit 15 Jahren »verlor« Chris mit einer Freundin, mit der er danach zwei Jahre lang eine Beziehung führte, seine »Jungfräulichkeit«. Er beschreibt den ersten Geschlechtsverkehr dabei als eine »sehr liebevolle [und] zarte Erfahrung«. Interessanterweise bleibt diese Freundin in seiner Erzählung ohne Namen. Seine Zeit in der weiterführenden Schule charakterisiert er mit dem Ausspruch, dass er dort seine »Sexualität sehr ausgeprägt ausleben« konnte. Dies schloss auch ein paar »homosexuelle Begegnungen« mit ein. Mit drei anderen Teilnehmer*innen der Theater-AG (darunter auch Jennifer) erlebte Chris eine »sehr prägsame«, »sehr merkwürdige [und] sehr lustige« sexuelle Erfahrung bei einem Gruppensex zu viert, den er auf alten VHS-Kassetten aufnahm.

9.3.4 »Erster Wendepunkt« und Studium an jesuitischer Hochschule

> »und das hab ich urplötzlich sehr hässlich gefunden« (Interviewtranskript Chris).

Als Chris einem Freund von der Gruppensexerfahrung erzählte, wollte dieser ebenfalls einen Vierer arrangieren und lud dazu spontan zwei interessierte Freundinnen und schließlich Chris zu sich ein. Chris eilte aufgeregt zu der Wohnung seines Freundes, zog sich aus und als er schließlich die Mädchen, die er »aber nicht wirklich kannte«, nackt im Bett des Freundes sah, fand er das »urplötzlich sehr hässlich«. Später im Interview führt Chris in Bezug zu diesem »prägenden Augenblick«

aus, dass er sich daran erinnert, wie er »mit steifem Penis« dastand und eine »von diesen Mädels« dann etwas sagte, was ihm »dermaßen missfiel«. Daran, was genau in dieser Situation bei ihm diese plötzliche Aversion hervorrief, kann er sich nicht mehr erinnern. Er weiß nur noch, dass er unverzüglich aus der unerträglichen Situation floh, was er für sich als einen »massiven Gesichtsverlust« erlebte.

Dieses Erlebnis, das sich zu einer Zeit ereignete, in der er bereits in einem »emotionalen Aufruhr« aufgrund der Trennung von seiner ersten Freundin war, führte bei Chris zu dem Gedanken, »so kann [die] Sexualität auch nicht sein«. Er erhielt ein Stipendium für eine weiter weg gelegene katholische Hochschule, welches er dankend annahm, in der Hoffnung, dass ihm ähnlich wie dem Heiligen Augustinus der Glauben »Ruhe bescheren« würde:

> »also wenn ich mich (.) ähh mei- wenn ich meine Leben (.) die Kirche widme und dem Dienst meine Mitmenschen widme als spirituelle Begleiter (atmet hörbar ein) ähh da kann ich meine Sexualität (.) einfach feinst in Schublade (.) setzen und (Y: °hmh° (*leise*)) nicht mehr berühren weil es mich eher belastet als befriedigt« (Interviewtranskript Chris).

Die erhoffte Ruhe kehrte aber nicht ein: Nachdem Chris von Zuhause ausgezogen war, erzählte seine Schwester von den »sexuellen Kontakten als Kinder«. Für Chris geschah dies gänzlich unerwartet, da für ihn damals »das Kapitel« nicht mehr »Gegenstand« seiner Reflexion war. Seine Schwester berichtete aber, dass das Geschehene sie »schwer belastet« und »sehr verletzt« hatte. Nach einigem Ringen nach den passenden Worten, verwendet Chris schließlich die Formulierung, dass sie sich von ihm »missbraucht fühlte«. Für Chris war es ein Schock, da er diese Gefühle von ihr nie wahrgenommen hatte. Sein Vater wiederum war hin- und hergerissen, da er sah, dass auch Chris unter der Situation litt. Chris erzählt, dass er sich zwar nach ein paar Jahren mit seiner Schwester versöhnen konnte, dennoch litt sie weiterhin sehr unter »geistigen Krankheiten«. Zwei Jahre vor dem Interview beging sie einen Suizid. Die Auseinandersetzung mit der einschneidenden »Offenbarung« der Schwester führte bei Chris zu einer »Ablehnung« seiner Sexualität, resultierend aus der Schlussfolgerung,

> »dass meine Gelüste (1.) meine Neugier (.) durchaus Verletzung erzeugen kann (.) (Y: °hmh° (*leise*)) (.) und dass diese Verletzungen unter Umständen dazu beitragen können dass ein Mensch sich das Leben nehmen will« (Interviewtranskript Chris).

9.3.5 »Zweiter Wendepunkt« mit Charlotte

> »das Leben ist so kurz und unsre Genüsse sind so flüchtig« (Interviewtranskript Chris).

Als zweiten Wendepunkt in seiner sexuellen Biografie gibt Chris ein Erlebnis mit einer Frau Namens Charlotte an. Dieses trug sich zu, noch bevor Chris schließlich sein Studium und das Stipendium nach zwei Semestern »dermaßen durch den Wind« und »voller Sozialängste« aufgab. Während er den ersten Wendepunkt, ausgelöst durch den missglückten Vierer und verstärkt durch die »Offenbarung« der Schwester, als »Ablehnung von hässlicher Sexualität« charakterisiert, bezeichnet er den zweiten Wendepunkt als Erkenntnis, dass er sich nicht als »sexuellen Krüppel« sehen will, sondern dass es »vielleicht doch eine schöne Sexualität« geben kann. Diese Haltung entsprang wie zum Trotz auf die wiederholte Erfahrung des Erstarrens in einer Situation, in der Chris sich wünschte, Sex mit einer Person zu haben: Als er mit seiner Kommilitonin Charlotte im Bett lag, überkam ihn der Gedanke der Ablehnung der eigenen Sexualität und er erstarrte plötzlich:

> »ich lag bei ihr im Bett und konnte mich net bewegen ich wusste nicht wie ich mit ihr Kontakt aufnehmen sollte (.) wie ich diese (.) ähh (2.) ähh Kontakt aufnehmen soll zu ihr äh w- was durchaus eine (.) eine liebevolle Kontakt (Y: hmh) gewesen wäre also keine (1.) mhh (.) leere Genuss sondern (.) wäre glaube ich eine sehr schöne Begegnung gewesen aber ich konnte es net machen« (Interviewtranskript Chris).

Auch wenn Chris infolgedessen die oben skizzierte »trotzige« Haltung entwickelte, dauerte es eine lange Zeit, bis Chris wieder einen sexuellen

Kontakt mit einer anderen Person suchte. Er erzählt, dass selbst seine »Fantasiebildung eingedämmt« wurde. Seiner Darstellung nach unterließ er das Fantasieren, da es ihn in Situationen wie die mit Charlotte führen würde, in denen er Sexualität in negativer Weise als etwas Unpersönliches erlebte.

9.3.6 Drogenabhängigkeit, Kennenlernen mit Lea und »Flucht« nach Europa

> »und ähh es war für mich in in Begegnung mit Lea sehr heilsam in viele Hinsichten« (Interviewtranskript Chris).

Nach dem Abbruch des Studiums zog Chris zurück in seine Heimatstadt und jobbte dort als Kellner. Er begann viele Drogen zu nehmen und geriet so über die Jahre in eine Opioidabhängigkeit, die er später mit einer Methadon-Therapie zu behandeln versuchte. In dieser Zeit erlebte Chris einige »sexuelle Begegnungen«, die sich nicht »richtig angefühlt« haben: den ersten passiven Analverkehr mit einem Mann, was er als ein schamhaftes Erlebnis beschreibt, die verpasste Chance innerhalb eines missglückten Dreiers mit einer alten Schulfreundin schönen Sex zu haben und stattdessen im Anschluss entgegen dem eigenen Bedürfnis zum Sex mit einem alten Schulfreund überredet zu werden, sowie den Sex mit einer alten Freundin, was sich nachträglich »sehr strange« anfühlte.

Fünf Jahre nach der Erfahrung mit Charlotte im Studium traf Chris das erste Mal auf Lea, seine spätere Ehefrau. Sie kam aus Deutschland, war aber gerade bei einer ehemaligen Gastfamilie in Chris' Herkunftsland zu Besuch. Chris begegnete ihr beim Kellnern und lud sie auf ein Date zu einem Konzert ein. Sie verbrachten schließlich zwei Tage miteinander, bis Lea wieder zurück nach Deutschland fliegen musste. Die Begegnung mit Lea beschreibt Chris als »berauschend«, als eine »lustvolle fantastische Begegnung«. Dennoch hatten die beiden keinen Sex miteinander, da Chris etwas Besonderes für sie empfand und nicht ihr »Urlaubsfick« sein wollte. Er sagte zu ihr, »wenn wir Sex haben wollen dann sehen wir uns wieder«. Lea flog schließlich zurück nach Deutschland und beide hielten über mehrere Monate den Kontakt über Nachrichten, Telefonate und Skype.

Während dieser Zeit spitzte sich Chris' Drogenkrise weiter zu, er kam öfters in Kontakt mit der Polizei und war kurz davor, eine längere Haftstrafe antreten zu müssen. Um dieser zu entgehen, fasste er den Entschluss, nach Europa zu »flüchten«. Er buchte einen Flug in ein anderes Land, wo ihn Lea in Empfang nahm. Sie verbrachten dort zwei Wochen, während Chris das Methadon absetzte und allmählich nüchtern wurde. Er gibt an, seitdem von Opioiden »clean« zu sein. Während diesen zwei Wochen erlebten Lea und er auch den ersten gemeinsamen Sex. Infolgedessen beschreibt Chris die Begegnung mit Lea als »sehr heilsam« in vielen Hinsichten, insbesondere

> »endlich nach diese schräge Erfahrung mit Charlotte [Nachname] irgendjemand (.) gefunden zu haben mit dem ich mein Sexualität teilen konnte und zwar in eine (.) liebevolle (.) erfüllende Rahmen« (Interviewtranskript Chris).

9.3.7 Erste (sexuelle) Paarprobleme und Geburt des Kindes

> »und das hat dann zur Spannung in unsrer sexuellen Beziehung geführt« (Interviewtranskript Chris).

Es dauerte nicht lange, da stellten sich aber auch in der Beziehung zu Lea die ersten (sexuellen) Paarprobleme ein. Chris berichtet von Leas »Vorgeschichte«, dass sie als Teenager vergewaltigt wurde, was sie in ihrer Sexualität immer noch beeinflusst. Er beschreibt ihre Angst vor Intimität und vor »tierischen oder gewaltsamen sexuellen Begegnungen«, was sich auch in einem großen Bedürfnis nach »Zärtlichkeit« und »Geborgenheit« zeigt. Auf der anderen Seite stand Chris mit »sehr ausgeprägten Gelüsten« und einem »Geschmack« für Tabubrüche. Er war »sehr offen« zu ihr und erzählte ihr ebenfalls von seiner persönlichen Vorgeschichte, »sexuellen Kontakt als Kind gehabt zu haben«. Auch redete er mit ihr über seine Vorlieben für Gruppensex und für Sex mit mehreren »Partnerinnen [und] Partnern«, was sie wiederum als Anliegen »nie wirklich ernst genommen« hatte. All dies führte zu einer »Spannung« in der sexuellen Paarbeziehung.

Drei Jahre nach Chris' Ankunft in Deutschland kam das gemeinsame Kind zur Welt. Gemäß Chris' Darstellung ging Lea sehr in ihrer »Mutterrolle« auf und konnte sich »nicht gleichzeitig als sexuelle

Ehefrau verstehen«, wodurch die Sexualität »sehr schwer eingeschlafen« ist. Chris berichtet davon, dass er infolgedessen auch mit einer anderen Frau Sex hatte, was er aber verheimlichte. Für ihn ging es darum, seine sexuelle »Neugier« zu stillen. Es stand für ihn aber fest, dass die »außerehelichen sexuellen Erfahrungen« nie ein Grund wären, seine Frau zu verlassen.

9.3.8 Erregung durch Leas »Ausrutscher« und eine gegenteilige Erfahrung

> »da hab ich die als als ähh sexuelle Wesen s- sehr in- (.) tensiv wahrgenommen« (Interviewtranskript Chris).

Ein Jahr nach der Geburt des Kindes nahm Lea zum ersten Mal ohne Chris eine Einladung zu einer Geburtstagsfeier an. Einige Tage später »beichtete« Lea Chris, dass sie auf der Party »im Suff« Sex mit ihrer Freundin und deren Ehemann hatte. Lea war »sehr traurig« darüber und machte sich »massive Vorwürfe«, dass sie Chris sexuelle Außenbeziehungen immer »strengstens verboten« hatte und nun selbst fremdgegangen war. Sie rechnete damit, dass Chris wütend auf sie wäre. Für Chris war diese »Beichte« aber im Gegenteil »sehr erleichternd«. Er hatte die Hoffnung, dass sie »vielleicht endlich mal verstehen« würde, dass Sex mit anderen Personen außerhalb der Ehe »gar nicht bedrohlich sein muss« und sie weiterhin zusammen sein können. Chris nahm in der Situation aber »sehr schlecht« wahr und verstand »sehr schlecht«, dass für Lea das eigene Fremdgehen keine »fröhliche Begegnung mit der Sexualität sondern eher eine betrunkene schamhafte bedrückende Situation« war. Gleichzeitig merkte er während Leas Erzählung, dass ihn die Vorstellung, dass seine Frau Sex mit einer anderen Frau und einem anderen Mann hatte, sexuell erregte:

> »ich hab ein Latte gehabt (.) ich war so dermaßen hart (.) ähh un erregt ähh (.) bis zum Anschlag (Y: *lacht*) ich fand das sehr erregend die Vorstellung dass sie (2.) ähh ihre Sexualität endlich mal wieder entdeckt hat« (Interviewtranskript Chris).

Chris merkte nicht, dass sich die Situation für seine Frau emotional ganz anders darstellte, und sagte zu ihr: »wenn du so ein schlechtes Gewissen hast, dann kannste mir durchaus einen blasen«. Chris führt an dieser Stelle nicht aus, wie die Situation endete und wie Lea wiederum diese Aussage auffasste. Wir erfahren aber, dass sie den Ausgangspunkt dafür bildete, dass beide anfingen, »wirklich bewusst darüber zu sprechen«, und sich auf eine offene Beziehungsform verständigten.

Kurze Zeit später erlebte Chris, dass innerhalb der offenen Beziehung eine ähnliche Situation bei ihm auch ganz andere Emotionen hervorrufen kann: Lea flog für zwei Wochen in Chris' Herkunftsland, um alte Freund*innen zu besuchen, während Chris zu Hause blieb und auf das Kind aufpasste. Lea wollte aber dieses Mal nicht bei ihrer ehemaligen Gastfamilie übernachten, sondern sprach mit Chris darüber, dass sie gerne bei einem alten Freund von ihm übernachten würde. Chris wünschte ihr viel Spaß, auch in der Vorahnung, dass beide womöglich die Gelegenheit für eine romantische Affäre nutzen würden. Als sich Lea aber innerhalb der zwei Wochen nicht bei Chris meldete und den Kontakt weitestgehend abbrach, stellte sich bei Chris ein starkes Gefühl von »ausgeschlossen sein« ein. Es war eine schmerzliche Erfahrung, zu merken, dass sie »ihre Sexualität mit jemand anderes ausleben kann und dass ich für sie nicht präsent sein darf«. Chris beschreibt, dass diese Erfahrung teilweise wieder ein »bedrohliches« Gefühl von Verlassenheit und »urplötzlich nicht mehr geborgen zu sein« reaktivierte, das er mit seiner Opioidabhängigkeit in Verbindung bringt. Als Lea wieder zurück in Deutschland war, dauerte es sechs Monate, bis sie wieder eine »Intimität zueinander aufbauen« konnten.

9.3.9 Tod der Eltern, Suizid der Schwester und Beginn einer Paartherapie

> »als es klar war dass […] dass wir (.) jegliche Intimität in unsre Beziehung verloren haben« (Interviewtranskript Chris).

Die folgenden Ereignisse und Entwicklungen bis zum Zeitpunkt des Interviews reißt Chris nur jeweils kurz an: Seit der (vermuteten) Affäre von Lea mit Chris' altem Freund hatte es in Bezug auf die gemeinsame Paarsexualität »gestockt [und] gehapert«. Zwei Jahre vor dem Interview beging Chris' Schwester Suizid und Chris reiste erneut zu einer Beerdigung in sein Herkunftsland. Einige Jahre zuvor sind ebenfalls sowohl seine Mutter und dann sein Vater sehr kurz hintereinander gestorben. Chris berichtet von einer »seltsamen sexuellen Begegnung«, die sich mit dem schwulen Patenonkel zutrug, als Chris zur Beerdigung der Schwester in sein Herkunftsland reiste. Dieser ältere Mann war nicht tatsächlich der Onkel von Chris, sondern wurde als »guter Freund der Familie« von ihm als »Quasi-Pseudo-Patenonkel« angesehen. Chris beschreibt, dass er von dem Patenonkel »verführt« wurde und sie dann »sehr spannenden Sex« miteinander hatten. Als Chris zurück nach Hause kam, war er einerseits »sehr traurig« und »sehr durcheinander«, hatte in diesem Aufruhr aber anderseits diese »seltsame sexuelle Begegnung« mit dem Patenonkel gehabt und suchte nun »unbedingt jetzt die bestätigende Nähe« zu seiner Frau, der er aber nichts von der »Liebhaberei« mit dem Onkel erzählte. Aber auch ohne von dieser sexuellen Erfahrung zu wissen, empfand Lea »das alles zu strange« und wandte sich von ihm ab. Als nun »jegliche Intimität« in der Beziehung verloren gegangen war, beschlossen sie, an ihren Problemen zu »arbeiten«. Sie begannen, verschiedene Paartherapien in Anspruch zu nehmen, um

> »irgendwie rauszufinden wie wir eine (.) ähh (.) von Wärme und Intimität gekennzeichnete Beziehung mit einander führen können (Y: hmh) (.) und (.) das wissen wir noch net wie das (.) wie das wieder aufgebaut werden kann (Y: hmh) (3.)« (Interviewtranskript Chris).

Mit diesen Worten kommt die biografische Stegreiferzählung nach ca. 35 Minuten im Heute an. Es folgt ein kurzer Nachtrag, in dem Chris unaufgefordert seine Faszination für Cuckold-Fantasien anreißt, der immanente Nachfrageteil, in dem der Forscher Chris bittet, einzelne Erlebnisse aus der Erzählung detaillierter zu schildern (diese Aussagen wurden bereits in der obigen chronologisch orientierten Zusammenfassung des Erzählinhalts berücksichtigt), sowie der exmanente Nachfrageteil, der auf Chris' persönliche Cuckold-Fantasie zielt.

9.4 Der manifeste Erzählinhalt der Cuckold-Fantasie

Für Chris sind Cuckold-Fantasien sexuell erregende Fantasien, die er in erster Linie während der Selbstbefriedigung imaginiert. Früher hätte er die Vorstellung reizend gefunden, eine solche Fantasie auch mit Lea real umzusetzen. Da eine Umsetzung dieses Wunsches aufgrund Leas grundsätzlicher Ablehnung von sexuellen Außenbeziehungen und der krisenhaften Paarsituation aber »dermaßen von der Realität entfernt« scheint, hat er ihn so gut wie aufgegeben. Laut Chris sind seine Frau und er »sehr nah« an den »Abgrund« gekommen, sodass er es nicht wagen würde, »waghalsige sexuelle Experimente mit anderen Menschen« auszuprobieren.

Auf die entsprechende Interviewfrage formuliert Chris seine persönliche Cuckold-Fantasie als »Pornogeschichte«, da er »erotische Literatur« Filmen gegenüber bevorzugt und lieber Pornografie liest anstatt zu schauen. Seine so erzählte Cuckold-Fantasie würde streng genommen in der BDSM-Szene weniger unter dem Begriff »Cuckolding«, sondern eher unter dem Begriff »Wifesharing« verhandelt werden: Sie beinhaltet seinerseits keine devoten Elemente und läuft darauf hinaus, dass Chris und seine Frau miteinander Vaginalsex haben, nachdem ein anderer Mann zuvor mit ihr Sex hatte. Den Höhepunkt der Fantasie bildet die Vorstellung, in eine »bereits besamte Frau hineinzutauchen«. Chris selbst bezeichnet seine Fantasie aber klar mit dem Begriff »Cuckold« und inhaltlich betrachtet, fällt sie ebenfalls unter die in dieser Forschungsarbeit vorab bestimmten offenen Definition der Cuckold-Szene.

Der Ausgangspunkt der Fantasie besteht darin, dass Chris, seine Frau Lea und ein Mann namens Jerry, der ein guter Freund von Chris ist, zu dritt Urlaub in einer Waldhütte ohne fließend Wasser oder Strom machen. Dieses Setting stellt für Chris als »Alltagssituation« einen »plausiblen Ausgangspunkt« dar. Nun geschieht durch irgendeinen »Auslöser« initiiert, dass sich die Alltagssituation verwandelt und dass sich die »Szene sexualisiert«, was die »alltäglichen Hemmungen verschwinden lässt«. Dadurch entsteht ein »erster erotischer Kontakt« zwischen Jerry und Lea. Chris gibt an, dass es ihm zunächst gefällt, als »passiver Zuschauer« dazusitzen und mit einem Bier in der Hand die beiden zu beobachten. Er schaut zu, wie sie sich küssen und berühren, während »die Energie, die Dringlichkeit, der Kontakt steigt«, die »Kleidung so langsam verschwindet« und sie sich in Richtung Bett »bewegen«. Für Chris ist es wichtig, dass seine Frau und Jerry im Bewusstsein haben, dass er »dabei« ist und dass sie es selbst »fantastisch« finden, dass ihnen jemand zuschaut, für den sie ihre »Gelüste« »performativ« in Szene setzen. Es finden »diverse Vorspiele« wie beispielsweise »orale Befriedigungen« statt, wobei es ihm »relativ wurscht« ist, was genau man an diesem »Platz hinmalt«. Wichtig ist nur, dass der »sexuelle Kontakt« »lustvoll« und »ungehemmt« ist. Schließlich »kommt« nun der »Vaginalverkehr« mit »Stellungswechsel«, wonach am Ende der Mann »mit weichem Penis rausfällt [aus der] bereits ausgedehnten Vagina«. Chris' Frau blickt ihn nun »erschöpft aber einladend« an, um an ihr »teilzuhaben«. Chris stellt sich nun vor, wie er mit seiner »erschöpften« Frau Sex hat. Es könnte dabei anfangs ein »animalischer harter« Sex sein, der dann aber zärtlicher wird. Der Sex endet damit, dass Chris einen Orgasmus bekommt, der von der Vorstellung begleitet wird, sie »ordentlich vollzupumpen«. Danach legt sich Chris zu seiner Frau.

Die Vorstellung, die während der Selbstbefriedigung am häufigsten den Orgasmus begleitet, ist das Bild der »besamten Vagina« der Frau und der dazugehörige Gedanke, in einen »bereits besuchten Altar hineintreten zu können«.

Auf Nachfrage, ob es auch etwas gibt, das ihm in Zusammenhang mit der Fantasie Unbehagen bereitet oder ihm eventuell unheimlich ist, benennt Chris, dass Jerry, sein »männlicher Mitstreiter«, in der Fantasie plötzlich »verschwindet«. Das »stört« ihn, weil so eine »Lücke« entsteht und sich »keine runde Erzählung« ergibt.

9.5 Die manifesten Erregungsthemen der Cuckold-Fantasie

Welche Themen benennt Chris im Interview explizit, die für ihn in der Imagination der Cuckold-Szene sexuelle Erregung hervorrufen bzw. möglich machen? Diese sollen im nächsten Abschnitt identifiziert und in Zusammenhang mit der erzählten Lebensgeschichte gebracht werden. Die Benennung der (Erregungs-)Themen erfolgte durch den Forscher, wobei sich möglichst nah an der Wortwahl der interviewten Person orientiert wurde.

Lustvoller Tabubruch

Das Wort »Tabu« (bzw. die Wörter »Tabuisierung« oder »Tabubruch«) nennt Chris im Interview insgesamt 15 Mal. Das erste Mal benennt Chris eine Verknüpfung von Tabu und Aufregung im Kontext der Kindheitserzählung von den Zeichnungen teuflischer Figuren mit erregten Genitalien, für die er sich schämte und die er in seinem Zimmer versteckte. Er erinnert sich, dass »irgendetwas« an der »Tabuisierung der Sexualität« Aufregung erzeugte. Weiterhin taucht das Thema in Bezug auf die kindlichen Doktorspiele mit seinen Geschwistern auf, die im Bewusstsein stattfanden, dass die Erwachsenen davon nichts erfahren sollten. Aus seiner heutigen Perspektive stellt er zwischen diesen Erfahrungen, die er als aufregenden Tabubruch erinnert, eine kontinuierliche Beziehung zu seiner nach wie vor bestehenden Erregbarkeit durch Tabubrüche her:

> »ich wusste das m- muss versteckt sein (Y: hmh) also das dürfen die Erwachsenen net mitkriegen (.) weil man das eigentlich keine- (.) (Y: ja) obwohl die diese Schamgefühle net unmittelbar von meinen Eltern vermittelt wurden is ich hab das Gefühl gehabt irgendwas Verbotenes zu tun (*atmet hörbar ein*) (Y: ja) also ein Tabubruch zu begehen (.) (Y: hmh) uund diese (*atmet hörbar ein*) frühkindliche Erfahrung mit Tabubruch (1.) ähh finde ich nach wie vor prägend (.) (Y: hmh) also Tabubrüche finde ich nach wie vor sehr aufregend« (Interviewtranskript Chris).

Im Nachfrageteil auf seine Lust am (imaginären) Tabubruch angesprochen, spezifiziert er sie mit dem Reiz, »irgendwas Verbotenes zu machen«, und nennt als Beispiel die Fantasie, Sex mit der Schwester seiner Frau zu haben. Der Reiz besteht für Chris weniger darin, dass die Schwägerin in seinen Augen »besonders hübsch« ist, sondern darin, dass es »dermaßen verboten wäre«:

> »allein die Vorstellung dass es ein massivste ärgste °boshafte Vertrauchensbruch° (*lacht*) zu begehen (*atmet hörbar ein*) (Y: okay) ähh (.) das finde ich sehr reizvoll« (Interviewtranskript Chris).

Auch wenn Chris es nicht explizit ausspricht, deutet sich an dieser Stelle bereits an, dass es bei dieser Lust am Tabubruch vor allem um die Tabus von anderen geht, die er lustvoll in seiner Fantasie überschreitet. In diesem Fall wäre es das Tabu seiner Frau, für die ein sexueller Kontakt zwischen ihrem Mann und ihrer Schwester ein »massivster ärgster boshafter Vertrauensbruch« darstellen würde. Gleichzeitig ist es Chris ein Anliegen, sich explizit von »Gewalt«, »Vergewaltigung« oder anderen sexuellen Handlungen abzugrenzen, die die Grenze von »Einvernehmlichkeit« überschreiten und daher auch in der Fantasie keine erregende Wirkung auf ihn haben. Weiterhin begründet er mit der Erfahrung, dass seine Schwester »unter Frühsexualität gelitten« hat, dass er die Vorstellung von Sexualität mit »unreifen Menschen« ebenfalls ablehnt, und bezeichnet dieses Tabu als ein »sinnvolles«, das »keinen Reiz besitzt«. Andere Praktiken hingegen, die er als »Tabu« bezeichnet, wie Gruppensex, Anilingus, Analverkehr oder die Vorstellung, »angepinkelt zu werden«, könnten für Chris (imaginär) wiederum reizvolle Tabus darstellen, da er auch »das Dreckige« daran schön findet.

Eine Leerstelle in der Argumentation besteht darin, wie sich Chris gegenüber dem gesellschaftlichen Inzesttabu positioniert und wie bzw. ob es für ihn (imaginär) ein potenziell reizvolles Tabu darstellt. Reale Anknüpfungspunkte aus seiner Sexualbiografie lägen in der nachträglichen (das heißt nicht zwangsläufig auch aus der Perspektive als Kind eingenommenen) Interpretation der kindlichen Doktorspiele mit der Schwester als Geschwisterinzest und in einem erweiterten Verständnis in dem sexuellen Verhältnis mit dem Mann, den er als seinen »Pseudo-Patenonkel« bezeichnet.

In Bezug auf die geschilderte Cuckold-Fantasie fällt das Wort »Tabu« nicht explizit, dennoch begründet Chris an anderen Stellen den Reiz von Gruppensexfantasien oder der Vorstellung, andere Menschen in die Paarsexualität miteinzubeziehen, unter anderem auch damit, dass es etwas mit »dieser Tabuisierung« zu tun haben muss. Daher kann davon ausgegangen werden, dass Chris seine Erregbarkeit durch die Cuckold-Fantasie auf manifester Ebene ebenfalls mit einer Lust am Tabubruch begründen würde. Unbenannt bleibt aber, um welche Tabus es sich dabei konkret handelt, die durch die Cuckold-Szene berührt werden, ob es sich dabei um eigene, individuelle Tabus, allgemein gesellschaftliche Tabus oder die Tabus von konkreten Dritten handelt, sowie was genau das Lustvolle beim imaginären Überschreiten dieser Tabus ausmacht.

Lustvolle Realitäts- und Alltagsnähe

Chris betont an mehreren Stellen, dass es für den Erregungsgehalt seines Fantasieinhalts wichtig ist, dass er sich innerhalb eines »glaubhaften Begegnungsrahmens« abspielt. Die fantasierte sexuelle Begegnung muss für ihn realistisch denkbar sein, damit es eine sexuell erregende Vorstellung wird:

> »ja (.) also wenn ich mir ein Fantasie ausmale (.) (Y: hmh) dann muss ich (*atmet hörbar ein*) erstmal ein Grund haben mit m- diesem Mensch zu begegnen (Y: hmh) also (.) ähh wenn ich eine Fantasie über x-beliebige Frau (Y: hmh) habe (.) ähm (.) keine- fange ich net an (.) über sie zu fantasieren indem ich (.) mich in der ähm Sexakt vorstelle mit ihr (.) (Y: hmh) sondern ähh (2.) ich stelle mir vor in einer (.) Ort an einem Ort zu einem Zeitpunkt der (.) möglich wäre (Y: hmh) (.) also ich würde mir keine sexuellen Fantasien über (*atmet hörbar ein*) ein Frau machen die die ich (.) unmöglich begegnen könnte« (Interviewtranskript Chris).

Das erste Mal spielt dieses Thema explizit in Bezug auf die sexuellen Fantasien eine Rolle, die Chris als 14-jähriger Junge über Jennifer imaginierte. Dabei stellte er sich auch vor, wie sie sich wohl realistischerweise begegnen und dann miteinander in einen sexuellen Kontakt treten könnten.

Chris beschreibt, dass Cuckold-Fantasien zwar nach wie vor zu seinen Selbstbefriedigungsfantasien gehören, schränkt aber ein, dass sie durch die strikte Ablehnung durch seine Frau an Erregungspotenzial eingebüßt haben. Dadurch ist die Fantasie mittlerweile »dermaßen von der Realität entfernt«, sodass er erst im Kopf ein »großes Narrativ bauen« müsste, damit sie »plausibel« und somit sexuell erregend wird. So legt Chris wiederum bei der Schilderung seiner Cuckold-Fantasie Wert darauf, mit dem gemeinsamen Urlaub auf einer abgeschiedenen Hütte im Wald eine »Alltagssituation« als »plausiblen Ausgangspunkt« der sexuellen Fantasie zu konstruieren.

Lustvolle Wahrnehmung (aus Distanz) der Frau als »ungehemmtes, sexuelles Wesen«

Die Schilderung der Cuckold-Fantasie beginnt mit einer ausführlichen Einleitung, in der sich Chris ausmalt, wie es Jerry und seiner Frau gelingt, einen »erotischen Kontakt« zueinander herzustellen. Während er als »passiver Zuschauer« die beiden mit einem Bier in der Hand beobachtet, »sexualisiert« sich die Stimmung, was bei den Beteiligten die »alltäglichen Hemmungen verschwinden lässt«. Den folgenden Sex zwischen Jerry und seiner Frau beschreibt Chris ebenfalls mit den Worten »lustvoll« und »ungehemmt«.

Im kurzen Nachtrag im direkten Anschluss an die Coda seiner Stegreiferzählung formuliert Chris die Selbsttheorie, dass er Cuckold-Fantasien womöglich deshalb sexuell erregend findet, weil er innerhalb dieser Szene seine Frau »ganz anders wahrnehmen« kann. Wenn sie in seiner Vorstellung Sex mit einem anderen Mann hat und er selbst dabei nicht aktiv beteiligt ist, gelingt es ihm viel besser, sie als »sexuelles Wesen« zu imaginieren. Das Nicht-selbst-aktiv-Beteiligtsein formuliert Chris dabei als nicht »in der Sexualität selber gefangen zu sein in dem Moment«. In drastischer Weise drückt er es in dem Bild aus, dass er seine Frau als Mensch mit einem Verlangen erst dann lustvoll wahrnehmen kann, wenn er »der Sache« nicht so »nah« ist und nicht »hodentief in [ihr] drinsteckt«.

Dass Chris die Vorstellung erregt, dass seine Frau ihr sexuelles Begehren durch eine dritte Person »wiederentdeckt« und dabei ihre »Hemmung verliert«, bemerkte er unmittelbar, als Lea ihm von ihrem »Ausrutscher« auf der Geburtstagsparty von Freund*innen erzählte. Er berichtet eindrücklich, dass er die Wirkung in dem Moment »wirklich im Körper« spürte, dass sein Herz schneller schlug, der Atem flacher wurde und er eine Erektion bekam. Nach den vergangenen Jahren seit seiner Ankunft in Deutschland, in denen es dem Paar immer schlechter gelang, eine befriedigende Paarsexualität zu leben, nahm er plötzlich in seiner Imagination Lea wieder »sehr intensiv« als »sexuelles Wesen« wahr, das mit einer »Triebhaftigkeit besetzt ist«. Dass Lea dabei in seiner Vorstellung ihre »Hemmung verliert«, weckte bei ihm die Hoffnung, dass er dann ja auch einen »Zugang« zu ihr finden könnte, wo er auch seine »Hemmungen« nicht mehr haben und sich nicht mehr »zurückhalten« muss. Dieser Gedanke leitet auch über zum nächsten Thema, welches für Chris auf manifester Ebene zu der erregenden Wirkung der Cuckold-Fantasie beiträgt.

Lustvoller Verlust von belastenden Anforderungen und Hemmungen

Der Verlust der eigenen Hemmungen auf der einen sowie der Verlust eines Erwartungsdrucks auf der anderen Seite bildet ein weiteres Thema, das Chris in Zusammenhang mit seinen sexuellen Fantasien mehr oder weniger explizit anspricht. Die Funktion von Jerry in seiner Cuckold-Fantasie charakterisiert Chris damit, dass Jerry als sein »männlicher Mitstreiter« einen »Dienst« leistet, seine Frau »vorzubereiten«, indem er sie bis zur Erschöpfung befriedigt. An anderer Stelle heißt es, Jerry »glättet die Wege« und spielt danach »keine tragende Rolle mehr«. Chris scheint es so, als ob er seinem »Genuss am ehesten nachgehen« kann, nachdem seine Frau bereits befriedigt worden ist:

> »dann hab ich keine Dienste mehr zu leisten (.) dann bin ich nur für mich da (Y: hmh) (.) aber meine Frau ist befriedigt und ähh °trotzdem für mich da° (*leise*) (2.) (Y: hmh) (2.)« (Interviewtranskript Chris).

Dreht man den ersten Teil der Aussage um, ergibt sich folgendes Bild: Der Anspruch, seine Frau zu befriedigen, was er als Dienst auffasst, der geleistet werden muss, stellt für Chris einen Umstand dar, der Unlust bereitet und der eine erregende Vorstellung von Sex zu einer weniger erregenden Vorstellung werden lässt. Während dieser Punkt von Chris explizit in dieser Weise auch so formuliert wird, wirft der zweite Teil der Aussage (»dann bin ich nur für mich da«) Fragen auf: Was bedeutet es für Chris, beim (imaginierten) Sex nur »für sich« sein zu können? Bedeutet es lediglich, sich frei von Leistungserwartungen zu imaginieren, oder etwa auch die imaginierte Freiheit von der »Hemmung«, beim Sex (auch) für seine Frau da zu sein und Rücksicht zu nehmen? Was verrät uns dies über sein Erleben der real gelebten Paarsexualität, wenn wir im Sinne Quindeaus (vgl. 2014, S. 81) es als eine Leistung von Fantasien annehmen, das zum Ausdruck zu bringen, was im »realen Leben« (gerade) keinen Platz hat, bzw. in der Umkehrung sich das wegzudenken, was im »realen Leben« womöglich im negativen/lustmindernden Sinne (gerade) vorherrschend die (Paar-)Sexualität bestimmt?

Fantasien, die die Überwindung von Hemmungen und Erwartungsdruck zum Inhalt haben, finden sich in Beschreibungen von Gruppensexfantasien wieder, die von Chris jedoch biografisch nicht konkret verortet werden. So bestimmt er den Reiz dieser Fantasien neben der bereits erwähnten Tabuisierung im »Enthemmtsein« und in der Freiheit, sich nicht mehr »beherrschen zu müssen«. Im imaginären Gruppensex wird er von der »geballten sexuellen Energie« mitgerissen, sodass »keine Reflexion mehr möglich ist«.

Betrachten wir die sexuelle Biografie von Chris, tauchen wiederholt real erlebte Hemmungen und Blockaden im sexuellen Kontakt mit anderen Personen auf, die Chris zum Teil in Krisen stürzten oder zumindest ein lustvolles Erleben von Sexualität in dem Moment verunmöglichten: Da wäre das plötzliche Erstarren beim zweiten Gruppensexversuch in seiner Schulzeit, was er als »massiven Gesichtsverlust« erlebte, die prägende Erfahrung mit Charlotte während des Studiums, bei der ihn plötzlich der Gedanke der Ablehnung seiner Sexualität überkam, sowie der missglückte Dreier mit einer alten Schulfreundin nach dem Abbruch des Studiums.

Lustvolles Eintauchen in eine (besamte) Vagina

Den Kern und Höhepunkt bildet in Chris' Cuckold-Fantasie das Eintauchen in eine »besamte Vagina«. Dieses Bild der Vagina, in der ein anderer Mann ejakuliert hat, assoziiert Chris dabei mit den Attributen »ausgedehnt« sowie »locker offen [und] warm«. Er malt sich aus, dass »die Aufnahmefähigkeit« der »bereits besamten Vagina fantastisch« sein muss.

Das Thema der Faszination für die Vagina bzw. für die Vorstellung, in eine »Vagina einzutauchen«, bildet nach der Erinnerung an das Zeichnen der teuflischen Figuren die früheste Erinnerung an erregende Fantasien, die Chris im Interview erzählt. Die Fantasie entzündete sich an dem »großen Problem«, dass es Chris in der Realität nicht gelang, mit seiner Hand oder gar selbst gebauten »Geräten« das Gefühl einer Vagina zufriedenstellend zu simulieren:

> »es war diese Dissonanz denke ich zwischen ähm der eigene manuelle Betätigung (Y: hmh) an der ähm mein Penis in der Hand zu haben (.) ähm fühlt sich natür-

> lich gut an (Y: hmh) (.) aber die Vorstellung dass das ein Vagina (*atmet hörbar ein*) is (.) weicher als meine Hand also die (Y: hmh) Schleimhäute sind erstmal (.) von- befeuchten sich selber die sind (.) wärmer als meine Hand und man ist ähh komplett (.) umzingelt (.) (Y: hmh) also das gesamte Glied wird (*atmet hörbar ein*) äh anstatt (.) gestrichen (.) also dass der Hand nur (.) Teile vom vom Penis berührt sondern der gesamte Penis wird gleichzeitig berührt und (*atmet hörbar ein*) und (.) geklemmt und dann in diese warme feuchte das (Y: hmh) das muss anders sein als der Hand« (Interviewtranskript Chris).

Auch in dieser Erinnerung an seine Fantasien als Kind finden sich ähnliche oder gleiche Attribute wie »weich«, »warm« und »feucht«. Die imaginäre Vagina vermag es, seinen Penis vollständig aufzunehmen, »komplett« zu »umzingeln« und den »gesamten Penis« gleichzeitig zu berühren. Chris beschreibt, dass er sich damals »tierisch geärgert« hatte, dass es ihm nicht wirklich gelang, »die Mechanik nachzuahmen«. Er fühlte sich »super benachteiligt«, da es in seiner Vorstellung für Menschen mit Vagina viel leichter sei, einen Penis zu simulieren, als umgekehrt.

Die Vorstellung als eine sexuell erregende Fantasie, selbst »empfangend« oder »penetriert« zu sein, grenzt Chris hingegen als Reaktion auf eine Nachfrage des Forschers von dem beschriebenen Gedanken als Kind ab, sich mit einem Penis benachteiligt gefühlt zu haben. Er gibt an, dass er diese sexuelle Fantasie, die er nun als einen Teil seiner Sexualität benennt, erst »wesentlich später« im Kontext der »homosexuellen Begegnungen« mit Anfang 20 bei sich wahrnahm. Chris verweist an dieser Stelle darauf – ausgedrückt durch allgemeine »man«-Konstruktionen und unter Verwendung abstrakter (sozial-)wissenschaftlicher Formulierungen –, dass dieser Teil seiner Sexualität mit »Weiblichkeit assoziiert« ist. Kurz fällt in der Reihe der Aufzählung penetriert – empfangend – aufnehmend das Wort »unterlegen«, das er aber schnell wieder übergeht. Die theoretisierenden Ausführungen schließen mit dem persönlichen Fazit, dass die Vorstellung, selbst »diese Aufnehmende« zu sein (man beachte das verwendete grammatische Geschlecht) für ihn »nach wie vor« einen Reiz besitzt. Dieser Fantasieinhalt tritt aber nur an dieser Stelle im Nachfrageteil des Interviews in Erscheinung, während er weder in der ersten Stegreiferzählung noch in Zusammenhang mit der geschilderten Cuckold-Fantasie benannt wird. Dort dominiert auf der manifesten Ebene die Vorstellung, von der (besamten) Vagina der Frau aufgenommen zu werden.

Weiteres Thema: Unsicherheit und Suche nach Geborgenheit

Im Nachtrag im Anschluss an die Stegreiferzählung formuliert Chris schließlich die Selbstinterpretation, dass die erregende Wirkung von Cuckold-Fantasien für ihn auch darin bestehen könnte, am Ende eine »tiefere Geborgenheit« zu spüren, nachdem man zunächst in eine »Unsicherheit« gegangen ist. Und tatsächlich finden sich in der Beschreibung seiner Cuckold-Fantasie Elemente, die vor diesem Hintergrund verstanden werden können: So erläutert Chris zwar, wie es ihm aus der Distanz besser gelingt, die Lust und das Begehren seiner Frau in der Interaktion mit einem anderen Mann wahrzunehmen (siehe Ausführungen weiter oben), gleichzeitig wird aber deutlich, dass das Gefühl von Ausgeschlossensein dabei nicht aufkommen darf: Er betont beispielsweise, dass Lea und Jerry den Sex für ihn »performativ« in Szene setzen und ihn durch Blicke miteinbinden. Und auch das bereits zitierte Ende der Fantasie (»aber meine Frau ist befriedigt und °trotzdem für mich da° (*leise*)«) zeigt, dass es bei seiner Fantasie nicht nur um Lust und Erregung geht, sondern sie auch mit Nähe und Geborgenheit stiftenden Vorstellungen abschließt.

Auf der manifesten Ebene findet sich dieser Fantasieinhalt in dieser Form in keiner weiteren geschilderten Fantasie. Die Suche nach Nähe und Geborgenheit bzw. die Angst vor Ausgeschlossensein und Verlassenwerden sind allerdings lebensgeschichtlich relevante Themen, die in seiner Biografie an unterschiedlichen Stellen zentral verhandelt werden: Die Opioidabhängigkeit nach dem Abbruch des Studiums erklärt sich Chris durch die Suche nach einem »Geborgenheitsersatz«. Als Lea den Kontakt abbrach, als sie für mehrere Wochen Chris' alten Freund in seinem Herkunftsland besuchte, reaktivierte dies bei ihm das »bedrohliche« Gefühl, »urplötzlich nicht mehr geborgen zu sein«. Es lässt ihn an die Wirkung von Heroin denken, die er mit »absolut aufgehoben«-Sein beschreibt. Er äußert, dass seine Frau das Loch, das seine »Geborgenheitssucht« erzeugt, nie »stopfen« können wird.

Anschließend überlegt Chris, dass die beschriebene unersättliche Sehnsucht nach Geborgenheit für ihn aber nur begrenzt mit seiner Sexualität zusammenhängt. Und so erscheint dieses Thema in der Beschreibung der Cuckold-Fantasie weniger als ein Inhalt, der Erregung und Lust hervorruft, aber dennoch Einfluss auf die Gestaltung der imaginierten Szenerie einnimmt: Die Fantasie ist so konstruiert, dass negative Gefühle wie Ausgeschlossensein verhindert werden und sie mit der Vorstellung abschließt, dass Chris sich nach dem Sex zu Lea legt und sie für ihn da ist.

9.6 Zusammenfassung: Das manifeste Erregungspotenzial der Cuckold-Fantasie

In der Art und Weise wie Chris seine Fantasie konstruiert, stellt die Cuckold-Szene auf manifester Ebene folgendes Erregungspotenzial für ihn als fantasierende Person bereit: Es ist einerseits eine Fantasie, die Erregung erzeugt, indem sie von einem potenziell denkbaren sexuellen Szenario handelt, das von Alltagsnähe gekennzeichnet ist und sich darum dreht, wie sich ein sexueller Kontakt zwischen der Ehefrau, einem Freund und dem fantasierenden (Ehe-)Mann ergeben könnte. Andererseits trägt die imaginierte sexuelle Interaktion zwischen den drei Personen den Charakter eines (gesellschaftlichen?/persönlichen?/oder gegenüber der Ehefrau begangenen?) Tabubruches in sich, der als lustvoll aufregend erlebt wird. Durch die Konstruktion, dass zunächst beobachtet wird, wie der Freund und die Ehefrau eine sexuelle Atmosphäre erzeugen, in der ein erotischer Kontakt gelingt, der sich zum »hemmungslosen« Sex entwickelt, wird es möglich, dass die Ehefrau als ein »triebhafter« Mensch mit einem sexuellen Verlangen fantasiert werden kann. Dies wird erst denk- und vorstellbar, wenn die fantasierende Person sich selbst als nicht aktiv beteiligt vorstellt und eine physische Distanz zur Ehefrau einnimmt. Die Konstruktion, dass der Freund die Ehefrau »vorbereitet«, indem in der Interkation mit ihm ihre Hemmungen verschwinden, ihr Verlangen geweckt wird und er sie schließlich »bis zur Erschöpfung« befriedigt, bietet darüber hinaus ein weiteres Potenzial für die fantasierende Person: Sie kann sich beim folgenden Sex mit der bereits befriedigten und erschöpften Ehefrau als befreit von Ansprüchen, die Frau befriedigen zu müssen, und Hemmungen, sich beherrschen zu müssen, imaginieren und in der Fantasie nur für sich und die eigene Lust da sein. Das Element, das in diesem Fall laut Eigenaussage das größte Erregungspotenzial bietet, bildet die Vorstellung, in die Vagina der Ehefrau »einzutauchen«, die vorher durch den Freund »ausgedehnt« und »besamt« wurde und dadurch als besonders locker, warm, feucht und »aufnahmefähig« fantasiert wird. Darüber hinaus ist die Konstruktion der Szene durch Elemente geprägt, die ein als bedrohlich empfundenes Gefühl von Ausgeschlossensein verhindern können (wie z. B. dass sich die sexuelle Interaktion zwischen Freund und Ehefrau als Performance für die fantasierende Person vorgestellt wird, die durch Blicke eingebunden wird), und klingt nach dem Erregungshöhepunkt durch Geborgenheit stiftende Bilder (wie z. B. die Vorstellung, sich nach dem Orgasmus neben die Ehefrau zu legen, die für einen da ist) wieder ab.

Bemerkenswert ist, dass es sich bei den Erregungsthemen »lustvoller Tabubruch« und »lustvolles Eintauchen ein eine Vagina« um Fantasieinhalte handelt, die in anderer Form bereits in den Kindheitserinnerungen der interviewten Person, deutlich vor Beginn der Pubertät, auftauchen und als relevante Fantasien als Kind erinnert werden können. Das Erregungsthema »lustvolle Realitäts- und Alltagsnähe« scheint bereits in einer erinnerten Fantasie aus dem 14. Lebensjahr eine Rolle gespielt zu haben. Die »lustvolle Wahrnehmung (aus Distanz) der Frau als ›ungehemmtes, sexuelles Wesen‹« ist hingegen ein Fantasieinhalt, der in dieser Form vergleichbar jung ist und das erste Mal auf manifester Ebene in Zusammenhang mit einer Erzählung aus der Lebensphase als erwachsener, verheirateter Mann mit Paar- und Sexualproblemen in der Ehe in Erscheinung tritt. Die (Erregungs-)Themen »Verlust von belastenden Anforderungen und Hemmungen« sowie »Unsicherheit und Suche nach Geborgenheit« treten als solche nur in der geschilderten Cuckold-Fantasie hervor, lassen sich aber teilweise mit realen Ereignissen und Erfahrungen aus der Jugendzeit, dem jungen Erwachsenenalter und der aktuellen Paarsituation in Verbindung bringen. An dieser Stelle sei aber nochmals die eingangs dargestellte Perspektive der »Nachträglichkeit« erwähnt, die besagt, dass mittels einer retrospektiven Erzählung nicht zwingend darauf geschlossen werden kann, wie Erfahrungen, Eindrücke und Fantasien in früheren Lebensphasen tatsächlich erlebt worden sind (vgl. Laplanche & Pontalis, 2016, S. 313f.).

Auch wenn die obige Zusammenfassung der Erregungsthemen auf den manifesten Aussagen und Selbstinterpretationen der interviewten Person gründet, ist es womöglich fraglich, ob das beschriebene Erregungspotenzial ihr in dieser kondensierten Form letztendlich vollständig bewusst ist bzw. vor dem Interview so bewusst war. Denkbar wäre beispielsweise, dass bestimmte Elemente erst im Interviewverlauf und beim biografisch orientierten Nachdenken ins Bewusstsein gelangten, während die interviewte Person bemüht war, die (erinnerten) inneren Bilder in Sprache zu übersetzten. Gleichzeitig werden aber auch die Verstehensgrenzen deutlich, die bestehen, wenn die Beschreibung auf der manifesten Ebene verharrt und nur die von der Person in Sprache verfassten Äußerungen als Interpretationsgrundlage verwendet werden. So bleibt unter anderem rätselhaft, welche Hemmungen, Reflexionen und Gedanken für die interviewte Person in einer (imaginären) unvermittelten sexuellen Interaktion mit der Ehefrau als erregungsmindernd bzw. störend erlebt werden. Eine Annäherung an diese Fragen wird im folgenden Teil versucht, in dem der tiefenhermeneutische Interpretationsprozess beleuchtet wird.

9.7 Der tiefenhermeneutische Interpretationsprozess

Eine zentrale Methode der Tiefenhermeneutik stellt das Festhalten von irritierenden Momenten im gesamten Forschungsprozess dar, die beispielsweise den gewohnten oder geplanten Ablauf störten (vgl. R. Klein, 2010, S. 272). Irritationen können sich laut Klein (vgl. ebd.) in drei verschiedenen Verstehensmodi einstellen: Auf der Ebene des »logischen Verstehens«, wenn Widersprüche im manifesten Erzählinhalt auffallen, auf der Ebene des »psychologischen Verstehens«, die durch die Wahrnehmung von als unangebracht empfundenen Gefühlen und Handlungsimpulsen entstehen, und schließlich auf der Ebene des »szenischen Verstehens«, wenn der Eindruck entsteht, »in eine merkwürdige Inszenierung oder ein seltsames Dramas verstrickt zu sein, aus dem man sich nicht so einfach verabschieden kann« (ebd.).

Beim tiefenhermeneutischen Interpretationsprozess des Interviews mit Chris erwies sich ein störender Irritationsmoment auf ebenjener Ebene des szenischen Verstehens als entscheidender Schlüssel, der den Zugang zur latenten Ebene des Interpretationsmaterials erschloss und von dem ausgehend sich tragfähige Lesarten auch in Bezug zu anderen Irritationsmomenten anschlossen. Um diesen Erkenntnisgang deutlich zu machen, wird nun der tiefenhermeneutische Interpretationsprozess ausführlich dargestellt. Da die Subjektivität des*der Forscher*in im Modus des szenischen Verstehens als zentrales Erkenntnisinstrument genutzt wird, wechselt die Autor*innen-Stimme hierbei wieder in die erste Person Singular.

9.7.1 Darstellung des tiefenhermeneutischen Interpretationsprozesses

Forschungsethische Fragen und eine plötzliche Verunsicherung

Zwischen dem Zeitpunkt der Interviewerhebung und der ersten Interpretation des Materials in einer Gruppe verging fast ein Jahr. In dieser Zeit widmete ich mich zunächst den anderen Interviews (insbesondere dem Interview mit Philipp) und unternahm verschiedene Versuche, diese mit anderen Personen zusammen tiefenhermeneutisch auszuwerten, musste aber dann die Weiterarbeit an der Thesis für mehrere Monate unterbrechen. 2020 ergab sich die Möglichkeit, an einem Methodenworkshop teilzunehmen, für den man sich mit einem Exposé bewerben konnte. Als Interpretationsmaterial wählte ich aus eher profanen Gründen das Interview mit Chris aus, da ich dieses Interview bislang noch in keine Interpretationsgruppe eingebracht hatte, ich das Gefühl hatte, dass es eines der Interviews war, die am besten »gelungen« waren, und weil sich schließlich aus diesem Interview am einfachsten ein zusammenhängender Auszug erstellen ließ, der den Seitenlimitierungen des Workshops gerecht wurde. Leider erhielt ich nach meiner Bewerbung keinen Platz in der von mir favorisierten tiefenhermeneutischen Arbeitsgruppe, dafür wurde mir angeboten, dass ich das Material in eine andere Arbeitsgruppe einbringen dürfe, die mit einer anderen qualitativen Auswertungsmethode für narrative Interviews arbeitete. Nach einer kurzen Mail-Korrespondenz mit den AG-Leiter*innen, ob eine Teilnahme vor dem Hintergrund meiner Forschungsfragen und der tiefenhermeneutischen Forschungsperspektive auch aus ihrer Perspektive Sinn ergeben würde, nahm ich das Angebot dankend an. Zwei Wochen vor Beginn des Workshops erhielt ich von den AG-Leiter*innen in Bezug auf mein eingereichtes Material, das zunächst die erste Stegreiferzählung sowie die Schilderung der Cuckold-Fantasie umfasste, eine Rückmeldung, die mich stark verunsicherte.

Die AG-Leiter*innen betonten, dass sie nach wie vor zu ihrer »Zusage stehen«, das Material in der Gruppe interpretieren zu lassen, allerdings nur, wenn sie die »Besonderheiten des Materials angemessen berücksichtigen können« (Forschungstagebuch). Das eingereichte Material werfe insbesondere zu der Stelle, bei der es um die sexuellen Interaktionen als Kinder zwischen Chris und seiner Schwester geht, »forschungsethische Fragen« auf, »die nicht unerwähnt bleiben sollten«: Da sich die interviewte Person als »Initiator« sexueller Beziehungen darstelle, die »zumindest für einen Teil der anderen Beteiligten extrem belastend waren«, stelle sich »etwa die Frage nach Macht und Gewalt in diesen Beziehungen – und was es, forschungsethisch betrachtet, bedeutet, mit dem Material zu arbeiten«. Weiterhin verwiesen die Leiter*innen auf die Sprache der interviewten Person, die eine »distanzierte, verdinglichende und egozentrische Sprache« sei und beispielsweise an »Freierblogs« erinnere. Sie stellten sich die Frage, wie die Interviewsituation gestaltet war, sodass ein solches Sprechen möglich war bzw. generiert wurde. Die Mail schloss mit der Bitte, Informationen zum Feldzugang und zum Zustandekommen des Interviews sowie einer vollständigen Dokumentation des Einstiegs nachzureichen (um die Seitenlimitierung nicht zu überschreiten, hatte ich meinen Erzählstimulus aus dem eingereichten Auszug herausgekürzt). Nur so sei eine »verantwortungsvolle Arbeit« mit dem Material möglich, wenn die Analyse auch auf dessen »Rahmung und interaktive Hervorbringung« gerichtet werde.

Während ich die Bitte um weitere Informationen zum Feldzugang und zum Erzählstimulus nachvollziehen konnte und ebenso die Einschätzung teilte, dass die Rahmung und interaktive Hervorbringung des Interviews wichtige Analysefragen sind (die sich übrigens auch mit den in meinem eingereichten Exposé beschriebenen Forschungsfragen deckten), traf mich dich die Art und Weise der Begründung mit dem Verweis auf »forschungsethische Fragen« unvorbereitet. Nach dem Lesen der Mail überkam mich Panik, ob ich irgendeinen (großen) Fehler gemacht hatte, etwas übersehen hatte, mich im Interview falsch verhalten hatte, nicht gründlich genug anonymisiert hatte oder ob ich unsensibel mit dem Material oder mit den anderen AG-Mitgliedern umgegangen war, indem ich den Auszug mit keinem entsprechenden »Trigger-Hinweis« versehen hatte.[22] Ich befragte mich kritisch, diskutierte mit sexualpädagogischen Fachkolleg*innen über die entsprechenden Passagen und hielt Rücksprache mit meinem Erstbetreuer über die Frage, was es bedeutet, vor dem Hintergrund dieses bestimmten Erzählinhaltes (der wie im oben ausgeführten Exkurs uneindeutiger ist,

22 Über die Anbringung eines entsprechenden »Trigger-Hinweises« hatte ich vor dem Versenden des Materials nachgedacht, mich allerdings dagegen entschieden, da ich im Exposé das Thema der Arbeit und des Interviews ausführlich schilderte und ich die Leser*innen nicht durch einen wie auch immer formulierten »Trigger-Hinweis« in ihrer Leser*innenhaltung vorab beeinflussen wollte.

als es in der Rückmeldung der AG-Leiter*innen anklingt) das Material zu interpretieren. Obwohl ich meinerseits rational betrachtet keine (forschungs-)ethischen Fehler und Verstöße feststellen konnte, konnte ich das Gefühl von persönlicher Schuld bzw. von der Angst, mich persönlich schuldig gemacht zu haben (ohne genau begründen zu können, wieso), das mich beim Lesen der Mail schlagartig überkam, nicht vollständig auflösen. Auf meine Bitte, die »forschungsethischen Bedenken« konkreter zu benennen, erhielt ich die in meinen Augen immer doch diffuse Auskunft, dass es den AG-Leiter*innen um die Frage gehe, »wie man mit dem Material in einer Weise arbeiten kann, dass die Gewaltverhältnisse und die Egozentrierung, die darin Ausdruck finden, nicht einfach unkommentiert Raum bekommen, sondern auch kritisch reflektiert werden können« (Forschungstagebuch). Gleichzeitig meldeten sie zurück, dass es ihnen durch die nachgereichten Informationen leichter gefallen sei, einen Zugang zum Material zu finden, was mich zum Nachdenken anregte, welche Fantasien dazu bei den AG-Leiter*innen wohl aufgekommen waren.

Als »Verteidiger« bei der ersten Gruppeninterpretation auf einem Workshop

Auf dem Methodenworkshop hatte ich den Eindruck, dass nach dem oben beschriebenen Mailverkehr eine beidseitige Unsicherheit in der Luft lag und sich die AG-Leiter*innen nach wie vor sehr schwer mit meinem Forschungsthema und dem Interviewmaterial taten. Eine Irritation stellte sich auf meiner Seite darüber ein, dass kurzerhand der Ablaufplan geändert wurde und die Interpretationsrunde zu dem von mir eingebrachten Material als letzten Punkt auf den zweiten Tag verschoben wurde.

Auch wenn sich schließlich insgesamt viele produktive Impulse, Gedanken und Interpretationsansätze durch die gemeinsame Interpretation mit den anderen Teilnehmer*innen ergaben, erlebte ich die Gruppeninterpretation auf dem Methodenworkshop vor allem als angespannt und im Vergleich zu den vorangegangenen Runden in der Arbeitsgruppe als hoch affektiv. In der Arbeitsgruppe wiederholte sich jene ambivalente Dynamik, die bereits weiter oben im Kapitel über den Feldzugang beschrieben wurde: Es zeigte sich einerseits ein überdurchschnittliches Interesse an dem Forschungsthema, was sich im Neuzugang von weiteren Personen für diese Interpretationsrunde in der AG und in den vergleichsweise vielen Nachfragen nach der Vorstellung des Themas widerspiegelte, andererseits gab es »Hemmungen«, sich nun tatsächlich dem Material zuzuwenden: Das Beantworten aller Nachfragen und die darauffolgende Blitzlichtrunde nahm insgesamt eine Stunde in Anspruch. Erst dann wurde auf Vorschlag der AG-Leiter*innen die Anfangssequenz inklusive meines Erzählstimulus (und später nochmal kurz die Eröffnung der Stegreiferzählung) vorgelesen und Interpretationsansätze geteilt. Damit war das Zeitlimit von zwei Stunden bereits erreicht – ohne dass eine zweite Sequenz betrachtet werden konnte. Die Interpretation endete somit, ohne sich explizit dem Ausschnitt zuzuwenden, in dem die Cuckold-Fantasie – das eigentliche Thema der Forschungsarbeit – beschrieben wird.

Inhaltlich drehte sich die Diskussion in der Runde einmal um die Verwunderung, dass Chris' Erzählung so stark auf sexuelle Erlebnisse und Erfahrungen fokussiert sei, wobei andere Ereignisse, die doch eine große lebensgeschichtliche Relevanz haben müssten (wie beispielsweise die Drogenabhängigkeit, die Migration und das Ankommen in Deutschland oder der Tod der Eltern), zu einer Nebensache würden (vgl. Protokoll Interpretationsgruppe Workshop). Weiterhin wurde der Eindruck thematisiert, dass sich Chris mir an mehreren Stellen als »Co-Wissenschaftler« anbiete, der eine »kollegiale Ebene« zu mir suche. Intensiv wurde meine Art und Weise, den Erzählstimulus zu formulieren, interpretiert, der ebenfalls insbesondere durch Formulierungen wie »`aber ich glaub wir zusammen bekommen wir das gut hin`« (Interviewtranskript Chris) eine für Forschung unübliche Nähe herstelle. Für polarisierende Kontroversen sorgten die in der Blitzlichtrunde genannten Punkte Sprache, Selbstreflexionsfähigkeit, Fähigkeit zur Perspektivübernahme sowie die Frage nach der »Täterschaft«. Während die von Chris verwendete Sprache vor allem von den AG-Leiter*innen als »egozentrisch«, »verdinglichend«, andere als »bloßes Lustobjekt degradierend« wahrgenommen wurde, hielt eine Teilnehmerin dagegen an, dass Chris' Sprache auch viele freundliche Worte in Bezug auf Sexualität beinhalte und insgesamt eine lustfreundliche, positive Konnotation von Sexualität transportiere, was vor den beschriebenen tragischen biografischen Wendepunkten beachtlich sei. Ein Teilnehmer äußerte zu Beginn den Eindruck, dass ihm Chris sehr selbstreflektiert vorgekommen sei, andere zogen dies in Zweifel und sprachen von einer »Schein-Reflexion«, die Chris lediglich vorgebe. Tatsächlich dominiere eine starke »Selbstzentrierung«. Seine Schwierigkeiten, auch die Perspektive von anderen wahrzunehmen, werde beispielsweise in der Szene deutlich, in der Chris in seiner Erregtheit nicht erkannte, dass der »Ausrutscher« seiner Frau für sie keine positive Erfahrung war. »Schwierigkeiten beim Lesen« wurden in Bezug auf die Stellen geschildert, wo Chris den Suizid der Schwester vor allem unter der Frage verhandle, wie stark es ihn in seiner Sexualität beeinflusste. Ein anderer Teilnehmer war »fassungslos«, wie Chris sich im Kontext der von der Schwester als »Missbrauch« gewerteten sexuellen Interaktionen als Kinder »Einvernehmen herbeikonstruiert« habe. Er empfand auch Chris' Verwunderung darüber, dass die Schwester sich später ihm als »Täter« gegenüber nicht dazu geäußert habe, als »absurd«. Mit spürbarer Empörung brachte eine Teilnehmerin ebenfalls ihre Wertung ein, dass es doch »absurd« sei, nach der Beerdigung der Schwester ein sexuelles Verhältnis mit dem »Patenonkel« einzugehen. Fragen der Forschungsethik wurden in der gesamten Diskussion nicht besprochen.

Auch wenn ich mich während der Interpretationsrunde die meiste Zeit zurücknahm und mich erst in der zweiten Hälfte mit Beiträgen beteiligte, hatte ich das Gefühl, mich in einer Verteidigerrolle wiederzufinden (vgl. Forschungstagebuch). Zusammen mit einer anderen sexualwissenschaftlich versierten Teilnehmerin ordnete ich das kindliche Interesse an nackten Körpern im Kontext der psychosexuellen Entwicklung ein oder kritisierte die Bezeichnung von einem sieben- bis zwölfjährigen Jungen, der im Falle von grenzüberschreitendem oder übergriffigem Verhalten ein Eingreifen von sich als verantwortlich zeigenden Erwachsenen sowie pädagogische Unterstützung gebraucht hätte, als »Missbrauchstäter«.

Üblicherweise erhielt jede*r Material einbringende Teilnehmer*in am Ende der Interpretationsrunde »das letzte Wort«; in meinem Fall vergaß die Moderation, mir dieses zu erteilen, bevor sie die Runde für beendet erklärte und zur Pause einleitete. Da ich aber noch das dringende Bedürfnis verspürte, meine Perspektive auf die erfolgte Interpretationsrunde einzubringen, forderte ich diesen Raum ein. In meinem Abschlussplädoyer (um mal wieder einen Terminus aus der Gerichtssprache zu verwenden) war es mir wichtig, noch einmal zu betonen, dass es in dem Interview mit Chris in erster Linie um seine Fantasien ging. Und da bewusst imaginierte sexuelle Fantasien in erster Linie die Funktion einnehmen, sexuelle Erregung aufzubauen und aufrecht zu erhalten, sei es vielleicht auch gar nicht so sehr verwunderlich, dass dies in einer »egozentrischen« Art und Weise geschieht, wobei die Perspektiven der imaginierten anderen vernachlässigt werden. Weiterhin sei es keine Seltenheit, dass in sexuellen Fantasien auch aggressive Impulse ihren Platz finden können. Daraus ließen sich noch keine

Rückschlüsse darauf ziehen, wie sich eine Person in der »realen« sexuellen Begegnung gegenüber anderen Personen verhalten und erleben möchte. Insgesamt sei es wertzuschätzen, dass eine Person einen so tiefen und intimen Einblick in ihr Leben und ihre Fantasien gewährt habe. Gerade für Männer gebe es in der Gesellschaft kaum Orte, wo sie auf persönlicher Ebene über ihr sexuelles Begehren, Unsicherheiten und Probleme sprechen können. Vielleich sei ja auch so verstehbar, wieso eine Person im Kontext eines sexualwissenschaftlichen Forschungsinterviews ein solches Erzählbedürfnis zu diesen Themen entwickelt und dabei andere Lebensbereiche in den Hintergrund treten[23] (vgl. Protokoll Interpretationsgruppe Workshop).

Im Nachgang des Workshops war ich über die polarisierende Gruppendynamik insgesamt, aber auch in Bezug auf mich selbst verwundert und fragte mich, wieso ich auf dem Workshop diese »Verteidigerrolle« eingenommen hatte (vgl. Forschungstagebuch): Wen oder was habe ich dort eigentlich wem gegenüber verteidigt? Leise Zweifel kamen auf, ob ich nicht doch die notwendige Distanz zum Material verloren hatte. Hatte ich mich durch Chris in eine »männerbündische Beziehung« verwickeln lassen, wie sie insbesondere von feministischer Seite im Kontext von (De-)Thematisierung sexueller Grenzverletzungen, Übergriffe oder Gewalt durch Männer kritisiert wird? Inwieweit blendete ich in meiner Fokussierung auf die Fantasieebene das im Interview geschilderte real grenzverletzende Verhalten (und zwar weniger in Bezug auf die Situation aus der Kindheit, sondern in Bezug auf sein Verhalten als Erwachsener seiner Frau gegenüber, als sie ihm von der Affäre auf der Geburtstagsfeier erzählte) aus bzw. berücksichtigte es nicht angemessen in der Analyse? Inwieweit ließ ich beim emphatischen Nachdenken über Chris' Lebensgeschichte die Perspektive der Schwester, die sich als Kind durch Chris missbraucht fühlte und sich später als Erwachsene das Leben nahm, an mich heran?

Während man nun in anderen Forschungstraditionen diese subjektiven Zweifel, Gedanken und Gefühle als nicht weiter von Interesse zur Beantwortung der gestellten Forschungsfragen betrachten oder im Sinne einer

23 In der tiefenhermeneutischen Interpretationsrunde warf eine Teilnehmerin in Bezug zu diesem Punkt die etwas »ketzerische« Frage auf, inwieweit wohl in »klassischen« biografischen Interviews, wie sie wohl die AG-Leiter*innen führen, über Sexualität und die sexuellen Anteile der Biografie gesprochen werde, obwohl Sexualität ja auch ein wichtiger und bedeutsamer Lebensbereich für viele Menschen sei.

möglichst objektiven Analyse bewusst davon Abstand nehmen würde, fordert die Tiefenhermeneutik dazu auf, sie als Erkenntnisinstrument ernst zu nehmen und sich zu fragen, wieso das Material bei mir als Forscher diese Wirkung entfalten konnte. Eine Verstrickung, Verwicklung oder verlorengegangene Distanz zum Material wird somit nicht zu einem Problem, das als Störquelle beseitigt werden muss, sondern stellt eine Chance dar, zu einem tieferen Verständnis des Materials vorzudringen, wenn es entsprechend reflektiert werden kann (vgl. R. Klein, 2010, S. 270f.). Zu diesem Zeitpunkt war ich jedoch noch nicht so weit, diese innere Dynamik als eine Verwicklung mit dem Material zu erkennen. Ich nahm die oben beschriebenen Gedanken als Fragmente zwar wahr und notierte sie in mein Forschungstagebuch, ich konnte aber noch nicht greifen, wie sie in Beziehung zu dem Interviewmaterial stehen.

Zweite Interpretation in einer tiefenhermeneutischen Interpretationsgruppe und die erhellende Einsicht in die Verstrickung mit dem Material

Glücklicherweise bot sich etwa einen Monat später die Möglichkeit, das Interviewmaterial in Gänze in eine professionell moderierte tiefenhermeneutische Interpretationsgruppe einzubringen und gemeinsam zu interpretieren. Die erste Hälfte der Interpretationsrunde war geprägt von einem wilden Hin- und Herspringen zwischen den verschiedenen Leseeindrücken der Teilnehmer*innen, verschiedenen Textstellen, die das Interesse auf sich zogen, und ersten Interpretationsfragmenten (vgl. im Folgenden Protokoll Interpretationsgruppe Tiefenhermeneutik). Die Leseeindrücke bewegten sich zwischen einem Irritiert- und Erschlagensein in Anbetracht der von Chris erzählten »Fülle an biografischen Geschichten und Beziehungen«, »Betroffenheit« angesichts der als »tragisch« empfundenen Wendepunkte, aber auch zwischen Wut und Ärger, die eine Teilnehmerin empfand, indem sie diese Art von Fantasien über Frauen »als Frau« las. Ein Teilnehmer empfand Chris stellenweise auch als »abstoßend« in Bezug darauf, wie er (imaginär und/oder real?) mit Frauen umgeht. Weiterhin war Scham ein dominierendes Gefühl, das mehrere Teilnehmer*innen beim Lesen verspürten und das sich beispielsweise darin zeigte, dass der Laptop während der Zugfahrt zur Seite geschoben wurde, um zu verhindern, dass andere Fahrgäste das aufgerufene Dokument sehen konnten, oder dass die ausgedruckten Seiten umgedreht wurden, als die Kinder das

Arbeitszimmer betraten. Ein Teilnehmer fühlte sich durch die genaue Art und Weise der Transkription der Interviewinteraktion (insbesondere das präsente »atmet hörbar aus«) an eine sexuelle Situation erinnert. Ein anderer Teilnehmer fragte sich beim Lesen, ob er all das, was Chris erzählt, auch wirklich wissen möchte, da der Interviewte einem als zuhörende bzw. lesende Person viel zumute. Als ihm das aber klar wurde, fand er das Interview wiederum beim zweiten Lesen »total interessant und spannend«.

Als Irritationsmomente wurden folgende Punkte andiskutiert: Chris' großes Erzählbedürfnis und die Bereitschaft, auch so viele intime Dinge von sich zu erzählen; die angedeutete familiäre sexuelle Sozialisation;[24] die von Chris betonte Offenheit im Haushalt dem Thema Sexualität gegenüber, was im Kontrast dazu gesehen wurde, dass negative Erfahrungen – wie sie offenbar Chris Schwester erlebt hatte – unaussprechbar gewesen zu sein scheinen; verschiedene Wortbilder, die Assoziationen aus dem militärischen[25] oder kirchlichen/sakralen[26] Bereich hervorriefen; das als gespalten empfundene Sexualitätsbild von Chris, das sich in der »Kippfigur« des Heiligen Augustinus widerspiegele;[27] die von den Teilneh-

24 Insbesondere wurde die Rolle der Mutter diskutiert, die versuchte, ihm die Scham »weg-zunehmen«, indem sie die Skizzen, für die er sich schämte als »Kunst« bezeichnete. Bei der freien Assoziation zum Begriff »Kunst« fielen die Schlagwörter »für die Öffentlichkeit bestimmt« oder »Das stellen wir aus!« und die Teilnehmer*innen dachten dabei an eine Verletzung der Intimsphäre oder an eine »Enteignung« seiner Sexualität. Gedankliche Verknüpfungen entstanden dabei auch zu der Familienanekdote über das Kleinkind Chris, das sich »genüsslich« in der Badewanne am Penis anfasste und »warm« sagte, wo sich die Teilnehmer*innen irritiert darüber zeigten, wie eine solche Begebenheit zu einer »Familienerzählung« werden konnte und weitererzählt wurde.

25 Beispielsweise die Vorstellung, »komplett umzingelt« zu sein in Bezug auf das (imaginierte) Gefühl, mit dem Penis in eine Vagina einzudringen, oder die Formulierung »ordentlich voll zu pumpen« in Bezug auf den fantasierten Orgasmus beim Sex mit der Frau in der Cuckold-Fantasie.

26 Beispielsweise »Offenbarung« in Bezug auf die Entdeckung der Zeichnungen durch die Mutter oder die Formulierung »in einen besuchten Altar hinein treten zu können« in Bezug auf den Fantasieinhalt, in eine bereits besamte Vagina einzutauchen.

27 In der Wahrnehmung einer Teilnehmerin besteht dieses nur in »Extremformen«: Auf der einen Seite die Faszination für ein »ungebändigtes, triebhaftes Verlangen«; auf der anderen Seite ein Erschrecken darüber, dass diese Sexualität andere Menschen verletzt habe, woraus eine totale Ablehnung entstand. Eine Reflexion, welches (reale) Verhalten genau wie bei wem zu einer (Grenz-)Verletzung führen könnte und was an seinem Begehren aber auch »einfach in Ordnung« ist, sei dagegen nach wie vor nicht erkennbar.

mer*innen teilweise als unangebracht empfundenen Gefühlsäußerungen durch Chris bzw. das Ausbleiben dieser;[28] dass von Chris unausgesprochen bleibt, wie er (emotional) auf den Suizid der Schwester reagierte; sowie dass Chris von einer »runden Erzählung« spricht, was im Kontrast zu den von den Teilnehmer*innen wahrgenommenen verschiedenen Abbrüchen im Erzählfluss, dem schlagartigen Wechseln des Themas oder dem plötzlichen Anbieten eines Stück Pomelos an einer auffälligen Stelle gesehen wurde.

All diese verschiedenen Leseeindrücke, Irritationsmomente und ersten Interpretationsansätze ließen sich allerdings nicht zu einem erhellenden Gesamtbild zusammenbringen. Ein solcher Moment ergab sich erst, als ich in der zweiten Hälfte der tiefenhermeneutischen Interpretationsrunde von einem Teilnehmer beiläufig gefragt wurde, wie eigentlich die zurückliegende Interpretationsrunde auf dem Workshop gelaufen sei und ich ihm entgegnete: »Die haben sich insgesamt etwas schwer mit dem Thema und dem Interviewmaterial getan« (Protokoll Interpretationsgruppe Tiefenhermeneutik). Dies zog das Interesse aller Teilnehmer*innen auf sich und so erzählte ich von dem oben ausgeführten Hergang. Zum ersten Mal fasste ich zusammenhängend in Sprache, welche Wirkung die »forschungsethischen Fragen« der AG-Leiter*innen bei mir plötzlich hervorriefen, wie ich die affektive Dynamik auf dem Workshop erlebte und berichtete von meinen anschließenden Zweifeln. Die darauf folgende Verwunderung seitens der Teilnehmer*innen stellte sich auf zwei verschiedenen Ebenen ein: Zum einen zeigten sich die Teilnehmer*innen irritiert, dass die AG-Leiter*innen ihre »forschungsethischen Fragen« mit dem Inhalt des Interviews begründeten. Es sei verständlich, dass die Begebenheit zwischen Chris und seiner Schwester als minderjährige Kinder, die von einer Person als einvernehmliche Doktorspiele erinnert wird und von der anderen aber später als Missbrauch bewertet wird, ethische Fragen nach Verantwortung, Gerechtigkeit oder Schuld nach sich ziehe. Diese ethischen Fragen müssten sich aber in erster Linie auf der persönlichen Ebene von Chris stellen und weniger auf der Ebene von Forschungsethik. Ein forschungsethischer Konflikt hingegen hätte beispielsweise erst dann bestanden, wenn ich als Forscher durch das

28 Beispielsweise die Äußerung, dass er wie seine Schwester »gleichermaßen« unter der Situation gelitten habe, als diese über die als Missbrauch wahrgenommene sexuelle Interaktion als Kinder berichtete.

Interview Hinweise auf einen sexuellen Missbrauch erhalten hätte, der entweder noch nicht (vollständig) aufgedeckt wurde oder der noch weiterhin andauert.[29] Dies sei aber sehr klar bei dem vorliegenden Interview nicht der Fall. Es wurde die Vermutung geäußert, dass das Interviewmaterial bei den AG-Leiter*innen ein diffuses »moralisches Unbehagen« hervorrief, das aber mit der Rahmung »Forschungsethik« den eigentlichen Adressaten verfehlte. Die zweite Ebene der Verwunderung der Teilnehmer*innen betraf meine Reaktion auf die »forschungsethischen Fragen« der AG-Leiter*innen: Wieso traf mich diese Formulierung so unvorbereitet und setzte unmittelbar eine Art »moralische Panik« bei mir als Forscher frei? Die Reaktion erinnere an die Situation, als Chris' Schwester Jahre später den Eltern berichtete, dass sie sich durch Chris missbraucht fühlte. Auch Chris erzählt im Interview, dass er als junger Student von dieser Aussage überrumpelt gewesen sei, da er diese Gefühle von seiner Schwester als Kind nie wahrgenommen habe und für ihn dieses »Kapitel längst abgehakt« und nicht mehr »Gegenstand« seiner »Reflexion« gewesen sei. Ebenso sei es mir als Forscher ergangen: Während ich in der Interviewsituation meinem Forschungstagebuch zufolge an den entsprechenden Passagen in erster Linie »Empathie« und »Mitleid« mit Chris empfand (vgl. Forschungstagebuch), traten die oben beschriebenen Gefühle, wie die plötzliche Angst, sich selbst persönlich schuldig gemacht zu haben, ohne genau zu wissen wieso, erst durch die Mail der AG-Leiter*innen auf. In der Zwischenzeit erschien mir das Interviewmaterial vor allem rätselhaft und interessant zugleich. Ich fühlte mich durch das Interview allerdings nicht belastet.

Allmählich konnte in der Interpretationsrunde meine Verstrickung mit dem Material bewusst gemacht und aufgedeckt werden: Sowohl das diffuse »moralische Unbehagen«, wie es bei den AG-Leiter*innen vermutet wurde, die dieses dann in der Form von »forschungsethischen Fragen« fassten, als auch meine plötzlich hervorgerufene Angst, sich

29 Diese und darüber hinausgehende forschungsethische Fragen werden in der Bonner Ethik-Erklärung (Poelchau et al., 2015) in Bezug zu Forschungen zu sexueller Gewalt in pädagogischen Kontexten diskutiert. Auch wenn die Adressat*innen meiner Forschungsarbeit keine minderjährigen Kinder und Jugendliche waren, hatte ich vor Beginn der Datenerhebung gemäß den Empfehlungen der Bonner Ethik-Erklärung das entsprechende Vorgehen mit meiner Erstbetreuung besprochen, sollte es innerhalb der Forschung zu solchen forschungsethischen Konfliktlagen kommen.

schuldig gemacht zu haben, sind Affekte, die eigentlich zu Chris »gehören«. Auch die zweifelnden Fragen, die ich mir im Nachgang der Mail stellte, wie: »Habe ich irgendeinen (großen) Fehler gemacht?«, »Habe ich etwas übersehen?«, »Habe ich mich (im Interview) falsch verhalten?« oder »Bin ich unsensibel mit anderen Menschen (mit dem Material oder den anderen AG-Mitgliedern) umgegangen?«, wären eigentlich Fragen, von denen man erwartet hätte, dass sich Chris diese im Interview beim Nachdenken über seine Lebensgeschichte stellen würde. Auf der manifesten Ebene bleiben im Interview Fragen dieser Art aber aus. Daraus folgt jedoch nicht, dass er sie nicht hat oder kennt. Im Gegenteil: In der Perspektive der Tiefenhermeneutik können nichterwünschte Wünsche, Bedürfnisse und Gefühle aus der Sprache zwar ausgeschlossen werden, sie bleiben aber unbewusst virulent und werden in der Interaktion mit anderen Personen aktualisiert und reinszeniert (vgl. Kratz & Ruth, 2016, S. 246). Dass die beschriebenen Fragen und Gefühle stellvertretend bei anderen Personen aufgetaucht sind, die sich mit dem Interviewmaterial befassten, weist in dieser Perspektive darauf hin, dass es Fragen, Zweifel und Überlegungen sind, die Chris auf einer latenten Ebene sehr wohl beschäftigen und umtreiben. Vermutlich konnte oder wollte Chris sie (zumindest in der Interviewsituation) nicht zu nah an sich herankommen lassen und versuchte sie auf die latente Ebene zu verbannen. Gerade weil das Thema des Interviews eine für Chris lustvolle Fantasie darstellt, wären Fragen nach persönlicher Verantwortung oder Schuld[30] vermutlich zu schmerzhaft und störend gewesen, um von etwas zu berichten, dass für ihn ein lustvolles imaginäres Erlebnis darstellt.

Im nächsten Schritt gilt es nun, diese aus der Reflexion der szenischen Teilhabe entwickelte Lesart erneut am Interviewmaterial zu überprüfen und daran anschließend zu fragen, inwieweit sich die latent gehaltenen Fragen nach der persönlichen Schuld und Verantwortung auch bei der Konstruktion der Cuckold-Fantasie niedergeschlagen haben.

30 Dies gilt unabhängig von der Beantwortung der Frage: Es geht nicht darum, ob Chris in einer moralischen Perspektive Schuld empfinden *sollte*. In dieser Frage enthält sich die Forschungsarbeit. Es geht darum, dass aufgrund der in der szenischen Teilhabe wahrgenommenen Affekte davon ausgegangen wird, dass Chris Fragen nach persönlicher Schuld und Verantwortung in der Tat auf latenter Ebene umtreiben – unabhängig davon, inwieweit dies gerechtfertigt oder nicht ist.

9.7.2 Überprüfung der Hypothesen am Interviewmaterial

Wo deutet sich die (latente) Beschäftigung mit Fragen nach Schuld und Verantwortung an?

Für die geneigten Leser*innen mag in Anbetracht der dargelegten Lebensgeschichte und des erwähnten zeitlichen Kontextes des Interviews (zwei Jahre nach dem Suizid der Schwester) die Annahme, dass Chris Fragen nach Schuld und Verantwortung in Bezug zu seiner sexuellen Biografie beschäftigen, keine überraschende oder besonders fernliegende Hypothese darstellen. Tatsächlich tauchen aber im gesamten Interview mit der Fülle an erzählten Geschichten, Wendungen und Begebenheiten die Wörter »Schuld« bzw. »schuldig« (oder vergleichbare Formulierungen), die die prägenden Gefühle in der Gegenübertragung charakterisierten, nicht auf. Die einzige Passage in der diese anklingen, lautet wie folgt:

> »über ein paar Jahre (.) konnte ich mich mit meiner Schwester versöhnen (.) ähm (.) sie hat aber (.) dennoch sehr unter (.) geistiger Krankheiten gelitten ähm (.) und hat letzten Endes vor zwei Jahre äh sich das Leben genommen (.) äh was auch für meine (.) Sexualität ähm (.) sehr prägend ist (Y: °hmh° (*leise*)) weil ich (*atmet hörbar ein*) gemerkt habe (.) auch damals in in [Jahreszahl] wo ich am studieren war (1.) ähm dass meine Gelüste (1.) meine Neugier (.) durchaus Verletzung erzeugen kann (.) (Y: °hmh° (*leise*)) (.) und dass diese Verletzungen unter Umständen dazu beitragen können dass ein Mensch sich das Leben nehmen will (Y: *raschelt mit Papier*) (*atmet hörbar ein*) (Y: hmh) (.) ähh (*trinkt einen Schluck Kaffee*) (1.) jaa (7.) ja (.) ich glaub das ist ein (1.) ein ziemlich (2.) (*lacht*) (.) runde Erzählung (Y: hmh) äh was der sexuelle Entwicklung angeht« (Interviewtranskript Chris).

Chris spricht an dieser Stelle vorsichtig aus, dass er zwischen den sexuellen Handlungen zwischen ihm und seiner Schwester als Kinder und dem Suizid der Schwester als erwachsene Frau eine Verbindung sieht. Ins Auge springt die dabei gewählte abstrakte und von ihm und seiner Schwester als

Personen losgelöste Formulierung »dass diese Verletzungen unter Umständen dazu beitragen können dass ein Mensch sich das Leben nehmen will«.

Abschließend hätte Chris nun die entscheidenden Fragen aussprechen können, die in etwa so hätten lauten können: »Und seitdem frage ich mich: Hat mein Verhalten als Kind dazu geführt, dass sich meine Schwester das Leben genommen hat? Trage ich die volle Verantwortung für mein Verhalten als Kind und für das Leiden meiner Schwester als Erwachsene? Bin ich schließlich schuld am Tod meiner Schwester?« Unabhängig davon, ob Chris diese Fragen mit einem einfachen »Ja« oder »Nein« beantworten könnte, hätte es einen Unterschied gemacht, wäre er in der Lage gewesen, sie auszusprechen. An dieser Stelle wäre weiterhin Platz gewesen, zu erzählen, was der Suizid für ihn selbst (und nicht nur in Bezug auf seine sexuelle Entwicklung) bedeutet(e), welche Gefühle oder Gedanken ihn beschäftigen oder wie er den Tod der Schwester verarbeitete. All dies findet (zumindest im Interview) nicht statt. Es scheint für Chris an dieser Stelle nicht aussprechbar gewesen zu sein. Stattdessen bricht zum ersten Mal im Interview der sonst kaum unterbrochene Erzählfluss ab, es folgen mehrere kleine Pausen, der Forscher raschelt hilflos mit dem Papier, ein Schluck Kaffee wird getrunken und die längste Stille im gesamten Interview (sieben Sekunden am Stück) wird ausgehalten. Die bislang nur so aus ihm heraussprudelnde Erzählung scheint zu einem Stillstand gekommen zu sein. Schließlich unterbricht Chris die Stille, um durch einen Fazit-Satz – wie er ungereimter an dieser Stelle nicht formuliert werden könnte (»ich glaub das ist eine (1.) eine ziemlich (2.) (*lacht*) (.) runde Erzählung (Y: hmh) äh was [die] sexuelle Entwicklung angeht«) – seine Stegreiferzählung abzuschließen. Es scheint aber so, dass dieser Fazit-Satz, der von einem verlegenen Lachen unterbrochen wird, von Chris doch nicht als Abschlusssatz zu seiner sexuellen Entwicklung stehen gelassen werden kann, da er direkt anschließt, um die Erzählung fortzuführen: Es braucht nur eine halbe Sekunde Pause und Chris berichtet von Charlotte, einer Kommilitonin, in die er sich verliebte.

Wie gelingt es Chris im Interview, belastende Fragen oder Themen (wieder) zu verdrängen?

Dieser plötzliche Übergang kann als die eindrücklichste Sequenz betrachtet werden, wenn das Material unter der Perspektive betrachtet wird, wie Chris es im Interview gelingt (bzw. wie er es versucht), die schmerzhaften Fragen nach Schuld abzuwehren und in der Latenz zu halten: An mehreren Stellen, bei denen es um diese oder andere belastende Themen oder Erfahrungen geht, bricht Chris im Erzählen ab, um dann zu einer Erzählung auszuholen, die von einer spannenden Begebenheit oder einem sexuellen »Abenteuer« handelt. Chris' Erzählstil ist dann der eines guten Geschichtenerzählers, der rhetorisch geschickt durch einen allmählichen Aufbau und schließlich mit einer dramatischen oder lustigen Pointe seine Zuhörer*innen zu fesseln weiß. An dieser Stelle ist es die Geschichte, wie es Chris gelang, sich aus der »`Friendzone`« der von ihm begehrten Charlotte zu befreien, die zunächst in seinen Mitbewohner aus dem Wohnheim verliebt war. Ein anderes Beispiel stellt ein durch mehrere Drei-Sekunden-Pausen markierter Bruch dar, wo Chris darüber nachdenkt, wann und wie und wieso die sexuellen Kontakte als Kinder mit seiner Schwester aufgehört haben. Der zuhörende Forscher weiß zu diesem Zeitpunkt noch nicht von dem größeren Bedeutungskontext dieser Kindheitserfahrungen; die vielen längeren Pausen deuten aber bereits an, dass Chris intensiv über etwas nachdenkt, was noch nicht ausgesprochen wird. Überwunden wird dieser Bruch schließlich durch die unmittelbar anschließende Erzählung über Jennifer, deren Höhepunkt sich in dem plötzlichen Wahrwerden seiner sexuellen Fantasien darstellt. Im Nachfrageteil wiederum folgt auf das in einem Nebensatz erwähnte zwölfte Lebensjahr, das »`interessanterweise`« das Jahr war, in dem die »`sexuellen Begegnungen`« mit der jüngeren Schwester aufgehört haben, eine von Nostalgie geprägte und mit Akustikeindrücken ausgeschmückte Anekdote über die Internetmodems jener Zeit und die ersten Kontakte mit Internetpornografie. Aus der Reihe fällt hingegen die Erwähnung der sexuellen Affäre mit dem »`Pseudo-Patenonkel`« im Kontext der Beerdigung seiner Schwester, die nicht in Form einer ausgeschmückten Geschichte erzählt wird und somit nicht den Eindruck erweckt, dass Chris damit sich und den zuhörenden Forscher von dem belastenden Beerdigungsthema ablenkt.

Neben der »Flucht« vor belastenden Momenten in solchen Erzählungen von spannenden Geschichten kann in zwei Sequenzen beobachtet werden, wie Chris vermutlich unangenehme Affekte verdrängt, indem er die Erzählung unterbricht und dem Forscher Kaffee oder Pomelo anbietet: Einmal unterbricht Chris im Nachfrageteil des Interviews seine Antwort auf die Frage des Forschers, inwieweit Fantasien bei den berichteten kindlichen Doktorspielen mit den Geschwistern eine Rolle gespielt haben, indem er dem Forscher Kaffee nachschenken möchte. In einer anderen Passage unterbricht das Anbieten der Pomelo die vermutlich eher schambehaftete Erzählung, dass er damals in seiner Erregung nicht den emotionalen Zuwendungswunsch seiner Frau erkannte, als diese über ihre Affäre auf der Geburtstagsparty berichtete:

»C: und dat hab ich versucht mir äh vorzustellen wie sie sich ähh begegnet sind in in welche Konstellation (Y: hmh) ähh (2.) aber et war für meine Frau grad glaube ich sehr befremdlich (Y: hmh) zu erleben dass ich so erregt war von ihrer Vorstellung wo sie eigentlich dabei war ähh eine reuevolle Beichte abzugeben (.) (Y: hmh) (.) °möchtest du ein bisschen Pom- // elo-° // (*Intonation steigend*)
Y: // dank- // später (*lacht*)
C: (*holt sich ein Stück Pomelo und isst*) ja (.) (Y: hmh) (*isst weiter*)« (Interviewtranskript Chris).

Wie bahnt sich die Verstrickung des Forschers mit Chris in der Interviewsituation an?

Wenn nun angenommen wird, dass Chris in der Interviewsituation damit beschäftigt war, Fragen nach persönlicher Schuld und Verantwortung in die Latenz zu verbannen, wie war es dann möglich, dass ebenjene bohrende Fragen sich zu einem späteren Zeitpunkt im Forscher in der Interaktion mit den AG-Leiter*innen wiederfanden? Ein Mechanismus, der dies erklären könnte, ist der erstmalig von Melanie Klein (1983) beschriebene Prozess der »Projektiven Identifikation«. Bei der »Projektiven Identifikation« projiziert eine Person zunächst einen unerwünschten Selbstaspekt in eine andere Person und folgt somit dem (unbewussten) Wunsch, sich dieses unangenehmen Anteils zu entledigen (vgl. Stemmer-Lück, 2012, S. 110). Durch eine Vielfalt an unterschiedlichen Verhaltensweisen in der konkreten zwischenmenschlichen Interaktion mit der anderen Person übt die projizierende Person nun in subtiler Weise Druck auf den*die Empfänger*in aus, so zu fühlen und zu handeln, wie es der Projektion entspricht (vgl. ebd.). In der im Transkript festgehaltenen Interviewinteraktion müssten sich folglich Hinweise auf ebenjene Verhaltensweisen finden, die Druck auf den Forscher ausübten, sich mit seinen Projektionen zu identifizieren.

Und tatsächlich ist die Interviewinteraktion durchzogen von Momenten, die als Versuche von Chris verstanden werden können, Nähe zum Forscher aufzubauen, ihn durch verschiedene Handlungen oder Ansprachen aus der distanzierten Interviewer*innenrolle zu locken und sich auf einer gemeinsamen Ebene zu verbinden. Es beginnt mit dem sorgfältig vorbereiteten Setting in seinem Zimmer im Erdgeschoss des Hauses und der vulvaartigen Pomelohälfte, die neben zwei Löffeln auf dem Cafétisch als »unmoralisches Angebot« präsentiert wurde. Während des Interviews bemühte sich der Forscher trotz wiederholten Anbietens noch um Abgrenzung, allerdings ließ er sich beim Nachgespräch dann doch auf dieses Beziehungsangebot ein, das er am Anfang noch als zu »intim« oder »unpassend« empfand (vgl. Forschungstagebuch). Auch das partiell von Chris verwendete Sprachregister des »Co-Wissenschaftlers«, der sich gemeinsam mit dem Forscher auf die Suche nach Hypothesen zu seinen Fantasien begeben möchte, kann als ein anderer Versuch begriffen werden, sich auf eine gemeinsame Ebene zu begeben.

Ein dritter Modus drückt sich in einer eher konträren Sprechweise aus, die der Forscher in seinem Tagebuch als Sprechweise von »Männergesprächen« titulierte, die bei ihm Gefühle von Verlegenheit oder teilweise auch Befremden hervorriefen (vgl. Forschungstagebuch). Gemeint sind Passagen, in denen Chris den Forscher indirekt als »Kumpel« adressiert und ihm in einer derben Art und Weise über seine sexuellen Affären mit Frauen oder über diesbezügliche Fantasien berichtet. Da der Forscher biografisch nicht an solche heterosexuellen »Männergespräche« anknüpfen konnte, empfand er diese Art der Adressierung als ungewohnt und sie führte bei ihm an diesen Stellen zu einem (verlegenen) Lachen oder anderen nonverbalen Lauten wie einem stoßhaften Ausatmen aus der Nase. Zur Illustration mag folgende Sequenz aus der Erzählung über die Erfahrung mit Jennifer hilfreich sein:

> »ich kann et (.) bis heute nicht erklären was (Y: hmh) w- welche Hummel sie im Arsch hatte (Y: *lacht*) an dem Tag (.) w- wo das her kommt (.) ähh (.) uun und sie hat geschluckt und hat mich angelächelt und hat gesagt °ah° (*Intonation steigend*) (.) °ah wie wars° (*leise*) (Y: *atmet hörbar durch die Nase aus*) (.) °und da sitzt ma als als junger Mann° (*leise*) absolut sprachlos (2.) °toll° (*wie ein Seufzer*) (*beide lachen*) jaa« (Interviewtranskript Chris).

Ein anderes Beispiel stellt die Episode über die sexuellen Fantasien über die Schwägerin dar:

> »ähm (.) die Schwester von meiner Frau (.) (Y: hmh) ist kein besondere hübsche Frau (Y: hmh) (3.) ich hab öfters über äh Sex mit ihr fantasiert nur weil es dermaßen verboten wäre (Y: *atmet leicht lachend durch die Nase aus*) (.) (Y: hmh) mein Schwägerin zu vögeln« (Interviewtranskript Chris).

In der tiefenhermeneutischen Interpretationsgruppe wurden diese und weitere ähnliche Sequenzen unter der Assoziation »Locker-Room-Talk« diskutiert (vgl. Protokoll Interpretationsgruppe Tiefenhermeneutik). Unter »Locker-Room-Talk« wird gemeinhin eine »obszöne« oder »rohe« Unterhaltung unter Männern in der Abwesenheit von Frauen über Frauen und Sexualität verstanden (vgl. Pennington, 2016). Zu einem geflügelten Wort avancierte der Terminus »Locker-Room-Talk« im Kontext des US-Präsidentschaftswahlkampfs 2016, als Donald Trump mit dieser Bezeichnung eine heimlich mitgeschnittene Äußerung abtat, in der er seinem männlichen Gesprächspartner in prahlerischer Weise empfahl, seinen Prominentenstatus auszunutzen, um eine Frau sexuell zu belästigen (vgl. ebd.). Vor diesem Hintergrund betont diese Assoziation stärker den »männerbündischen« und misogynen Charakter, den diese Gespräche unter Männern einnehmen können. Im Anschluss an Pohls Theorie des Männlichkeitsdilemmas (2004) kann in der Weiblichkeit abwertenden Sprechweise im Modus des »Locker-Room-Talks« der Versuch gesehen werden, wechselseitig den eigenen (mehr oder weniger bewussten) Überlegenheitsanspruch anzuerkennen und sich gegenseitig der männlichen Identität zu versichern (vgl. Pohl, 2011, S. 129f.). Eine assoziative Verknüpfung ergab sich daher von dem Schlagwort »Locker-Room-Talk« auch zu der Passage, in der Chris weibliche bzw. eine mit »weiblich assoziierte« Sexualität neben der Aufzählung penetriert – empfangend – aufnehmend ebenfalls mit dem Attribut »unterlegen« verknüpft, oder zu bestimmten Ausdrucksweisen in Bezug auf weibliche Genitalien, die von der Interpretationsgruppe als »militärisch« oder »feindselig« wahrgenommen wurden (vgl. Protokoll Interpretationsgruppe Tiefenhermeneutik). Interessanterweise findet sich bei einer solchen an eine militärische Redensart (»den Feind mit Blei vollpumpen«) erinnernden

Formulierung in Bezug auf den fantasierten Orgasmus im Kontext der Cuckold-Fantasie ebenfalls die oben beschriebene nonverbale Lautäußerung des Forschers wieder:

> »um letzten Endes eine ähh (2.) ähh Orgasmus zu haben die die vollzupumpen (Y: *atmet etwas lachend aus der Nase aus*) so ordentlich vollzupumpen« (Interviewtranskript Chris).

Chris brachte den Forscher auch an den Stellen in Verlegenheit, an denen er in einem beiläufigen Tonfall von seinen verheimlichten sexuellen Außenbeziehungen erzählte, wobei der Forscher daran denken musste, dass sich in diesem Moment Lea zwei Etagen über ihnen befand (vgl. Forschungstagebuch). Dies empfand der Forscher als bemerkenswert, da er im Kontext seines Berufs diese Themen nicht als Beratungsanliegen wahrnimmt, die ihn in Verlegenheit bringen. Daher kann auch diese Wahrnehmung als Indiz dafür betrachtet werden, dass sich bereits in der Interviewinteraktion eine Verstrickung anbahnte, die unter anderem über den Modus der »verbrüdernden Gespräche unter Männern« hergestellt wurde.

Trotz aller Übertragungs- und Gegenübertragungsphänomene in der Interviewdynamik stellt der Forscher eine getrennte Person mit einer anderen Persönlichkeitsstruktur dar, der grundsätzlich die auf ihn als Empfänger projizierten Gefühle anders be- und verarbeiten kann, als es bei Chris vonstattengeht (vgl. Stemmer-Lück, 2012, S. 111). Bezogen auf die bei Chris angenommenen abgewehrten Fragen nach Schuld und Verantwortung in Bezug auf sein sexuelles Verlangen und dessen Folgen scheint für die Interviewsituation jedoch zunächst ein ähnlicher Umgang rekonstruierbar: Beide halten diese Fragen in der Latenz und umgehen diese belastenden Themen, um den Erzählfluss über die biografische Entwicklung seiner Fantasien nicht weiter zu unterbrechen und somit den »Erfolg« des Interviews zu gefährden.[31] Erst einige Zeit

31 Die einzige Nachfrage zum sexuellen Verhältnis zwischen ihm und seinen jüngeren Geschwistern als Kinder thematisiert, ob Fantasien damals eine Rolle gespielt haben, was von Chris kurz und bündig verneint wird (und worauf er dann die Antwort mit dem Anbieten von Kaffee unterbricht). Der Forscher unterlässt es dann, weitere Nachfragen zu dieser Episode zu stellen, und geht zum nächsten Lebensabschnitt über. Aus der Perspektive der definierten Forschungsfrage und der Zielsetzung des Interviews sowie aus forschungsethischen Gründen stellt dies auch ein angemessenes Vorgehen

später drangen sie durch die Rückfragen der AG-Leiter*innen plötzlich ins Bewusstsein, wenn auch in verschobener Form auf der Ebene der Forschungsethik.

Weitere Verknüpfungen und der Wunsch nach »Heilung«

Neben den bereits genannten Hinweisen im Interviewtranskript, die die Hypothesen zur latenten Interviewdynamik bezüglich der abgewehrten Fragen zu Schuld und Verantwortung stützen, lassen sich noch weitere Verknüpfungen im Text, in der beschriebenen Interviewsituation und in bestimmten Assoziationen aus dem Interpretationsprozess ziehen:

Zu nennen wäre die in der Beschreibung der Intervieweröffnung genannte Sequenz nach dem Anschalten des Aufnahmegeräts. Wie oben bereits ausgeführt, erinnerte die Eröffnungssequenz den Forscher an einer Gerichtsverhandlung (vgl. Forschungstagebuch), eine Assoziation, die in der tiefenhermeneutischen Interpretationsgruppe nochmals wiederholt wurde (vgl. Protokoll Interpretationsgruppe Tiefenhermeneutik). Auch die Selbstwahrnehmung des Forschers auf dem Methodenworkshop als »Verteidiger« (vgl. Forschungstagebuch) bedient eine Gerichtsmetapher, von der aus die Assoziationskette schnell zum Begriff »Schuld« gelangt.

Die Eröffnung der Stegreiferzählung durch die Familienanekdote sowie die Art und Weise, wie Chris seine sexuelle Entwicklung in der Kindheit in der Erzählung konstruiert, lassen darauf schließen, dass er seine kindliche sexuelle Neugier als bemerkenswert stark und seine kindlichen sexuellen Aktivitäten als ungewöhnlich früh ausgeprägt betrachtet und so verstanden haben will. Könnte diese ausführliche Darstellungsweise vor dem Hintergrund eines wie auch immer gearteten (inneren) Rechtfertigungsdrucks als Erklärungsversuch verstanden werden, wieso er »`sexuellen Kontakt`« zu seinen jüngeren Geschwistern suchte?

---

dar: Qualitative Forschungsinterviews sollen so gestaltet werden, dass sich die interviewte Person eingeladen fühlt, entsprechend ihren »Thematisierungsmöglichkeiten und -wünschen« (Küsters, 2009, S. 68) zu erzählen. Ein Nachhaken insbesondere bei Themen, bei denen gespürt wird, dass sie für die erzählende Person belastend oder (re-)traumatisierend sein können, widerspricht dieser Maxime (vgl. ebd.). Nichtsdestotrotz kann beim Lesen dieser Passage der Eindruck entstehen, dass der Forscher vielleicht auch erleichtert darüber war, dass ihm keine Inhalte erzählt wurden, die ihn im Umgang damit forschungsethisch anders herausgefordert hätten.

Als letzte Verknüpfung sei hier die Figur des Heiligen Augustinus und die kirchliche Sprache genannt, die neben den bereits behandelten Sprechweisen des »Geschichtenerzählers«, des »Co-Wissenschaftlers« oder des »Locker-Room-Talks« partiell aufscheint:

> »also so kann der Sexualität auch net sein (.) (Y: hmh) das hier ist nicht erfüllend also eine (.) ein netter Vergleich mit der Augustinus (Y: hmh) ähhm (2.) daraufhin hab ich ein Stipendium bekommen zu eine (.) [katholische Hochschule] [...] und da bin ich dahin gegangen und ähh (.) hab in diese emotionelle Aufruhr um um die eigene Sexualität (3.) ähm gemerkt dass (.) eigentlich meine Glauben (.) äh mir vielleicht Ruhe bescheren könnte also wenn ich mich (.) ähh mei- wenn ich meine Leben (.) die Kirche widme und dem Dienst meine Mitmenschen widme als spirituelle Begleiter (*atmet hörbar ein*) ähh da kann ich meine Sexualität (.) einfach feinst in Schublade (.) setzen und (Y: °hmh° (*leise*)) nicht mehr berühren weil es mich eher belastet als befriedigt« (Interviewtranskript Chris).

Chris spricht in dieser Passage über die Konsequenz, die er aus seinem ersten sexuellen »Wendepunkt« (das Erstarren beim zweiten Gruppensexversuch) zieht. Er sehnt sich nach »Ruhe«, flieht quasi in ein theologisches Studium mit der Absicht, Priester zu werden, und versucht, sein sexuelles Verlangen, das er plötzlich als solches als »hässlich« empfindet, unter religiösen Formulierungen zu begraben. Diese Formulierungen erweckten in der Interpretationsgruppe den Eindruck, dass sie wie »leere Phrasen« aufgesagt werden, und verblüfften, da in der gesamten biografischen Erzählung zuvor Themen wie Religiosität und Glauben nicht erwähnt wurden und danach anscheinend auch keine Rolle mehr gespielt haben (vgl. Protokoll Interpretationsgruppe Tiefenhermeneutik). Was auch immer ihn damals innerlich bewegte, ihn beim Gruppensexversuch erstarren ließ und somit Anlass für diesen Lebenswandel bot: Der Versuch, sein sexuelles Begehren nun in Gänze zu verdrängen und in eine Schublade zu stecken, funktionierte nicht für eine lange Zeit.

Das interessante an der Figur des Heiligen Augustinus von Hippo (354–430 n. Chr.), der an dieser Stelle wie ein radikales Vorbild zur Begrenzung des sexuellen Verlangens aufscheint, ist die Verknüpfung zum Schuld-Thema, dessen sich der Forscher erst im Nachhinein nach der Recherche über den lateinischen »Kirchenvater« klar wurde: Es drängt sich der Eindruck auf, dass Chris' biografische Erzählung im Interview von den *Confessiones* des Augustinus inspiriert wurde und die Erwähnung des Heiligen keine belanglose Nebenbemerkung war. Die *Confessiones* (auf Deutsch *Die Bekenntnisse*) sind das zentrale autobiografische Werk des Augustinus, in denen der »Kirchenvater« seine Bekehrungsgeschichte zu Gott darstellt (vgl. Schulte-Klöcker, 2004, S. 31ff.). Als zentrale Strukturmomente der *Confessiones* gelten die miteinander verwobenen »Bekenntnisse des Lobpreises« zu Gott und die »Bekenntnisse der eigenen Sündhaftigkeit« (ebd., S. 37). Entlang der »Antithese von Ruhe und Unruhe« (ebd., S. 38f.) legt Augustinus sein Inneres vor Gott offen, um durch ihn »Verzeihung und Versöhnung« (ebd., S. 50) und eine Heilung des Lebens zu erfahren (vgl. ebd.). Insbesondere im zweiten Buch der *Confessiones*, das von seinen Kindheits- und Jugendjahren handelt, ist von der Verknüpfung einer »kritischen Reflexion des eigenen, als sündhaft empfundenen Verhaltens und als Lobpreis des gnadenhaften göttlichen Heilshandelns« (ebd.) geprägt. Dabei betrachtet er bereits seine frühesten Erinnerungen unter dem Aspekt der »Sündhaftigkeit« und wendet sich somit gegen den antiken Topos vom unschuldigen Kind (vgl. ebd., S. 51). Das Bekennen der Sünden stellt für Augustinus eine Voraussetzung für die göttliche Vergebung dar,

> »wobei bereits die Erkenntnis der Sünde und das folgende Eingeständnis von der Gnade verursacht sind. Der Akt des Bekennens ist Teil des von Gott initiierten Heilungsprozesses, an dessen Verlauf Augustin seine Leserschaft Anteil haben lassen wollte« (Seelbach, 2004, S. 56).

Im Original heißt es beispielsweise zu Beginn des zweiten Buches:

> »Ich will die schimpflichen Taten meiner Jünglingsjahre und die fleischlichen Verirrungen meiner Seele mir in die Erinnerung zurückrufen, nicht weil ich sie liebe, sondern damit ich dich, mein Gott, umso mehr liebe. […] Und was anderes erfreute mich da, als zu lieben und geliebt zu werden? Aber nicht Seelenbande im lichtvollen Reiche der Freundschaft hielten mich; nein, aus der sumpfigen Begierde des Fleisches und dem Strom der Sinnlichkeit stiegen Nebel auf, die mein Herz so umwölkten und verfins-

> terten, daß es nicht mehr den hellen Glanz der Liebe von der Dunkelheit der Sinnenlust unterscheiden konnte. Wirr wogte beides in mir, riß meine widerstandsunfähige Jugend durch die Abgründe der Leidenschaften und versenkte sie in einen Strudel von Schandtaten« (Augustinus von Hippo, 1914, S. 26f.).

Es sind vermutlich diese Momente, die Augustinus später von kritischer Seite aus den Ruf einbrachten, ein selbstdarstellerischer Selbstentblößer gewesen zu sein (vgl. Seelbach, 2004, S. 55). Sein Werk wurde auch vielfach von psychoanalytisch arbeitenden Interpret*innen im Hinblick auf Identitätskrisen und Schuldgefühle gedeutet (vgl. ebd., S. 71ff.).

Wenn wir vor diesem Hintergrund die Hypothese annehmen, dass Augustinus mit seinen *Confessiones* Chris in seiner Erzählung inspirierte, fallen noch weitere Querverbindungen ins Auge, wie das Bemühen, seine turbulente Lebensgeschichte in eine »runde Erzählung« zu bringen. Dies wird unter anderem im ersten erwähnten Fazit-Satz oder im endgültigen Fazit-Satz am Schluss des Gesamtinterviews als Reaktion auf die Frage des Forschers, ob er noch etwas ergänzen möchte, deutlich:

> »°hm° (*lacht leicht*) (Y: *lacht leicht*) °ähh° (*stöhnend*) (.) nee ich glaube nicht (.) glaub da war (.) schon eine runde eine runde Sache (.) (Y: hmh) (1.)« (Interviewtranskript Chris).

Was könnte uns dies über seine Motivation, am Interview teilzunehmen, und über seine große Erzählbereitschaft verraten? Die Vermutung liegt nahe, dass in dem Bemühen, sein Inneres offen zu legen und dabei auch von den Begebenheiten in seinem Leben zu erzählen, die schmerzliche Fragen nach persönlicher Schuld und Verantwortung aufwerfen, die Hoffnung aufscheint, in irgendeiner Weise wie Augustinus Heilung, Verzeihung und Versöhnung zu erfahren. Diese Vermutung korrespondiert auch mit der aus dem Nachgespräch festgehaltenen Bemerkung, in der sich Chris für das Interview bedankt, da das Interview für ihn eine Gelegenheit bot, eine »stimmige Geschichte« von sich erzählen zu können und so »Ungereimtheiten« und »Dissonanzen« in sich aufzulösen, die bei anderen zu »Verletzungen« führen können (vgl. Forschungstagebuch). Gleichzeitig habe es ihm aber auch Lust und Freude bereitet, von sich erzählen zu können (vgl. ebd.). Neben dem Moment der (Wieder-)Verdrängung der Fragen nach persönlicher Schuld, die das Nachdenken über sein sexuelles Gewordensein aufgeworfen hat, scheint es paradoxerweise auch ein Bedürfnis danach zu geben, von ebenjenen Lebenserfahrungen zu erzählen und durch dieses Bekenntnis eine Art von Heilung zu erfahren (wenn auch nicht unbedingt in einer religiösen/spirituellen Dimension). Vermutlich ist es diese innere Konfliktdynamik, die maßgeblich die latente Ebene der Interviewsituation und die Art und Weise, von der (sexuellen) Biografie zu erzählen, prägte.

9.8 Das latente Erregungspotenzial der Cuckold-Fantasie

Nachdem nun durch viele Hinweise, Beispiele und Querverbindungen die Lesart, dass Chris auf einer latenten Ebene Fragen nach persönlicher Schuld und Verantwortung in Bezug zu seinem sexuellen Gewordensein umtreiben (verbunden mit dem Bedürfnis nach »Versöhnung« oder »Heilung«), verdichtet wurde, kehren wir nun zu Chris' Cuckold-Fantasie zurück und fragen, wie dieses latente Thema in Verbindung mit den bereits genannten manifesten Erregungsthemen der Fantasie steht. Die Zusammenfassung der manifesten Erregungsthemen der Cuckold-Fantasie schloss mit der offengebliebenen Frage, welche Hemmungen, Reflexionen und Gedanken für Chris in einem (imaginären) unmittelbaren Kontakt mit seiner Frau als lustmindernde Störungen erlebt werden. Die These, die nun in diesem Kapitel vertreten wird, lautet, dass für Chris ebenjene latenten Schuldgefühle eine innere Hemmung und Blockade in seinem (imaginären) sexuellen Erleben darstellen, die insbesondere in der Beziehungsdynamik zu seiner Frau reaktiviert werden. Die Konstruktion der Cuckold-Fantasie ist vor diesem Hintergrund so gestaltet, dass sie über das Potenzial verfügt, durch die Einbindung des anderen Mannes die konflikthafte dyadische Beziehungsdynamik imaginär aufzubrechen, wodurch die unangenehmen Gefühle und Gedanken in Bezug zu der Ehefrau verdrängt und umgangen werden können. Erst dadurch wird wiederum ein lustvoller sexueller Kontakt mit der Ehefrau vorstellbar. Die Konstruktion des Endes der ansonsten Aufregung stiftenden Fantasie bietet schließlich das Potenzial, dass eine Art momentane »Heilung« von den latenten bohrenden Fragen nach Schuld und Verantwortung erfahren werden kann, die (zumindest für den Moment) innere Ruhe bereitet.

Die Beziehungsdynamik zwischen Chris und Lea

Ein wesentlicher Schlüssel zum Verständnis der Cuckold-Fantasie scheint die spezifische Beziehungsdynamik zwischen Chris und seiner Frau Lea zu sein. Dies lässt sich auch dadurch begründen, dass in der Erzählung seiner sexuellen Fantasieentwicklung Cuckold-Fantasien als solche kein Thema darstellen, was bereits zu einem früheren Zeitpunkt in der Biografie auftaucht. Cuckold-Fantasien scheinen erst in der Ehe mit Lea als lustvolle Selbstbefriedigungsfantasien relevant geworden zu sein und wurden beispielsweise nicht mit anderen früheren Partnerinnen oder mit rein fiktiven Partnerinnen (wie beispielsweise beim Interviewpartner Dominik) als in der Fantasie involvierte Personen imaginiert. Auch wenn dieser Umstand vor dem Hintergrund des für Chris wichtigen Erregungsthemas »lustvolle Realitäts- und Alltagsnähe« verstehbar ist, fällt in der Konstruktion der Fantasie die starke Bezogenheit auf Lea auf, die im Gegensatz zu der Figur des Jerry eben keine gesichtslose Platzhalterin ist.

Aus der erzählten Lebensgeschichte haben wir erfahren, dass die Begegnung mit Lea für Chris eine »heilsame« und vielleicht sogar rettende Erfahrung nach einem bislang stürmischen und äußerst unruhigen Lebensweg (Abbruch des Studiums, Drogenkrise, »Flucht« nach Europa) darstellt. Auch die Paarsexualität wird von Chris zunächst als »liebevoll« und »erfüllend« beschrieben. Doch mit der Zeit wurden die Schwierigkeiten größer, in einen sexuellen Kontakt miteinander zu treten:

> »Lea hat natürlich auch ihre eigene (*atmet hörbar ein*) Vorgeschichte mitgebracht in unsre ähh (.) sexuellen Beziehung sie ist (.) vergewaltigt wurden (Y: °hmh° (*leise*)) (.) ähm als Teenager (1.) und dadurch war sexuellen Kontakt zwischen uns immer wieder (.) schwierig auf der eine Seite ich mit ähm sehr ausgeprägten Gelüste un (.) eine (.) ähh (.) Geschmack für Tabu- (Y: hmh) -brüche (2.) sie mit ihre ähm (1.) Angst vor vor Intimität und v- vor allem vor ähm (*atmet hörbar ein*) tierische oder gewaltsame (.) ähh sexuellen Begegnungen (Y: hmh) (.) also die Zärtlichkeit spielt bei ihr eine sehr große Rolle um (*atmet hörbar ein*) die äh also ohne Geborgenheit ähm (.) (Y: hmh) kann sie ihre Sexualität nicht auskosten (.) (Y: hmh) ähm (2.) und das

> hat dann zur Spannung in unsrer sexuellen Beziehung geführt (*atmet hörbar ein*) °ich war auch sehr offen mit ihr° (*etwas lauter*) also diese ähm Vorgeschichte (.) ähh sexuellen Kontakt als Kind ähh gehabt zu haben (.) aber auch meine Gelüste mehrere Partnerinnen Partnern zu haben also (*atmet hörbar ein*) ähm (.) Gruppensex ähh (2.) hab ich ihr gesagt« (Interviewtranskript Chris).

Auf der manifesten Ebene erklärt Chris die zunehmenden (sexuellen) Paarprobleme mit unterschiedlichen sexuellen Präferenzen und Bedürfnissen, die erst nach und nach deutlich wurden. Leas Bedürfnis nach einer zärtlichen Sexualität und ihrer Angst vor insbesondere »tierischen oder gewaltsamen sexuellen Begegnungen« begründet er dabei mit ihrer biografischen Erfahrung, als Teenager Opfer einer Vergewaltigung geworden zu sein. Demgegenüber stand er mit seinem »Geschmack für Tabubrüche« und einem Interesse für Gruppensex. Diese naheliegende Lesart, dass sich erst mit der Zeit herausstellte, dass beide »einfach« unterschiedliche sexuelle Bedürfnisse und Interessen haben, wird jedoch durch die Sequenz irritiert, dass er auch in Bezug zu seiner »Vorgeschichte« offen ihr gegenübererzählte, »sexuellen Kontakt als Kind« gehabt zu haben. Unausgesprochen bleibt, wo zwischen diesen beiden Aspekten die Verbindung besteht: Wieso wird die Offenheit gegenüber der Vorgeschichte, dass seine Schwester die sexuellen Kontakte als Kinder später als Missbrauch durch ihn bewertete, in der Argumentation, weshalb sich die Paarsexualität zunehmend schwieriger gestaltete, erwähnt?

Denkbar ist, dass Chris an dieser Stelle andeutet, dass das Wissen um die sexuelle Vorgeschichte der jeweils anderen Person einen Einfluss auf die Paarsexualität nahm und dazu beitrug, dass sich die bereits vorhandenen sexuellen Bedürfnisunterschiede weiter zuspitzten und in der spezifischen Paardynamik polarisierten: Mit Leas biografischer Erfahrung mit sexueller Gewalt als Betroffene (und deren Auswirkungen bis in die Gegenwart) konfrontiert, könnte bei ihm die mit der Frage nach persönlicher Schuld beladene innere Beschäftigung um die menschliche Verletzungsoffenheit und Verletzungsmächtigkeit im Bereich des Sexuellen erneut angestoßen worden sein. Auf der anderen Seite könnte bei Lea das Wissen darum, dass zwischen ihrer Schwägerin und ihrem Ehemann in der Kindheit etwas vorgefallen ist, was die Schwägerin später als Missbrauch durch ihren älteren Bruder bewertete, ebenfalls zu einer Auseinandersetzung mit ähnlichen

Fragen geführt haben. Eventuell wirkte sich dies negativ auf ihre bereits vorhandenen sexuellen Ängste aus oder verstärkte die (teilweise) »bedrohliche« Wahrnehmung der sexuellen Bedürfnisse und Interessen von Chris. Diese Hypothesen lassen sich allerdings nicht weiter durch manifeste Äußerungen im Interview belegen. In der Zusammenschau mit den Ausführungen zu seiner Cuckold-Fantasie gewinnen sie aber weiter an Plausibilität.

Das imaginäre Aufbrechen der konflikthaften Paardynamik in der Cuckold-Fantasie

Die Konstruktion der Cuckold-Fantasie ist so gestaltet, dass die Cuckold-Szene selbst nicht das »eigentliche« Erregungsthema darstellt, sondern vielmehr wie die Vorgeschichte dazu wirkt. Erst vor dem Hintergrund dieser Vorgeschichte, wird es für Chris möglich, sich einen lustvollen Sex mit Lea vorzustellen, der befreit ist von den Schwierigkeiten und Hemmnissen, die die reale Paarsexualität belasten. Durch die Einbindung von Jerry wird plötzlich zwischen Chris und Lea etwas möglich, was ohne ihn im wahrsten Sinne des Wortes undenkbar gewesen wäre. Jerry »glättet die Wege«, indem er stellvertretend für Chris einen gelingenden erotischen Kontakt zu Lea herstellen kann, wodurch sich die Alltagsstimmung »sexualisiert«. Er vermag es, die »Hemmungen« verschwinden zu lassen, wodurch sich Lea auf einen »lustvollen« und »ungehemmten« Sex einlassen kann. Erst in der sexuellen Interaktion mit Jerry kann sich Chris Lea aus der Distanz als ein »sexuelles Wesen« vorstellen, das seine Hemmungen verloren hat und von einer »Triebhaftigkeit« besetzt ist. Alles, was ansonsten womöglich die reale Paarsexualität bestimmt – Schwierigkeiten, einen erotischen Kontakt zueinander aufzubauen, Hemmungen und die latenten Ängste, die andere Person im Sexuellen erneut zu verletzen und sich schuldig zu machen (bzw. die Befürchtung aufseiten von Lea, erneut verletzt werden zu können) – ist ausgeschaltet.

Interessant ist in diesem Zusammenhang auch das positiv konnotierte Bild, nicht »in der Sexualität selber gefangen zu sein in dem Moment«, wenn man nicht »hodentief in [ihr] drinsteckt«. Was hält Chris in Bezug zu seiner Sexualität und insbesondere in der unmittelbaren sexuellen Interaktion mit seiner Frau gefangen? In welchen belastenden Problemen steckt her »hodentief« drinnen? In der Zusammenschau der bisherigen Ergebnisse des tiefenhermeneutischen Interpretationsprozesses kann die These gewagt werden, dass es in erster Linie ebenjene mit der Schuldfrage beladenen Gedanken um die Verletzungsmächtigkeit des eigenen sexuellen Verlangens sind, die Chris insbesondere im sexuellen Kontakt mit Lea gefangen halten. Erst nachdem Lea durch den Sex mit Jerry »erschöpft« und restlos befriedigt worden ist, kann sich Chris als frei von belastenden Anforderungen, Gedanken und Hemmungen imaginieren. Verknüpft ist dieser Gedanke mit der Veränderung der Vagina, die durch den vorangegangenen Sex mit Jerry als »bereits ausgedehnt« und »besamt« imaginiert wird. Dieser »bereits besuchte Altar«[32] zeichnet sich in der Fantasie als besonders »locker offen [und] warm« und durch eine »fantastische« »Aufnahmefähigkeit« aus. Vor diesem Hintergrund bietet die Fantasie das Erregungspotenzial, sich nicht mehr »beherrschen zu müssen« und einen Zustand zu erleben, in dem »keine Reflexion mehr möglich« und vor allem nicht mehr nötig ist. Die Cuckold-Fantasie ermöglicht es Chris somit auch, die in der Realität verpönten aggressiven sexuellen Impulse gegenüber seiner Frau imaginär auszuleben. Chris kann in der Fantasie nur für sich und seine Lust sein und sich ohne Reue einen »animalisch harten Sex« vorstellen, an dessen Ende er sie durch seine Ejakulation »ordentlich vollpumpen« kann.

Das tiefer gehende Potenzial des Schlussbildes der Fantasie

Im Kontrast zu diesem drastischen und aggressiven Bild steht das zärtliche Schlussbild der Fantasie: Nach seinem Orgasmus legt sich Chris zu seiner Frau und dann heißt es:

> »aber meine Frau ist befriedigt und ähh °trotzdem für mich da° (*leise*) (2.) (Y: hmh) (2.)« (Interviewtranskript Chris).

32 Ausgehend von diesem sakralen Wortbild in Bezug auf die Vagina drängen sich Assoziationen auf, die in Richtung »Entweihung« einer heiligen Stätte gehen: Die Vagina vor dem Sex mit dem anderen Mann wäre in diesem Bild ein heiliger, zu respektierender Ort; die »besamte« Vagina wäre hingegen geöffnet, beschmutzt und entweiht und ermöglicht somit einen bedenkenlosen, profanen »Umgang«. Über die Assoziation »beschmutzt« könnte sich auch eine Verknüpfung zu dem manifesten Erregungsthema des lustvollen Tabubruchs ergeben, der für Chris auch in der Lust am »Dreckigen« besteht.

In der Interpretation der manifest benannten Erregungsthemen wurde diese Sequenz mit der Suche nach Geborgenheit nach einer durchlebten Unsicherheit in Verbindung gebracht, die Chris an anderer Stelle als ein wesentliches Erregungsthema der Cuckold-Fantasie benennt. Vor dem Hintergrund der latenten Fragen nach persönlicher Schuld, von denen angenommen wird, dass sie Chris in der sexuellen Beziehungsdynamik mit seiner Frau umtreiben und beeinflussen, bietet dieses Schlussbild noch ein tiefer gehendes Potenzial: In dieser zärtlichen, geborgenheitsstiftenden Szene scheint der Wunsch nach Überwindung der bedrückenden Gefühle und Gedanken für den Moment erfüllt zu sein und alle trennenden Hindernisse und Entfremdungen scheinen überwunden. Es blitzt das Glück der Versöhnung, des Angenommenseins und der Heilung von den belastenden biografischen Erfahrungen auf, ähnlich wie es Augustinus sich in seinen *Confessiones* in der Ruhe bei Gott erhofft:

> »Du selbst veranlaßt ihn [den Menschen], in deinem Preis eine Wonne zu suchen, denn geschaffen hast du uns im Hinblick auf dich, und unruhig ist unser Herz, bis es ruhet in dir« (Augustinus von Hippo, 1914, S. 1).

Nun findet sich (zumindest auf der manifesten Ebene) kein Hinweis darauf, dass diese Sequenz für Chris eine spirituelle/religiöse Dimension besitzt. Vielmehr könnte im Schlussbild der Fantasie eine Erinnerung an die erste sexuelle Begegnung mit Lea nach der Ankunft in Europa aufscheinen, die Chris nach seinem bislang äußerst unruhigen Lebensweg als »`heilsam in viele Hinsichten`« erlebte.

9.9 Zusammenfassung des Erregungspotenzials bei Chris

Es konnte gezeigt werden, wie in der Art und Weise, wie im vorliegenden Fall die Cuckold-Fantasie konstruiert wird, die imaginierte Szene für die interviewte Person vor dem Hintergrund der biografischen Entwicklung und der aktuellen Lebenslage ein spezifisches Erregungspotenzial entfalten kann. Manifest konnten dabei die Themen »lustvoller Tabubruch«, »lustvolle Realitäts- und Alltagsnähe«, »lustvolle Wahrnehmung (aus Distanz) der Frau als ›ungehemmtes, sexuelles Wesen‹«, »lustvoller Verlust von belastenden Anforderungen und Hemmungen« und »lustvolles Eintauchen in eine (besamte) Vagina« benannt werden. Weiterhin spielte das Thema »Unsicherheit und Suche nach Geborgenheit« eine wichtige Rolle.

Die lebensgeschichtliche Betrachtung der manifesten Erregungsthemen ergab, dass sich die Themen mit erinnerten Fantasieinhalten oder erinnerten realen Erfahrungen aus früheren Lebensphasen in Verbindung bringen lassen. Bemerkenswert ist, dass manche der Themen, die nun die Cuckold-Szene zu einer sexuell erregenden Fantasie werden lassen, entweder in ähnlicher Form bereits in Fantasieinhalten aus der Kindheit oder den Teenager-Jahren aufgetaucht sind, oder in einer kritischen Perspektive der »Nachträglichkeit«, dass jene Fantasien aus früheren Lebensphasen nun so in der Erinnerung aufscheinen, dass sie die »aktuellen« Erregungsthemen (indirekt) aufgreifen und integrieren. Andere Themen wiederum, die zur erregenden Wirkung der Fantasie beitragen, scheinen erstmals in Verbindung mit Erfahrungen aus dem Erwachsenenalter oder der aktuellen Paarsituation benannt zu werden.

Durch die szenische Teilhabe während des tiefenhermeneutischen Interpretationsprozesses konnten plausible Lesarten formuliert und weiter verdichtet werden, die insbesondere in Bezug zu den Themen »lustvolle Wahrnehmung (aus Distanz) der Frau als ›ungehemmtes, sexuelles Wesen‹«, »lustvoller Verlust von belastenden Anforderungen und Hemmungen« sowie »Unsicherheit und Suche nach Geborgenheit« ein tiefer gehendes Verständnis ermöglichen. Deutlich wurde dabei das Potenzial der Cuckold-Fantasie, durch die Einbeziehung eines anderen Mannes eine als konflikthaft und luststörend erlebte dyadische Beziehungsdynamik zu der Partnerin imaginär aufzubrechen, wodurch erst ein unmittelbarer und lustvoller sexueller Kontakt mit der Partnerin vorstellbar werden kann. In Bezug zu diesem Material legte die szenische Teilhabe offen, dass die in der sexuellen Paarbeziehung störenden Anforderungen und Hemmungen nicht nur wie auf der manifesten Ebene benannt in druckausübenden Leistungsanforderungen bestehen, sondern auch durch tiefer liegende latente Gedanken und Gefühlen geprägt sind: Die Cuckold-Fantasie macht es im vorliegenden Fall der fantasierenden Person offenbar möglich, die biografisch verankerte und nun in der Paardynamik reaktivierte Schuldfrage und Angst um die Verletzungsmächtigkeit des eigenen sexuellen Verlangens zu umgehen oder für den Moment zu verdrängen. Schließlich konnte vor diesem Hintergrund ein tieferes Verständnis des Potenzials des Schlussbildes der Fantasie erlangt werden: In der geborgenheitsstiftenden Szene kann die fantasierende Person eine Art momentane Wunscherfüllung nach Heilung von bedrückenden Gefühlen, Gedanken und Entfremdungen erleben.

10 Kurzportrait Dominik

10.1 Vorabkommunikation und Interviewsituation

Das Interview mit Dominik (zwischen 20 und 30 Jahre alt) war das erste, das im Rahmen der Arbeit erhoben wurde. Dominik nahm über WhatsApp Kontakt mit dem Forscher auf und bot sich als ein sehr an einer Teilnahme interessierter Interviewpartner an, den das Thema »Cuckold« seit »geraumer Zeit« beschäftige und der daher viel »Gesprächsstoff« zu bieten habe (vgl. Forschungstagebuch). Insgesamt wirkte Dominik in der Vorabkommunikation sympathisch und freundlich auf den Forscher, der sich darüber freute, dass sich so unkompliziert ein Termin für das Interview finden ließ. Das Interview dauerte schließlich 60 Minuten (ohne Vor- und Nachgespräch) und fand in Dominiks Wohnung statt, in die er vor Kurzem eingezogen war. Davon zeugten noch die vielen nicht ausgepackten Umzugskartons, zwischen denen sich der Forscher (er wählte einen Sitzsack) und Dominik (er nahm auf dem übrig gebliebenen Bürostuhl Platz) niederließen. Die unterschiedliche Sitzhöhe sorgte auf beiden Seiten kurz für einen Irritationsmoment, der von beiden aber übergangen wurde, indem mit Smalltalk, dem formalen Vorgespräch und schließlich mit dem Interview begonnen wurde (vgl. ebd.).

10.2 Der manifeste Erzählinhalt der sexuellen Biografie

> »es [das Devot-/Cuckold-Sein] ist aber (.) trotzdem etwas was mich selbst (.) und mein Wesen glaube ich sehr sehr gut charakterisiert und was (.) deutlich mehr für mich ist als (.) nur eine Vorliebe (Y: hmh) weil eben wieder zurück zur- in in die Vergangenheit dass es nichts was

> ich irgendwie mit sechzehn mal entdeckt habe und ähm (.) wo ich dann gesagt habe (.) ja das ähh (1.) äähm f- finde ich jetzt cool und keine Ahnung hat mir Spaß gemacht sondern das ist halt wie gesagt seit dem Kindergarten (*atmet hörbar ein*) ist das irgendwie alles (.) ähm °Thema bei mir° (*leise*) (Y: hmh) (1.) °ja° (*leise*) « (Interviewtranskript Dominik).

Dominik beschreibt sich im Interview als »wirklich so durch und durch devoten Menschen« und sieht einen Beleg für diese feste Identität bereits in seinen Kindheitserfahrungen. Dies spiegelt sich sowohl in seinem Eröffnungssatz

> »ja (2.) mhh (3.) also (.) bei mir ging es tatsächlich schon extrem früh los (Y: hmh) mit mit dem was heute zumindest meine Sexualität ausmacht« (Interviewtranskript Dominik)

als auch in der oben zitierten Schlusscoda der ersten Stegreiferzählung wider. Die früheste Szene, an die er sich erinnert, handelt davon, dass er im Kindergarten ein Mädchen »eingeladen« hatte, auf ihm »rumzulaufen«. Dass empfundene Gefühl konnte er »natürlich überhaupt nicht einordnen«, es war aber »nur irgendwie ein gutes«. Im Grundschulalter differenzierte er in seinen Fantasien noch nicht zwischen Mädchen und Jungen, er merkte nur, dass er sich

> »zu Umständen hingezogen fühl[t] (.) in denen (1.) nicht nur ein Mensch sondern generell in dem Erniedrigung eine Rolle gespielt hat« (Interviewtranskript Dominik).

So hat ihn eine Szene aus einer Zeichentrickserie »sehr berührt«, in der die Helden »sich bewegende gefährliche Schleimdinger« zertraten, die »weit davon entfernt« waren, »irgendwie vermenschlicht zu sein«. Auf dem Gymnasium provozierte er bewusst Mitschüler*innen, indem er absichtlich Wetten verlor, sodass er den von ihm vorgeschlagenen »Wetteinsatz«, »Tritte in die Eier«, erhielt. Mit 14 oder 15 Jahren realisierte Dominik, dass er solche Situationen nicht »einfach nur toll« findet, sondern gelangte zu der Erkenntnis: »ich glaub ich steh da drauf«. Zugleich beschreibt er seine damaligen Diskriminierungsängste und die daraus resultierende schmerzhafte Einsicht, dass er keinem davon erzählen kann. Er befürchtete, ansonsten »das perfekte Mobbingopfer« zu werden.

Insgesamt erinnert seine Erzählweise dabei an eine Coming-Out-Geschichte, die davon handelt, wie ihm seine Art des Begehrens langsam bewusst wird und er dabei innere und äußere Aushandlungsprozesse führt: Er reibt sich an Idealen von »normaler Sexualität« und »normaler Standardbeziehung« (insgesamt verwendet er das Wort »normal« 15 Mal während des Interviews), er versucht zunächst im Jugendalter, solche »normalen« Beziehungen und sexuellen Kontakte einzugehen, um als junger Erwachsener schließlich Wege auszuprobieren, Sexualität und Beziehung entsprechend seiner Vorstellungen und Vorlieben zu leben. Nun steht er an einem Punkt, an dem er sich nach einer Partnerin sehnt, die ihm das Gefühl vermittelt, »trotzdem geliebt und akzeptiert« zu werden – so wie er ist (dieses Thema wiederholt er in unterschiedlichen Variationen sechs Mal während des Interviews).

Das Interview, indem er diese Coming-Out-Geschichte erzählt, fand dabei kurz nach der Trennung von der Frau statt, mit der er die erste mehrjährige »feste ernste […] wirklich richtige Beziehung« führte. Seine Partnerin war allerdings ebenfalls in sexueller Hinsicht devot. Auf der »mentalen Ebene« verstanden sie sich gut, sexuelle Befriedigung suchten beide Partner*innen aber im Rahmen einer offenen Beziehung in verschiedenen »Spielbeziehungen« mit anderen. Ein paar Monate vor der Trennung von seiner festen Partnerin fand ebenfalls Dominiks elfmonatige Spielbeziehung mit einer dominanten Frau ein Ende. Im weiteren Verlauf des Interviews wurde immer deutlicher, dass das Ende dieser Spielbeziehung für ihn eine wesentlich schmerz- und krisenhaftere Erfahrung war als die Trennung von seiner festen Partnerin. Die Spielbeziehung stellte für Dominik eine völlig neue Erfahrung dar, er konnte sich »mit Haut und Haar Körper und Seele hingegeben«, fühlte sich zum ersten Mal »unglaublich geborgen« und für sein So-Sein akzeptiert.

Im Kontext dieser Spielbeziehung – und somit nur einige Monate vor dem Interview – kam Dominik das erste Mal mit dem Cuckold-Thema in Berührung. Seine Spielbeziehungspartnerin machte innerhalb der Sessions erst zögerliche, dann immer deutlichere Andeutungen, dass sie die Sessions dahingehend erweitern möchte, dass ein anderer Mann dabei sein soll und er diesen Mann oral befriedigen soll. Zunächst reagierte Dominik auf diese

Andeutungen innerlich mit Angst und Ablehnung. Mit der Zeit wurde daraus aber eine eigenständige sexuelle Fantasie, die bislang jedoch keine reale Umsetzung fand. Diesen Prozess mit mehreren Zwischenstufen beschreibt Dominik sehr eindrücklich:

> »also da hatte s- sie keine Ahnung z- zum Beispiel ihren Finger in meinen Mund gesteckt (Y: hmh) ähm und dann muss- sollte ich daran saugen (Y: hmh) und dann hatte sie zu mir gesagt du weißt dass ich das irgendwann mal (.) in nem anderen (.) Rahmen (Y: hmh) auch von dir verlangen werde (.) und ähh (.) °so wurde das halt gesagt° (*etwas lauter*) und dann w- war mir halt klar was sie meint (.) (Y: hmh hmh) (.) uund (.) ja und (.) da hab ich d- dadurch dann einfach ja gesagt in dem Moment (Y: hmh) weil ich halt (.) so im Moment sagt man halt- kann ich ja doch nicht sagen nee (Y: hmh) (.) ähm aber hab natürlich (.) gesagt jaa aber gedacht (.) ohh was wirklich oh nein das kann ich mir nicht vorstellen (Y: hmh) so am Anfang (.) und (.) ja dann gabs halt diese Wiederholung davon und (.) der Gedanke der (.) w- wurd dann immer weiter in so jaa okay mal gucken vielleicht ähh kann das ja doch irgendwie alles ganz schön werden (Y: hmh) wenn sie da ist (.) ähhm (.) ich mich halt an ihr festhalten sozusagen also men- (Y: hmh) auf mentaler Ebene (Y: hmh) (.) (*atmet hörbar ein*) uund (.) ja (.) ähh (.) dadurch wurde das dann tatsächlich ne richtige Fantasie von mir (Y: hmh) ähm (1.) genau (.)« (Interviewtranskript Dominik).

Dominiks Cuckold-Fantasien stellen sich also als Reaktion auf eine immer deutlicher formulierte Anforderung von außen durch seine Spielbeziehungspartnerin innerhalb der gemeinsamen Sessions – und somit innerhalb des inszenierten Machtgefälles – dar. Vorher – so gibt er an – war ihm dieses »Konzept« gänzlich unbekannt. Dabei scheint diese Vorstellung, dass ein anderer Mann an der sexuellen Interaktion beteiligt sein soll, die plötzlich als zukünftige reale Möglichkeit in sein Leben trat, zunächst keine lustvolle zu sein. Hindernd scheint auf kognitiver, reflexiv-bewusster Ebene vor allem der Gedanke gewesen zu sein: »ich kann doch nicht mich von einem Mann erniedrigen lassen«, der »mich halt eben in dieser schwachen Position sieht«. Deutlich wird, dass Dominik innerlich mit der Vorstellung ringen und sie bearbeiten musste, um sie in sein Selbstverständnis als heterosexueller devoter Mann zu integrieren, damit sie für ihn das lustvolle Potenzial entfalten konnte.

10.3 Der manifeste Erzählinhalt der Cuckold-Fantasie

In Dominiks Beschreibung seiner idealen Cuckold-Fantasie finden weniger die Schilderung konkreter sexueller Handlungen ihren Platz, vielmehr malt er an erster Stelle das Verhältnis zwischen ihm und seiner imaginierten Partnerin aus:

> »ich glaube dieses (.) perfekte Konzept wäre dass ich eine Partnerin habe (Y: hmh) die ich liebe (.) zu der ich auch (.) hochschaue weil ich sie (.) extrem respektiere (Y: ja) ähm die mich auch °liebt° (*Intonation steigend*) « (Interviewtranskript Dominik).

Im fantasierten Szenario sagt diese Partnerin zu ihm, dass sie gleich ein Date mit einem unbekannten Mann hat und ihn dorthin, zu einem anderen Ort, mitnimmt. An diesem Ort wird er gefesselt und als »Cuckold eingesetzt«. Dominik betont, dass er in seiner Fantasie nicht weiterhin in die sexuelle Interaktion eingebunden wird und »so etwas wie Oralverkehr« nicht vorkommt. Wichtig ist ihm einerseits, dass seine Partnerin ihn während des Sex mit dem anderen Mann abweisend und dominant behandelt. Anderseits gehört zu seiner idealen Cuckold-Fantasie dazu, dass sie ihn nach dem Sex »dann wiederum völlig auffängt« und die ganze Szene schließlich ein »sehr herzliches Ende« findet. Die imaginierte Partnerin hat Dominik zufolge keine besonderen Eigenschaften, außer dass sie eventuell Ähnlichkeiten zu seiner ehemaligen Spielbeziehungspartnerin aufweist. Der imaginierte Mann hingegen ist immer »gesichtslos«, »einfach nur Mann« und dafür da, Dominiks »Stellung zu verdeutlichen«. Auf die Frage, auf welche Elemente und Details der Fantasie er sich konzentriert, wenn er bei der Selbstbefriedigung einem Orgasmus zusteuern möchte, betont er wiederum, dass er sich darauf fokussiert, dass diese Szene innerhalb einer festen Partnerschaft geschieht und die Frau in der Fantasie seine Partnerin ist.

Dass die Cuckold-Fantasie nach wie vor für Dominik einen starken ambivalenten Charakter aufweist, wird an unterschiedlichen Stellen deutlich. Je stärker er sich der Partnerin lustvoll »hingeben« würde, desto mehr steigt

> »natürlich auch parallel dazu auch immer wieder dieses Risiko dass man irgendwann (.) halt richtig richtig richtig tief fällt (Y: hmh) nämlich dann wenn die Beziehung endet« (Interviewtranskript Dominik).

Gleichzeitig kann die Fantasie bei Dominik auch »sehr starke Gefühle von Einsamkeit und Isolation« auslösen, die »ja sehr existenziell sein können«, wenn bei ihm die Angst sich breitmacht, dass er eventuell niemals eine Partnerin finden könnte, die ihn so liebt und akzeptiert und mit der er »das alles haben kann«. Diese Angst kann dabei so groß und so schmerzhaft werden, dass er sich manchmal wünscht, lieber eine »normale Sexualität« zu haben, als niemals eine Partnerin zu finden, die ihn als devoten Mann liebt.

10.4 Die manifesten Erregungsthemen der Cuckold-Fantasie

Welche Themen benennt Dominik im Interview nun mehr oder weniger explizit, die die Cuckold-Szene für ihn zu einer sexuell erregenden Vorstellung werden lassen?

Lustvolles Erniedrigt- und Gedemütigtwerden

Das zentrale manifeste Erregungsthema von Dominiks Cuckold-Fantasie sowie das zentrale Thema seiner biografischen Coming-Out-Erzählung überhaupt ist die Lust, gedemütigt und erniedrigt zu werden. In seiner Fantasie imaginiert Dominik eine Partnerin, die ihre Lust und ihren Spaß bewusst über Dominiks Wohlbefinden stellt und ihn somit erniedrigt. In der konkret geschilderten Fantasie merkt Dominik an, dass er in der sexuellen Interaktion zwischen seiner Partnerin und einem anderen Mann nicht »extrem involviert« ist. Die lustvolle Erniedrigung besteht für ihn darin, dass er festgebunden beobachten muss, wie seine Partnerin mit einem anderen Mann Sex hat und dabei »ihren Lover sehr respektvoll auf Augenhöhe« behandelt, während sie ihm gegenüber abweisend und dominant auftritt. Die »Funktion« des anderen Mannes besteht auf manifester Ebene für ihn in erster Linie darin, dass seine devote Rolle im Kontrast zu diesem dominanten Mann unterstrichen und verstärkt wird. Es war auch diese Form der Rationalisierung, die es Dominik ermöglichte, die im Anschluss an die drängenden Andeutungen seiner damaligen Spielbeziehungspartnerin aufkeimende Cuckold-Fantasie in sein Selbstverständnis als heterosexueller devoter Mann zu integrieren. Vor diesem Hintergrund betont Dominik, dass »so etwas wie Oralverkehr« mit dem anderen Mann in seiner persönlichen Fantasie nicht vorkommt. Als lustvoll benennt er eher die Vorstellung, die Partnerin und den anderen Mann an ihren Füßen zu küssen, während sie miteinander intim sind. Gleichzeitig macht Dominik indirekt deutlich, dass es den Reiz und die Intensität der Vorstellung erhöht, wenn er sich eine Partnerin imaginiert, die potenziell (!) in der Lage dazu wäre, seine vollkommene Hingabe auszunutzen, um ihn auch zum Oralsex mit einem anderen Mann oder zum Auflecken von dessen Sperma zu zwingen:

> »er war auch schon mal bei einem Pärchen (.) wo der (.) Freund anwesend war (.) der zugeschaut hat (.) und der am Ende ähm (.) sein Sperma auflecken musste (Y: hmh) (.) das h- hat mir meine Partnerin erzählt (Y: hmh) und (.) ich hab (.) v- voller Ehrlichkeit gesagt oh Gott krass nee (.) ähh heftig (.) d- das keine Ahnung (Y: hmh) krass dass es sowas gibt (*atmet hörbar ein*) ähm habs aber auch wirklich so gemeint (Y: hmh) und wenn sie (.) mir das jetzt heute erzählen würde (.) würde ich wahrscheinlich relativ (.) schnell einfach (.) nur sagen ahh okay krass (.) würde mir aber gleichzeitig denken (.) jaa ä- ä- ich so gerne hätte ich auch eine Partnerin (Y: hmh) die das von- die das von mir verlangen würde oder die halt das ähm (.) zumindest akzeptieren würde oder ausnutzen könnte« (Interviewtranskript Dominik).

Auch wenn es die imaginierte Partnerin in der manifesten Fantasie dann tatsächlich nicht ausübt, trägt es zum lustvollen Erleben der Fantasie bei, wenn sie offenbar diese Aversion oder Ekel auslösenden sexuellen Praktiken potenziell von ihm verlangen könnte.

Lustvolles Geliebt- und Angenommenwerden

In der Art und Weise, wie Dominik die Cuckold-Szene konstruiert, drückt sich für ihn darin eine besondere Qualität der Beziehung zu der imaginierten Partnerin aus, die sich in einem beidseitigen Einlassen auf dieses sexuelle »Spiel« beweist und somit die Vorstellung von ebenjenem »Spiel« lustvoll und erregend werden lässt. Im Kontrast zum Interviewpartner Chris fokussiert Dominik seine Cuckold-Fantasie nicht auf eine konkrete Person, die auch in der Realität seine Partnerin ist, sondern auf eine imaginäre Person, die sich fast ausschließlich durch die Eigenschaft auszeichnet, eine Partnerin zu sein, die ihn liebt und akzeptiert. Dadurch, dass er sich eine Szene vorstellt, in der seine Partnerin ihn in der geschilderten Weise demütigt, entwickelt die Fantasie für ihn das Potenzial, Gefühle der »Hingabe«, »Ergebenheit« und »Verbundenheit« zu erleben. So schließt die Fantasie auch mit der Vorstellung ab, dass die Partnerin ihn nach der durchlittenen Demütigung wieder »auffängt« und ein »herzliches Ende« findet, indem sie zu ihm sagt: »ich bin stolz dass du das geschafft hast«. Für Dominik drückt sich darin die Sehnsucht aus, von einer Frau geliebt und akzeptiert zu werden, »trotzdem« er ein devoter Mann ist, der die Demütigung durch sie lustvoll genießt.

Lustvolle Abwesenheit von Druck und Männlichkeitserwartungen

Ein letztes Thema, das die Cuckold-Szene zu einer sexuell erregenden Fantasie werden lässt, begründet sich implizit in der Negation der Themen, die für Dominik explizit mit den Formen von Sexualität verbunden sind, die er als »normale Sexualität« oder als »normalen Sex auf Augenhöhe« bezeichnet. So üben diese sexuellen Begegnungen oder die »einfache« Vorstellung einer nackten Frau etwa »überhaupt keinen Reiz« auf ihn aus. Eher im Gegenteil: Diese Vorstellungen sind für Dominik mit der »Drucksituation« verknüpft, ein Mann sein zu sollen, »der sich nimmt was er möchte«:

> »wenn sie dann n- nackt vor mir stand (*atmet hörbar ein*) dann hab ich halt immer so in dieser Situation okay (.) ich muss das jetzt toll finden (Y: hmh hmh) ähm (.) unabhängig davon jetzt wie ästhetisch (.) (Y: hmh) ihr Körper ist (.) °ich ich° (*mit gepresster stimme*) (.) ich kann nicht einfach (.) n- normal (.) s- sie sozusagen einfach nur als Menschen sehen sondern ich muss sie jetzt irgendwie (.) als Sexualobjekt °sehen° (*lacht leicht*) (Y: hmh) und das hat in mir halt auch Druck aufgebaut« (Interviewtranskript Dominik).

Die Cuckold-Fantasie scheint hingegen eine sexuell erregende Vorstellung zu sein, die das Potenzial besitzt, sich in der eingenommenen devoten Rolle als befreit von diesen traditionellen Erwartungen, die an männliche Sexualität gestellt werden, zu erfahren.

10.5 Mögliche Lesarten zum latenten Erregungspotenzial

Wie bereits darauf hingewiesen wurde, gab es bislang keine Möglichkeit, das Transkript zum Interview mit Dominik in einer oder mehreren Interpretationsgruppen tiefenhermeneutisch zu analysieren. Dementsprechend können an dieser Stelle keine ausgearbeiteten und in einer Gruppe intersubjektiv überprüften Lesarten zum latenten Erregungspotenzial der Cuckold-Fantasie aus der Perspektive von Dominik präsentiert werden. Dennoch sollen mögliche Zugänge zur latenten Ebene dargestellt werden, denen innerhalb eines tiefenhermeneutischen Interpretationsprozesses weiter nachgespürt werden könnte.

Wahrgenommene Affekte der Traurigkeit

Als erstes sei das Gefühl der Traurigkeit benannt, dass der Forscher in der Übertragung an mehreren Stellen bei Dominik wahrnahm (vgl. Forschungstagebuch). Der Forscher hatte den Eindruck, dass diese Traurigkeit von Dominik nicht nur in der kürzlich beendeten Beziehung und in dem Ende der Spielbeziehung begründet lag, sondern tiefer ging. Insbesondere empfand der Forscher die Passage als »tragisch«, in der Dominik ein Gedankenexperiment über eine Wünsche erfüllende

Fee schildert. Er äußerte dabei, dass er sich vermutlich lieber in einen »ausgeglichenen Menschen« mit einer »ganz normalen Sexualität« – weder »dominant« noch »devot« – verwandeln würde, als mit dem Risiko zu leben, niemals die »Partnerin des Lebens« zu finden, die »genau das« alles mit ihm macht und ihn »genau so dafür liebt«. Auf die abschließende Folgefrage, was der Angst, niemals eine solche Partnerin zu finden, vielleicht entgegensteht, konnte Dominik diese polare Entweder-oder-Gegenüberstellung für sich auf reflexiver Ebene etwas auflösen – das Interview endete im Empfinden des Forschers dennoch kurze Zeit später abrupt (vgl. Forschungstagebuch). Auf der Affekt-Ebene spürte der Forscher weiterhin die beschriebene Traurigkeit und bemerkte bei sich in der Gegenübertragung den Impuls, Dominik »auffangen« und in die Arme nehmen zu wollen, was er selbstverständlich nicht ausagierte. Im Gegenteil erlebte sich der Forscher im Nachgespräch bewusst »distanziert« und »sachlich«. Auf der Rückfahrt wiederum kamen leichte Sorgen in ihm auf, sich abweisend verhalten zu haben, die sich im Bedürfnis ausdrückten, Dominik eine WhatsApp-Nachricht mit einem Kontaktangebot zu schicken. Ein kurzes Innehalten und eine Reflexion über die eigene Rolle hielten ihn dann aber doch davon ab, folgende bereits ins Textfeld eingetippte Nachricht abzuschicken:

> »Hey Dominik! Bevor ich unseren WhatsApp-Chatverlauf lösche, wollte ich nochmal Danke für unser Gespräch und deine Offenheit dabei sagen. Du kannst dich jederzeit melden, diese WhatsApp-Nummer existiert noch bis Ende August, ansonsten halt auch jederzeit per Mail. Vielen Dank nochmal und viele Grüße aus dem Zug, Yannick« (Forschungstagebuch).

Aufgabe einer Interpretationsgruppe wäre nun im Rahmen eines tiefenhermeneutischen Interpretationsprozesses, der Frage nachzugehen, inwieweit diese beschriebene Dynamik während und im Nachgang des Interviews mit der latenten Ebene des erzählten Inhalts in Beziehung steht. Beispielsweise bestünden ausgehend von der Sorge des Forschers, sich abweisend verhalten zu haben, mögliche Anknüpfungspunkte in Bezug zum Fantasieinhalt, nach der imaginierten Cuckold-Session von der Partnerin »aufgefangen« zu werden, und dem Bedürfnis dabei, in seinem So-Sein angenommen und akzeptiert werden zu wollen.

Ambivalenter Ekelausdruck

Ein anderer möglicher Zugang zur latenten Ebene der Fantasie bestünde unter Umständen in einer Sequenz, in der Dominik darüber reflektiert, wie es wohl wäre, »irgendwelche sexuellen Interaktionen mit einem Mann zu haben«. In dieser Sequenz zieht das Wort »abgeneigt« Aufmerksamkeit auf sich, da es in einer sehr besonderen Art und Weise ausgesprochen wurde:

> »ich bin auf jeden Fall aber nicht mehr so °abgeneigt° (*sehr stark betont und in die Länge gezogen*) wie davor (Y: °hmh° (*leise*)) also ich würd jetzt nicht (.) es aktiv so unmittelbar suchen aber wenn es passt könnte ich mir durchaus vorstellen dass es mir richtig gut gefällt (.) (Y: hmh) (.) aber (.) auch die Vorstellung (.) alleine mit nem Mann (Y: hmh) also dass- äh n- nur ein Mann und ich das wäre es für mich nach wie vor eigentlich ausgeschlossen Stand jetzt allerdings« (Interviewtranskript Dominik).

Die Art und Weise wie »abgeneigt« an dieser Stelle ausgesprochen wurde, erinnerte – auch mit der dazugehörigen verzogenen Mimik, die dem Forscher auch noch im Nachgang des Interviews beim Verfassen des Forschungstagebuchs präsent war – im Kontrast zum manifesten Sinn sehr wohl an Abscheu, Aversion oder Ekel (vgl. Forschungstagebuch). Eine Verknüpfung bildet sich ausgehend davon zu den bereits auf der manifesten Ebene ambivalent bis widersprüchlich erscheinenden Bewertungen des Fantasieinhalts, dass die imaginierte Partnerin ihn innerhalb der Cuckold-Szene zum Oralverkehr mit dem anderen Mann oder zum Auflecken von dessen Sperma zwingen könnte. Auf der manifesten Ebene wird die im Raum stehende Drohung, für die fantasierende Person ekelerregende gleichgeschlechtliche Praktiken durchführen zu müssen, als »bloßes« Instrument der Partnerin beschrieben, mit dem sie die als lustvoll erlebte Erniedrigung steigert. Aufbauend auf den theoretischen Überlegungen von Witte (2020) unter Bezugnahme der Arbeiten von Huppert (2018) und Freud (1930a) kann jedoch im (imaginierten) Erleben von Ekel selbst ein latentes Erregungsthema gesehen werden: Ekel besitzt Witte (vgl. 2020, S. 160) zufolge eine charakteristische Ambivalenz, die in einer

Spannung zwischen Unlust und »Weg-Bewegung« (ebd., S. 158) auf der einen Seite und unbewusster Lust als »Anziehungspunkt« (ebd.) auf der anderen Seite besteht, die sich dann im Ekel entladen kann:

> »So, man kennt das, fangen viele geruchsempfindliche Leute in bestimmten Situationen an zu schnüffeln, suchen damit aktiv auf, was ihnen stinkt. Was auf die widersprüchliche Stellung des Ekels hinweist, wie sie sich laut Freud nicht zuletzt im sexuellen Verkehr geltend macht. [...] Der Ekel ist demnach der Kontrahent des Genusses, aber er kann als ein solcher eben für eine Spannung sorgen, die das Genießen in die Höhe treiben kann« (ebd., S. 157f.).

In dieser Perspektive verweist die Ambivalenz des Ekelgefühls darauf, dass der Ekel an eine frühere Lust erinnert, die verdrängt werden musste, unbekannt geworden ist und somit zur Unlust wurde (vgl. ebd., S. 161). So könnte im ambivalenten Ekelausdruck Dominiks in Bezug auf die Vorstellung, einen Mann oral befriedigen und dessen Sperma auflecken zu sollen, ein Hinweis auf eine doppelbödige Funktion dieses Fantasieelements gesehen werden: Durch die Vorstellung um die erzwungenen gleichgeschlechtlichen sexuellen Praktiken könnte nicht nur das Erregungspotenzial der lustvollen Erniedrigung angesprochen werden, sondern ebenso eine eigenständige Lust Dominiks, die auf eine verdrängte und unbewusste Anziehung zu ebenjenen gleichgeschlechtlichen oral-genitalen Praktiken verweist.

11 Kurzportrait Markus

11.1 Vorabkommunikation und Interviewsituation

Das Interview mit Markus (zwischen 30 und 40 Jahre alt) fand in der Wohnung statt, wo er mit seinen Kindern und seiner aktuellen Partnerin wohnt. Die Partnerin unternahm mit den Kindern einen Ausflug, sodass das Interview ungestört in der Küche geführt werden konnte (vgl. Forschungstagebuch). Die Vorabkommunikation lief über WhatsApp, worüber sich Markus mit den Worten meldete, dass seine Partnerin ihm den Forschungsaufruf und die Nummer weitergegeben habe. Im weiteren Verlauf kam Markus dem Forscher eher zögerlich und zurückhaltend vor. Der Forscher machte deutlich, dass er sich zu nichts verpflichtet fühlen brauche. Markus war dennoch an einer Teilnahme interessiert. Er fragte aber, ob er zumindest die Eröffnungsfrage des Interviews vorab erfahren könne, um sich vorzubereiten. In der Hoffnung, Markus damit beruhigen zu können, gab der Forscher weitere allgemeine Informationen zur Interviewführung. Schließlich ließ sich der Forscher dann doch dazu überreden, die Eröffnungsfrage in der Form »Denke darüber nach, wann du das erste Mal bei dir sexuelle Fantasien wahrgenommen hast« vorab mitzuteilen. Die reine Aufnahmedauer des Interviews betrug letztendlich 75 Minuten. Das Interview wurde dabei durch eine Pause unterbrochen, bei der die Aufnahme pausierte. Eine Woche nach dem Interview meldete sich Markus erneut mit einer Folge von Sprachnachrichten und ergänzte noch Inhalte, die im Interview aus seiner Sicht gefehlt hatten.

Das Interview mit Markus ist das einzige von den Vieren, bei dem keine längere biografische Stegreiferzählung am Stück zustande kam, und ruft somit ins Gedächtnis, wie anspruchsvoll das Erinnern und Beschreiben von sexuellen Fantasien in einer Interviewsituation sein kann. In der Aufnahme beginnt Markus' Erzählung bei Minute 1:50 und bricht bereits bei Minute

2:45 wieder ab mit dem Resümee, dass er keine »lückenlose Historie« erzählen könne. An dieser Stelle genügt zunächst eine Klarstellung des Forschers, dass dies gar nicht die Erwartung sei – das Bedürfnis sich rückzuversichern, ob er den Ansprüchen des Forschers genügt, taucht an unterschiedlichen Stellen in unterschiedlichen Formen dennoch mehrmals wieder auf. So stellt er kurz vor Ende des Interviews eine Nachfrage, ob die anderen Interviews ähnlich verlaufen seien. Darüber hinaus kommt es zu Abbrüchen, wo Markus »hängt«, nicht mehr weiß, worauf er »hinauswollte«, oder er »völlig den Faden jetzt verloren« hat.

Eine weitere Besonderheit des Interviews ist der große Raum, den theoretisierende und argumentierende Sprechweisen einnehmen. Markus spricht viel auf abstrakter Ebene über Haltungen, Meinungen und Lebenseinstellungen in Bezug auf Sexualität und tut sich insbesondere schwer mit den Fragen des Forschers, die auf ihn persönlich und den Inhalt seiner sexuellen Fantasien zielen. Er reagiert darauf, indem er auf eine theoretische Ebene wechselt, oder er spricht darüber, was andere Menschen womöglich an Cuckold-Fantasien als lustvoll empfinden könnten. Deutlich wird im Interview auch, dass sich Markus bereits intensiv mit Sexualität und sexuellen Fantasien beschäftigt hat, sowohl auf reflexiver als auch auf intellektueller Ebene.

11.2 Der manifeste Erzählinhalt der sexuellen Biografie

Markus erzählte sexuelle Biografie beginnt mit einer Fantasie, die als erste »sexuell aufgeladene« Fantasie bei ihm irgendwann vor dem zehnten Lebensjahr aufgekommen ist. Er gibt an, dass ihm an frühere Fantasien die Erinnerung fehlt, und beschreibt, dass er sich nur an »äußere Begebenheiten« wie Doktorspiele im Kindergarten erinnert, die aber nicht von Fantasien begleitet wurden. Mit etwa zehn Jahren übte nun die Vorstellung von »Frauen in Badeanzügen« eine erregende Wirkung auf ihn aus. Auch wenn diese Fantasie für ihn aus heutiger Sicht »banal« wirkt, gibt er im Nachfrageteil an, noch einen »gewissen Zugang« zu der Fantasie zu haben und sie »tatsächlich reaktivieren« zu können. Allerdings fällt es ihm sehr schwer, in Worte zu fassen, was das Erregende an dieser Vorstellung für ihn ist/war, und er vermutet, dass es etwas mit der »Feuchtigkeit in der Verbindung mit der Haut« zu tun haben müsse. Weiterhin fällt ihm plötzlich ein, dass es damals im Halbschlaf wiederholt zu einer erschreckenden »Störung« der ansonsten schönen Fantasie gekommen ist:

> »also ich erinner mich dran dass ich b- ähh (.) eine liegende Frau sehe in nem Badeanzug (Y: hmh) (.) ähm und das schön finde (.) und plötzlich kommt aus einem °Loch° (*lacht*) im Boden vorne dran ne Schlange und schnappt die weg (.) und ich bin erschrocken« (Interviewtranskript Markus).

Mit elf Jahren entdeckte Markus Selbstbefriedigung für sich und erlebte dabei seine erste Ejakulation, die ihn überraschte. Konkrete Fantasien aus dieser Zeit benennt er nicht. Markus beschreibt sich im Vergleich zu seinen Mitschüler*innen als »sexuellen Frühstarter«, der mit zwölf Jahren eine erste Beziehung mit einem 14-jährigen Mädchen führte und mit ihr auch den ersten Geschlechtsverkehr erlebte. Dies war für ihn aus heutiger Perspektive eine sehr prägende Erfahrung im negativen Sinne, die er in Verbindung mit Problemen bringt, die ihn bis heute beeinflussen:

> »also mit zwölf bist du damit einfach überfordert (*klopft auf den Tisch*) (Y: ja) ähm (Y: hmh) ähh und hast Gefühlslagen die du dann mitnimmst (.) (Y: hmh) ähm (trommelt auf den Tisch) also ich hab noch dazu dann irgendwann ganz früh gekifft und so (Y: hmh) auch irgendwie lange gekifft und ähh andere Drogen genommen sodass (atmet hörbar ein) ich glaub ich manche Dinge erst mit Mitte Zwanzig ablegen konnte (Y: hmh) also so so Gefühle und so die ich speziell auch im sexuellen Bereich mitgenommen hab (*atmet hörbar ein*) (Y: hmh) ähm (.) äh- (.) die dann (.) die dann quasi so in nem kindlichen Stadium hängen geblieben sind (Y: hmh) die ich so (*atmet hörbar ein*) transportiert hab bis in meine Zwanziger oder späten Zwanziger- vielleicht auch bis heute noch« (Interviewtranskript Markus).

Zunächst bleiben diese Gefühlslagen unbenannt, die er im Zusammenhang mit seinen Drogenproblemen als Jugendlicher sieht. Erst im Nachfrageteil expliziert er, welche Gefühlslagen er meint: Es sind Gefühle von Nicht-Genügen und Erwartungen nicht erfüllen zu können, die sich aus der Situation ergaben, als Zwölfjähriger den eigenen Vorstellungen, wie Sex auszusehen habe, nicht gerecht geworden zu sein. Dies betrifft insbesondere das Ideal, beim Sex die Kontrolle über den eigenen Körper nicht zu verlieren, was sich bis heute zum Teil in einer Angst vor einem Samenerguss widerspiegelt, der nicht kontrolliert zugelassen wurde.

Insgesamt fühlte sich Markus damals nicht »synchron« zu seiner Umwelt. Er schildert, dass er im Gegensatz zu seinen gleichaltrigen Mitschüler*innen einerseits sehr früh sexuell aktiv war, um mit seiner älteren Partnerin und deren Freund*innen mithalten zu können, gleichzeitig aber auch »innerlich sexuell aktiv war«. Diese innerliche Aktivität setzte sich dann »im Bereich der Masturbation« fort, als die Beziehung zu der älteren Freundin nicht mehr bestand. Erst als 16-/17-Jähriger fühlte er sich wieder »synchron« mit seiner Umwelt, als er ein Internat besuchte und dort seine zweite Beziehung einging. Diese Beziehung ist die zweite prägende Erfahrung, die einen größeren Raum in seiner Erzählung einnimmt. Die Partnerschaft zu der Mitschülerin beschreibt er als eine einseitige, seine Bedürfnisse nicht berücksichtigende »problematische Beziehung«, die »extrem zerstörerisch« für ihn war. Seine Freundin kam aus schwierigen Verhältnissen und habe auf sexueller Ebene versucht, »ganz viel damit zu kompensieren«. Markus beschreibt sie als auf eine »ungesunde Art und Weise freizügig«, da sie auf dem Internat »mit jedem irgendwie in der Kiste gelegen« habe. Ein Freund von Markus gab ihr daher den Spitznamen »der Vampir«, der im weiteren Interviewverlauf vom Forscher und von Markus für sie verwendet wird. Die »Betrugsszenen« versuchte Markus erst »wegzuignorieren«. Als dies nicht mehr gelang, reagierte er »eifersüchtig«. Sein »Innenleben« geriet in einen »Ausnahmezustand«, er flüchtete mehrmals aus dem Internat, der Drogenkonsum nahm weiter zu, sodass er schließlich aus dem Internat geworfen wurde. Im Nachfrageteil auf seine sexuellen Fantasien während dieser Beziehung angesprochen, reagiert Markus erst ausweichend, dann fällt ihm aber ein, dass damals das erste Mal bei ihm ein Cuckold-ähnlicher Gedanke aufgetaucht ist:

> »es wär schön zu sehen (.) also irgendwie einen Dreier zu machen und zu sehen wie wie diese Freundin (Y: hmh) (*klopft auf den Tisch*) ähm (*trommelt mit den Fingern auf dem Tisch*) mit irgendwem schläft (Y: hmh) (.)

(*trinkt einen Schluck Kaffee*) (.) genau (.) (*atmet hörbar ein*) wobei ich mich damals gar nicht weiter drüber bedacht hab und ähm das auch noch nicht eingeordnet hab« (Interviewtranskript Markus).

Nach dem Weggang vom Internat verschlug es Markus zuerst in seine Heimatregion zurück und danach in eine WG in einer Großstadt, gemeinsam mit Freund*innen aus der Internatszeit. In der Großstadt begegnete er wieder seiner damaligen Freundin aus dem Internat, mit der er eine erneute »sexuelle Episode« einging, die von einer Art »Hassliebe« geprägt war. Die »Drogenkrise« spitzte sich weiter zu, sodass Markus in eine Klinik eingewiesen wurde. Schließlich zog er danach wieder in seine Heimatregion, worin er das Ende seiner »wilden Phase« sieht.

In der Heimatregion lernte er eine neue Frau kennen, die er heiratete und mit der er eine zehn Jahre lange Ehe führte, aus der drei Kinder hervorgingen. Angesichts dieser Gegebenheiten überrascht die Erzählweise, in der Markus davon berichtet: Mit Passivkonstruktionen wie »die hat irgendwie Interesse an mir gefunden« macht er deutlich, dass er es sich aus heutiger Perspektive selbst nur schwer erklären kann, wie es dazu kommen konnte. Er beschreibt, dass es von seiner Seite aus nie eine »krasse Verliebtheit« gegeben hat; vielmehr sehnte er sich nach der zurückliegenden krisenhaften Zeit nach Normalität und Sicherheit und sah in der Beziehung etwas, woran er sich »festhalten« konnte.

Ähnlich wie seine (sexuelle?) Biografie in dieser Ehe zum Stillstand gekommen zu sein scheint, bricht an dieser Stelle auch die biografische Erzählung ab und Markus geht in eine theoretisierende und argumentierende Sprechweise über, was seine Einstellung zum Thema Sexualität ausmacht. Diese Einstellung ist ihm erst im Widerspruch zu der Einstellung seiner damaligen Ehefrau und der gelebten partnerschaftlichen Sexualität klar geworden, was dazu führte, dass er seine »innere Tätigkeit« und sein »Außenleben« wieder als »Asynchronität« empfand. Markus formuliert seine sexuelle Grundeinstellung mit der Maxime »ich brauche einen Grund um was nicht zu machen«, »einen Hinderungsgrund«, und kontrastiert dies mit der Einstellung seiner damaligen Ehefrau, »die sich erst achthundertmal rückversichern musste dass es gute Gründe gibt jetzt irgendwas zu tun«. Auch die Kommunikation über sexuelle Bedürfnisse gelang nicht, was bei Markus über die Jahre zu einer »krassen Frustration« führte. Genaueres über die Trennung(-sgründe) erzählt er nicht, er springt an dieser Stelle direkt zu seiner jetzigen Lebenssituation und schildert, wie glücklich er insgesamt – aber auch in Bezug auf die Paarsexualität – mit seiner jetzigen Partnerin ist.

11.3 Der manifeste Erzählinhalt der Cuckold-Fantasie

Cuckold-Fantasien stellen für Markus nicht sein »Hauptbetätigungsfeld« im Bereich der sexuellen Fantasien dar. Er gibt aber an, dass sie Fantasien für ihn sind, die »zuverlässig« funktionieren. Gleichzeitig wird Markus nicht müde zu betonen, dass er »unheimlich viele Varianten« davon ansprechend findet. Im Gegensatz zu den drei anderen Interviews ist es im Interview mit Markus nicht dazu gekommen, dass die interviewte Person eine konkrete Cuckold-Fantasie beschreibt oder sie wie einen Film, Drehbuch oder eine Geschichte erzählt. Stattdessen werden an unterschiedlichen Stellen verschiedene Beispiele für mögliche Varianten kurz benannt, die er als erregend empfindet: romantische Vorstellungen wie »wir haben irgendein schönen Dreier mit irgendwem den wir im Urlaub kennengelernt haben«, devote/masochistische Vorstellungen, bei dem der Cuckold es gut findet, »von dem körperlich überlegenen Lover seiner Frau« gedemütigt zu werden, als auch dominante/sadistische Gedanken wie, »wenn ich meiner Freundin ein Halsband anlege und mit der Leine irgendwo vorführe«. Diese Beispiele fallen dabei eher stichpunktartig eingebettet in eine größere Argumentation, ohne dass sie weitergehend vertieft oder »mit Leben gefüllt« werden. Als wichtigstes Moment all dieser verschiedenen Cuckold-Fantasien gibt Markus an, dass er zu der Partnerin eine enge Beziehung führt. Die Fantasie wird für ihn erst dann besonders »prickelnd«, wenn die »Beziehung gefestigt ist und wenn man den anderen wirklich mag« bzw. wenn man »emotional an dem anderen hängt«. Ohne dieses Moment wäre die Fantasie für ihn bloßer »Voyeurismus«, der darin besteht, anderen Menschen gerne beim Sex zuzuschauen.

Auch beim Interviewpartner Markus bot die erregende Wirkung der Cuckold-Fantasie bislang noch keinen Anlass, sie real umzusetzen und in der Realität auszuprobieren. Im Gegensatz zum Interviewpartner Chris ist bei Markus auch kein Interesse erkennbar, dies jemals zu tun. Er betont, dass er »noch nicht mal im Kopf diesen Schritt machen« könnte, sich tatsächlich mit seiner Partnerin auf eine solche Erfahrung einzulassen.

Markus beschreibt Cuckold-Fantasien vor diesem Hintergrund als »gefährliche« Fantasien – und zwar sogar »unabhängig vom sexuellen Erlebnis« im realen Leben. Diese nicht näher benannte Gefahr scheint für Markus eine entgrenzte, uferlose Gefahr zu sein, da sie sich auf »alle Lebensbereiche« auswirken könnte. Daher gibt Markus an, dass er sich nie lange einer Cuckold-Fantasie widmen könnte und unterbricht interessanterweise, während er darüber nachdenkt, das Interview für eine Pause:

> »gerade weil die auf mein emotionalen Apparat so krass wirken (Y: hmh) und mich auch beeinflussen in meinem Leben (Y: hmh) (*atmet hörbar ein*) ähm ähh dass ich da immer ähh wenn ich darein gehe (.) (Y: hmh) auch versuche schnell wieder rauszukommen (Y: hmh) (.) genau (Y: hmh) genau genau (.) (*atmet hörbar ein*) ich geh mal kurz auf Toilette (*lacht kurz*)« (Interviewtranskript Markus).

11.4 Die manifesten Erregungsthemen der Cuckold-Fantasie

Auch wenn Markus im Interview viele mögliche Erregungsthemen der Cuckold-Fantasie anspricht, sollen im Folgenden nur die Themen ausgeführt und auf einen Begriff gebracht werden, die Markus explizit auf sich selbst bezieht. Das sind vor allem folgende vier Themen, von denen er angibt, dass sie bei ihm eine sexuell erregende Wirkung entfalten können.

Lustvolles Erleben eines (gefährlichen) Eifersuchtsschmerzes

Wie oben bereits angedeutet, beschreibt Markus, dass ein bestimmtes Erregungspotenzial der Cuckold-Fantasie für ihn erst dann seine Wirkung entfalten kann, wenn die in der Imagination beteiligte Partnerin eine Person ist, an der er emotional »hängt«. Erst dann kann die Vorstellung, dass die Partnerin Sex mit einem anderen Mann hat, Eifersuchtsgefühle hervorrufen. Markus beschreibt, dass es diesen »negativen Moment«, diesen »Schmerzmoment« – zumindest als »Rudiment« – braucht, damit die imaginierte Szene als »aufregend« und mit »Spannung« erlebt werden kann. Gleichzeitig darf die Fokussierung darauf nicht zu groß werden, da sonst die Wirkung der Fantasie als zu »krass« empfunden wird, wobei die Beschreibung der gefährlichen Wirkung dieses imaginären Erregungsthemas auf das reale Leben weiter im Nebulösen bleibt.

Lustvolles Hin- und Herspringen zwischen dominant-sadistischen und devot-masochistischen Erlebensweisen

Jenseits dieses lustvoll-gefährlichen Eifersuchtsthemas bietet die Cuckold-Szene offenbar für Markus das Potenzial, dass er die Szene beim Fantasieren aus verschiedenen Perspektiven betrachten und aus unterschiedlichen Richtungen sexuell aufladen kann. Die fantasierte Dreieckskonstellation bietet ihm »hunderttausende Möglichkeiten«, in denen er »total darin rumspringen« kann. Neben der lustvollen Vorstellung eines gleichberechtigten bisexuellen Dreiers benennt er als solche Möglichkeiten wiederholt dominant-sadistische, wobei er als »Herr des Verfahrens« auftritt, oder devot-masochistische Erlebensweisen. Dabei betont er, dass er sich sowohl auf »das eine Extrem einlassen kann und auch auf das andere«:

> »ist ja ganz was anderes wie wenn ich meiner Freundin in ähm (*atmet hörbar ein*) in- in Halsband anlege und mit der Leine irgendwo vorführe (Y: hmh) so das funktioniert bei mir auch (*atmet hörbar ein*) ähm ähh d- das ist nochmal was ganz anderes w- wie wenn ich irgendwie (*atmet hörbar ein*) ähh ähh ne ne irgendwie phhh untergeordnete Rolle einnehme (Y: hmh) das funktioniert bei mir auch ich kann da so durchhüpfen (Y: hmh) ich weiß nicht ob das Fluch oder Segen ist« (Interviewtranskript Markus).

Lustvolle Wahrnehmung des sexuellen Verhaltens der Partnerin als »paraphil«

Folgende zwei Erregungsthemen sind keine Themen, die Markus im Interview anspricht, sondern Inhalte, die er eine Woche später über Sprachnachrichten ergänzte. Er hatte das Gefühl, seine Gedanken im Interview nicht immer klar transportieren zu können, und wollte somit zwei für ihn wichtige Punkte noch nachreichen.

Einen dieser Punkte betitelt er mit der Formulierung: Cuckold-Fantasien als »einigermaßen erfolgversprechende Möglichkeit«, den »Sexualisierungsgrad« in einer Beziehung zu erhöhen. Bei der Erklärung dieser Formulierung knüpft er an seine damalige Ehe an und gibt an, dass er in dieser Lebensphase zum ersten Mal Cuckold-Fantasien aktiv »rausgekramt und kultiviert und bearbeitet« hat. Markus erläutert, dass die Fantasie vorher nur »diffus« bei ihm vorhanden war, und baut darauf folgende selbsttheoretische Annahme auf: Cuckold-Fantasien bieten das Potenzial, Beziehungen, in denen in der Realität die Partnerin »sexuell sehr uninspiriert« ist und keinen »Zugang« zu »paraphilem Verhalten im weitesten und positiven Sinne« aufweist, durch die imaginäre Einbeziehung weiterer Männer sexuell aufgeladener erleben zu können:

> »also ums böse auszudrücken ähm (*atmet hörbar ein*) eine F- Frau oder eine Partnerin die ähm (.) (.) ähm sexuell eher uninspiriert ist muss bei dieser Spielart (*atmet hörbar ein*) ähh nicht viel mehr tun als ihr uninspiriertes Verhalten zu (.) vervielfachen (.) also mit (.) ähm (.) e- einfach verschiedenen Geschlechtspartnern auszuleben« (Interviewtranskript Markus).

Indem die Vorstellung darum kreist, wie andere Männer mit der Partnerin Sex haben, kann das in der realen Paarsexualität als vielleicht langweilig empfundene Verhalten der Partnerin plötzlich als im positiven Sinne »paraphil« erlebt werden, worunter Markus in Abgrenzung zu klinisch relevanten Begehrensformen die Vorliebe versteht, sexuelle Situationen

> »aufzuladen mit Dingen wie äh Dominanz und devoten Verhalten und so weiter und so fort (*atmet hörbar ein*) also alles was über die (.) bloße (*atmet hörbar ein*) die bloße körperliche Betätigung und (*atmet hörbar ein*) den (.) üblichen Liebesroman (.) oder die üblichen Liebesromanschlüpfrigkeiten hinausgeht« (Interviewtranskript Markus).

Lustvolle Betrachtung von auf Frauen bezogenen sexuellen Handlungen maskuliner Männer

Den zweiten Punkt, den Markus in Form von Sprachnachrichten ergänzt, umschreibt er mit dem »Sammelbegriff Bisexualität«. Markus reflektiert darüber, dass er zwar »irgendein gleichgeschlechtliches

Interesse« bei sich wahrnimmt, das allerdings nicht »sonderlich ausgeprägt« oder gar äquivalent zu seinem sexuellen Interesse für Frauen ist. Während er in Bezug zu einem ihn sexuell ansprechenden »Frauenkörper« Impulse wie »da will ich gerne reinbeißen und daran riechen und irgendwie den haben« wahrnimmt, fehlen ähnliche Impulse in Bezug zu attraktiven Männerkörpern. Er schildert, dass männliche Körper nur in einer sexuellen Interaktion mit Frauen einen Reiz auf ihn ausüben – die Vorstellung von Sex mit einem Mann alleine stellt für ihn allerdings keine erregende Fantasie dar. Diese Wahrnehmung bringt Markus mit der Formulierung, dass er »Frauen an sich mag aufgrund ihres Frauseins und Männer eben nur aufgrund ihrer Handlung in bestimmten Konstellationen«, auf den Punkt. In diesem Fall erregt ihn auch die »pure Maskulinität« der Protagonisten und ihr »dominantes die Frau bezwingendes Verhalten«. Die Konstruktion der Cuckold-Szene bietet ihm nun in ihren ganzen Varianten die Möglichkeit, die Betrachtung ebenjener männlichen sexuellen Verhaltensweisen und Handlungen als lustvoll erleben zu können, da sie sich in der Interaktion mit der Partnerin und nicht in Bezug zu sich selbst vorgestellt werden:

> »also ums irgendwie expliziter mal auszudrücken ein ein ähh weiß ich nicht (*atmet hörbar ein*) äh steinhartes ähh pulsierendes ähm (.) ähh (.) Glied von nem Typen äh w- (.) is durchaus (.) ähh- (.) g- gut anzusehen für mich und auch ansprechend (*atmet hörbar ein*) ähm (*schluckt*) ähh (*atmet hörbar ein*) ähh wenns in einer (.) solchen Szenerie seine Rolle ausfüllt ähm (*atmet hörbar ein*) ähh w- wäre das selbe (.) erregierte harte Glied jetzt grade mit mir äh in meiner Küche wo ich ganz alleine sitze (*atmet hörbar ein*) ähm (*atmet hörbar ein*) ähh wär mir das sicher unangenehm und ich fänds auch überhaupt nicht reizvoll« (Interviewtranskript Markus).

11.5 Mögliche Lesarten zum latenten Erregungspotenzial

Das durch den vorab bekannten Erzählstimulus, die mit vielen Abbrüchen durchzogene Stegreiferzählung, die darauf aufbauenden Interviewfehler in der Frageformulierung aufseiten des Forschers, die über weite Teile bestimmende theoretisierende Sprechweise der interviewten Person sowie durch die Einbeziehung von Inhalten aus nach dem Interview verschickten Sprachnachrichten geprägte Material zum Interview mit Markus entspricht sicherlich nicht den Gütekriterien, die die »reine Lehre« an narrative Interviews anlegt (vgl. Küsters, 2009, S. 67). Dennoch war das Interview mit Markus wertvoll, da in Bezug zum manifesten Erregungspotenzial der Cuckold-Fantasie vier Erregungsthemen expliziert und auf den Begriff gebracht werden konnten, die in dieser Deutlichkeit nicht bei den anderen Fällen aufgeschienen sind. Eine tiefenhermeneutische Analyse des Interviewmaterials könnte darüber hinaus insbesondere an den Stellen ansetzen, an denen die Erzählung abbricht oder andere Störungen auftreten, und die sich daraus ergebene Interviewdynamik betrachten. Eine mögliche Fragerichtung wäre, inwieweit die vielen Abbrüche, erkennbaren Unsicherheiten auf beiden Seiten und das Bedürfnis der interviewten Person, sich immer wieder beim Forscher rückzuversichern, mit dem Erzählinhalt zusammenhängen. In dieser Perspektive drängen sich Verknüpfungen zum manifesten Inhalt der Sexualbiografie auf: Beispielsweise die bis heute teilweise wirksamen Versagensängste in Bezug darauf, beim Sex die Kontrolle über den eigenen Körper zu verlieren und einen als negativ bewerteten unkontrollierten Samenerguss zu erleben, oder die Befürchtung, die Kontrolle über die »gefährliche« Cuckold-Fantasie zu verlieren. Vor diesem Hintergrund würde es sich lohnen, der Frage nachzugehen, ob das, was von Chris etwa als »lustvoller Verlust von belastenden Anforderungen und Hemmungen« oder von Dominik als »lustvolle Abwesenheit von Druck und Männlichkeitserwartungen« manifest benannt wurde, auch beim Interviewpartner Markus ein Erregungspotenzial der Cuckold-Szene darstellt, was bei ihm allerdings eher auf der latenten Ebene verortet werden könnte.

12 Kurzportrait Philipp

12.1 Vorabkommunikation und Interviewsituation

Philipp (zwischen 20 und 30 Jahre alt) hatte im Gegensatz zu Markus im Zuge der Vorabkommunikation kaum Interesse an weiteren Informationen zum Hintergrund der Forschungsarbeit oder zum Interviewablauf (vgl. Forschungstagebuch). Bereits in der zweiten WhatsApp-Nachricht begründete Philipp sein Teilnahmeinteresse wie folgt:

> »Mich interessiert generell mein Unterbewusstsein und wie ich gestrickt bin und habe da natürlich Interesse zu erfahren, was Du mir dazu erzählen kannst :) Interview können wir gerne führen. Ich habe deine Anzeige gelesen und bin soweit gut informiert. Ich bin selbst Single und wurde von meiner Freundin betrogen. Neben der emotionalen Enttäuschung hat mich das auch erregt« (Forschungstagebuch).

Obwohl der Forscher daraufhin klarstellte, dass er kein Analytiker und/oder Psychotherapeut sei und das Interview durch ein sozialwissenschaftliches Interesse geleitet werde und somit kein therapeutisches Setting darstelle, fühlte sich der Forscher durch diese direkte Adressierung als »Experte« für Philipps »Unterbewusstsein« etwas unter Druck gesetzt, dieser Erwartung doch gerecht werden zu müssen. Gleichzeitig zeigte er sich durch dessen direkte und offene Art auch beindruckt. Da Philipp einen »neutralen« Ort für das Interview bevorzugte, fand das Treffen in einem Arbeitsraum einer Universitätsbibliothek statt. Das Interview dauerte schließlich 80 Minuten. Die Struktur des Interviewverlaufs lässt sich als dreiteilige Erzählschleifen beschreiben, die jeweils durch einen Auslöser (beispielsweise eine immanente oder exmanente Frage oder ein Missverständnis des Forschers) an einem bestimmten Punkt in der Biografie ansetzen und in der Gegenwart ihr vorläufiges Ende finden. Jede

Erzählschleife bringt dabei neue Aspekte hervor, die in der vorangegangenen Schleife keine oder nur wenig Berücksichtigung fanden, wobei der Grad an Intimität der Inhalte bei jeder Schleife zuzunehmen scheint.

12.2 Der manifeste Erzählinhalt der sexuellen Biografie

Das früheste Ereignis, von dem Philipp im Interview erzählt, handelt von einem Erlebnis im Grundschulalter: Philipp beschreibt eine Situation, in der er und eine Freundin damals mit beiden Beinen ausgestreckt gegenüber in einem aufblasbaren Planschbecken saßen. Es entwickelte sich ein Spiel, bei dem sich beide leicht in den Schritt traten und dabei etwas Druck ausübten. Philipp beschreibt das dabei entstandene Gefühl mit »das hat voll geil getan«, wobei er dieses unbekannte Gefühl nicht zuordnen konnte. Es kam ihm »gut« und »komisch« zugleich vor.

Seine ersten »bewussten« Fantasien verortet Philipp in dem Zeitraum der fünften oder sechsten Schulklasse, als er auch begann, in der Badewanne heimlich Selbstbefriedigung für sich zu entdecken. Philipp hatte bis zu dem Zeitpunkt wenig Sexualaufklärung erfahren und erinnert sich, dass er damals vor diesem Hintergrund Angst vor dem Orgasmus und/oder einer Ejakulation hatte:

> »ich hatte °wirklich Angst ich explodier° (*lacht*) […] oder oder irgendwas passiert weil das war ja so stark (*klopft auf den Tisch*) (Y: ja) und ähh (.) ich hab gedacht ja keine Ahnung (*klopft auf den Tisch*) (.) was- es muss ja °explodieren so- oder es spannt ja immer weiter an und wird größer und so° (*lacht*) (Y: hmh) das das muss ja dann irgendwie platzen (*klopft auf den Tisch*) oder so (Y: okay) wie ein Luftballon (*klopft auf den Tisch*) (Y: ja) äähm (.) genau also das war so (.) das Limitierende zumindest was das Onanieren angeht« (Interviewtranskript Philipp).

Durch ein Missverständnis gelangt das Interview zum Thema »Demütigung«,[33] wodurch sich Philipp ermutigt fühlt, zwei Fantasien konkret zu

33 Durch einen Irrtum des Forschers, der sich während der ersten Erzählschleife das Stichwort »Demütigung« notiert hatte, diese Notiz nun in einer Nachfrage aber fälschlicher-

beschreiben, an die er sich in Bezug zu dieser Lebensphase als Zwölf- oder Dreizehnjähriger erinnern kann, die aber »überhaupt keinen Sinn ergeben haben«. So schildert er die Fantasie, eine Hose bzw. eine Art Bikini zu sein und von einem Mädchen angezogen zu werden:

> »i- ich war quasi ähh (.) trotzdem noch menschlich also dann irgendwie so zusammengeknotet und so klein und so (Y: hmh) dass es irgendwie gepasst hat und dann (*atmet hörbar ein*) halt en Gebrauchsgegenstand am Ende des Tages °ne° (*Intonation steigend*) (Y: jaha) und das fand ich ultra nice ähh der Gedanke hat mich lange beschäftigt (*lacht*) (.)« (Interviewtranskript Philipp).

Eine ähnliche Fantasie aus jener Zeit, die Philipp zu einem späteren Zeitpunkt im Interview erzählt, handelte davon, als »Trapez« an den Armen und Beinen im Zirkus aufgehängt zu sein, während »ein Mädel nach dem anderen auf dem Boy drauf ist«. Philipp gibt an, dass er sich vorstellte, wie »weh« das wohl tun müsste, obwohl er den »Schmerz an sich« nicht spüren wollte. Im Kontext dieser »Trapez-Fantasien« kann

weise auf das beschriebene Grundschulerlebnis bezog (vermutlich musste der Forscher an das Kindergartenerlebnis von Dominik denken), erhielt die Erzählung eine überraschende Wendung: Zunächst verneinte Philipp, dass er in diesem Zusammenhang etwas über Demütigung erzählt habe. Daran könne er sich nicht erinnern. Die daraus resultierende beidseitige Verwirrung erklärt sich dadurch, dass Philipp tatsächlich nicht in diesem Zusammenhang von Demütigung gesprochen hatte. Er erzählte aber an anderer Stelle zuvor, dass er beim Pornoschauen als Jugendlicher danach gesucht habe, was noch »demütigender ist für den Gecuckolten«, woraufhin sich der Forscher das Stichwort »Demütigung« notierte. An die Erwähnung des Wortes scheint sich Philipp in jenem Moment aber nicht erinnert zu haben, da er merkwürdigerweise mit der Selbstbeschreibung fortführte, »kein demütiger Mensch« zu sein, und im Anschluss daran über den »religiös geprägten« Begriff der »Demut« reflektierte. Der Forscher hörte zunächst weiter zu, hakte aber dann doch nochmal nach, wie es denn aber nun mit dem Thema »gedemütigt sein oder werden« aussehe. Philipps Reaktion daraufhin wirkte vor dem Hintergrund, dass er zunächst überhaupt nicht auf den Begriff »Demütigung« eingegangen war, überraschend plötzlich und direkt: »das ist aber auch ein geiles Thema ja.« Es scheint, als ob Philipp erst diese Frage als eine Art Erzählerlaubnis brauchte, um sich diesem Thema widmen zu können. Jedenfalls schloss sich eine ausführliche Erzählung zu Demütigungsfantasien an und das BDSM-Thema erhielt eine zentrale Bedeutung in der weiteren Erzählung.

sich Philipp auch an eine Imagination erinnern, in der er Ähnlichkeiten zu Cuckold-Fantasien erkennt: Er stellte sich vor, dass ein »Klassenkamerad« und ein »Mädel« auf ihm als »Trapez« waren und der Junge sie auf ihm penetrierte. Das Lustvolle an dieser Vorstellung beschreibt er dabei mit einer Gefühlsmischung aus Demütigung, Liebesschmerz, Scham und Minderwertigkeit:

> »ja also natürlich diese Demütigung (.) klar (.) dann war ich auch ein bisschen verliebt in dieses spezielle Mädchen das war dann auch °irgendwie (.) (Y: hmh) glaub ich anturnend damals schon° (*leise*) (*atmet hörbar ein*) uund ähm (2.) zum andern glaub ich wahrscheinlich auch so ein bisschen die Scham ahja (.) ich hab noch nie mit einem Mädel geschlafen und so (Y: hmh) °das (*atmet hörbar ein*) so der macht das jetzt einfach da so auf mir° (*leise*) (Y: hmh) (.) °so was Schändliches° (*gehaucht*) « (Interviewtranskript Philipp).

Etwas später kam Philipp das erste Mal mit Pornografie in Kontakt, wobei er über die Zeit immer »extremere« Pornofilme suchte. Philipp gibt an, mit ungefähr 15 oder 16 Jahren auf Cuckold-Pornos gestoßen zu sein, wobei ihn auch viele andere Inhalte wie »Facesitting«-Pornos ansprachen, bei denen eine Frau auf dem Gesicht eines Mannes sitzt und dieser sie oral befriedigt. In Bezug zu den »Facesitting«-Pornos erkennt Philipp eine Verbindung zu seinen früheren Fantasien, als Hose getragen zu werden, und stellt fest, dass diese Sexualpraktik der Fantasie wohl »am nächsten kam«. Auch die »Kombination« aus »Facesitting« und Cuckold erregte seine Aufmerksamkeit und fand Eingang in seine sexuellen Fantasien, wobei er sich vorstelle, wie er eine Frau oral stimulierte, während »irgendjemand« sie penetrierte. Weiterhin entdeckte er ein Interesse für Bondage-Pornografie und fand sich in seinen Vorstellungen auch auf der »Sadoseite« wieder, »also selbst jemand zu sein der unterwirft«.

Den in seinen Worten ersten »richtigen Sex« erlebte Philipp mit 17 Jahren mit seiner damaligen Freundin, wobei er diese Erfahrung als »super unschön« empfand. Er fühlte sich unter Druck gesetzt, da seine Freundin, bereits früher mit ihm Sex haben wollte, er sie aber wiederholt vertröstete oder Ausreden erfand. Kurze Zeit nach dem ersten gemeinsamen Sex ging diese Beziehung dann auch zu Ende. Eine ähnlich negative Erfahrung verbindet Philipp mit der Freundin, mit der er zuvor als 16-Jähriger eine Beziehung führte. Auch dort stand das Thema Paarsexualität »angsteinflößend« im Raum: Philipp schildert eine Situation, in der er als einziger Junge mit seiner Freundin auf einer Geburtstagsfeier eingeladen war. Seine Freundin hatte sich wohl im Vorfeld mit ihren Freundinnen darüber unterhalten, dass außer »Fummelei« noch nichts »geht«. Auf der Geburtstagsfeier planten sie schließlich eine »Überraschung« für ihn in der Absicht, ihm »irgendwie die Angst« vor dem »weiblichen Körper« nehmen zu wollen, und zogen sich plötzlich bis auf die Unterhose und BH aus. Philipp betont, dass er damals aber keine Angst vor den Körpern hatte, sondern bei ihm die Angst vorherrschte, zu »versagen«, »es nicht zu schaffen«, komplett »nackt zu sein vor ihr«, oder »irgendwie abgelehnt« zu werden. So war er auch mit der »Überraschung« überfordert:

> »genau waren se da alle da (.) °gestanden und so° (*laut*) (Y: *lacht leicht*) und ähh (.) (*atmet hörbar ein*) ich °vollkommen überfordert° (*laut und lachend*) mit der Situation (Y: hmh) gewesen und dann *atmet hörbar ein*) ähm ja (.) °kam se so zu mir das ist doch nicht schlimm° (*mit Sing-Sang-Stimme*) °und so° (*lacht kurz*) (*klopft auf den Tisch*) klar ist es nicht schlimm aber (*atmet hörbar ein*) ähm (.) die Situation war einfach weird (.) (Y: hmh) ähm (*atmet hörbar ein*) und ähm (.) (.) ja es ging ja nicht um die Körper so (.) die waren die wussten ja (*klopft auf den Tisch*) auch nicht dass sie alle schon Teil (*lacht leicht*) von meinen Fantasien waren (*klopft auf den Tisch*) (Y: hmh) das ist ja gar kein Ding« (Interviewtranskript Philipp).

Im Kontext der darauffolgenden Beziehungserfahrungen als junger Erwachsener bis zum heutigen Zeitpunkt schildert Philipp, dass er sich immer wohler in der jeweiligen Paarsexualität fühlte und sie immer mehr genießen konnte. Bedeutsam in sexueller Hinsicht war dabei unter anderem eine Beziehung, die drei Jahre dauerte und in deren Kontext zum ersten Mal Sexualpraktiken wie »Facesitting« oder Anilingus real ausprobiert werden konnten. Dennoch gibt Philipp an, dass von seiner Seite aus die »Körperchemie« nicht stimmte und daher die Paarsexualität schnell wieder eingeschlafen war. Nach dem Ende der Beziehung (ca. 1,5 Jahre vor dem Interview) fasste Philipp den Entschluss, seinen Pornografiekonsum und die Häufigkeit der Selbstbefriedigung zu reduzieren. Er schildert, dass er sich seit der Teenagerzeit so gut wie jeden Tag selbst befriedigte und währenddessen Pornofilme konsumierte, was er beides nun als problematisch und belastend empfand und in Zusammenhang mit Unproduktivität und Schüchternheit sowie einem verlorengegangenen Interesse an realen (sexuellen) Kontakten mit Frauen in Verbindung brachte.

Eine befriedigende Paarsexualität erlebte Philipp zum ersten Mal in der Beziehung mit der Freundin, mit der er zuletzt eine Beziehung führte, die ca. ein Jahr andauerte und erst einige Monate vor dem Interview beendet wurde. Philipp erzählt, dass er im Kontext dieser Beziehung zum ersten Mal in sexueller Hinsicht »wirklich« aus sich »rauskommen« konnte, da die Freundin »sehr frei und offen« war und sich eine Sexualität mit ihm wünschte, in der er sie dominierte. Einen Rollentausch lehnte sie hingegen ab. Philipp schildert verschiedene BDSM-Praktiken, die beide miteinander ausprobierten.

Mit dieser Freundin trug sich schließlich auch jenes prägende Erlebnis zu, bei dem das Cuckold-Thema, das Philipp bisher nur als Konsument von entsprechenden Pornovideos kannte, an sein »Privatleben« heranrückte. Er gibt an, dass er selbst sich nie hätte vorstellen können, innerhalb dieser Beziehung eine reale Cuckold-Session, in die er und seine Partnerin mit einem anderen Mann persönlich involviert sind, zu arrangieren. Er wünschte sich eine dauerhafte Verbindung und wäre kein Risiko eingegangen, die Beziehung durch eine solche Aktion zu »zerstören«.

12.3 Der manifeste Erzählinhalt der Cuckold-Fantasie

Die Cuckold-Szene ist beim Interviewpartner Philipp ein Fantasieinhalt, der in seinen Erinnerungen bereits in ähnlicher Form in sexuellen Fantasien aus seiner Teenagerzeit auftauchte. Im Rahmen von Pornografiekonsum stieß Philipp auch auf Cuckold-Pornos, die er ebenfalls neben anderen Videos mit BDSM-Bezug als erregend empfand. Philipp gibt an, dass er von sich aus kein Interesse gehabt hätte, eine solche Szene mit einer Partnerin real umzusetzen. Plötzlich fand er sich aber in der Situation wieder, in der ihm die Tatsache, dass seine (Ex-)Partnerin ihn über einen Zeitraum von sechs Wochen mit einem anderen Mann betrogen hatte, sexuell erregte. Da sein Vertrauen in sie verloren war, beendete Philipp die Beziehung. Auf der einen Seite spürte er den »Schmerz« und die Trauer, auf der anderen Seite nahm er wahr, wie es ihn »ultra antörnte«, als er sich in diesem emotionalen Zustand bei der Selbstbefriedigung die Betrugsszenen vorstellte. Philipp gibt an, dass dies mit Ausnahme der »Trapez-Fantasie« das erste Mal war, dass er dieses Thema von sich aus zu einer eigenen sexuellen Fantasie »kreiert« habe.

Auf die entsprechende Frage kann Philipp diese Cuckold-Fantasie detailliert schildern: Während in den drei anderen Fällen nicht explizit beschrieben wird, wie der in der Fantasie involvierte Mann aussieht oder welche Eigenschaften er hat (bei Dominik heißt es sogar, dass er »gesichtslos« ist), beginnt Philipp mit der Beschreibung des Mannes, mit dem seine Freundin die Affäre einging. So taucht jener Mann in der Gestalt auf, wie Philipp sie von einem Foto her kannte, und weist die Eigenschaften auf, die ihm über ihn bekannt sind: Der »Typ« ist als Graffitisprayer Teil der »Hip-Hop-Kultur«, von Beruf »Artist« und trägt eine »New-Era-Cap«. Die Szene beginnt »super privat« in seiner Wohnung mit der Vorstellung, wie »sie ihm einen blowt«, und »das auch gut ich weiß ja wie sie blowt«. Wichtig ist ihm, wie ihr »Booty dabei aussieht weil der ist schön«. Gleichzeitig ist in der imaginierten Szene die »Energie«, die seine Freundin als »sehr liebevoller Mensch« ausstrahlt, spürbar, und Philipp stellt sich vor, wie sie »diese Ebene dann auch quasi mit ihm teilt«. Die Fantasie geht mit der Vorstellung weiter, wie der »Typ« sie in der »Doggystyle«-Stellung »fickt«, worauf der »krasse Gedanke« an Analsex folgt. Nun wechselt die Szene und Philipp ruft sich beim Fantasieren in Erinnerung, wie er innerhalb des Zeitraums der Affäre auch Sex mit ihr hatte und er sie dabei auch »am Arsch geleckt« hatte – ohne zu wissen, dass sie sich dort hat »rein bumsen lassen von dem«.

Die Fantasiebilder, die seinen Orgasmus bei der Selbstbefriedigung begleiten, stellen für Philipp drei verschiedene Szenen dar, die sich immer abwechseln: Es ist einmal die Vorstellung »sie blowt ihm einen«, dann das Bild »er bumst sie in den Arsch« und schließlich »ich leck das Arschloch«. Unterbrochen werden diese drei Szenen von einzelnen Bildern, wie dass der Hund des »Typen« durch die Wohnung läuft, begleitet von dem Gedanken »ich hab keinen Hund und sie liebt Hunde«, oder Vorstellungen von »ihrem Arsch«, »ihrem Gesicht«

oder auch von »seinem Schwanz«. Weiterhin ergänzt Philipp später, dass in der Fantasie auch spürbar ist, dass zwischen den beiden »Liebe im Raum« ist, was für ihn in der Vorstellung »schön«, aber auch mit einem »kleinen Schmerz« verbunden ist.

12.4 Die manifesten Erregungsthemen der Cuckold-Fantasie

Lustvoll-erleichterndes Erleben eines (überstandenen) Eifersuchts- und Liebesschmerzes

Auf der manifesten Ebene dominieren beim Interviewpartner Philipp in Bezug zu seiner Cuckold-Fantasie hauptsächlich die Empfindungen von Eifersucht und Schmerz, die von ihm als sexuell erregend empfunden werden können und somit einen wesentlichen Anteil des Erregungspotenzials der Vorstellung ausmachen. So gibt Philipp an, dass es ihn »verletzt« hat, dass seine (Ex-)Partnerin sein Vertrauen gebrochen hat und heimlich eine längere Affäre mit einem anderen Mann einging. Er beschreibt, wie er diesen Schmerz bewusst aufgriff und sich auf ihn fokussierte, als er sich in der Trennungsphase selbst befriedigte:

> »also tatsächlich war das dann °kurz danach und (.) da war man dann auch traurig (Y: hmh) und so emotional und so° (*mit Sing-Sang-Stimme*) (.) wenn man dann emotional- oder wenn ich emotional war dann in dem- (.) Z- Zustand so ähm (1.) keine Ahnung irgendwie hatte ich dann den (.) den Lörres in der Hand (Y: hmh) (*lacht kurz*) und dann ähm (.) keine Ahnung (.) kam dann irgendwie der Schmerz noch mit rein (Y: hmh) was irgendwie cool war (.) und dann dass es halt vorbei ist und so und s- Vertrauensbruch« (Interviewtranskript Philipp).

Insbesondere wurde die Vorstellung als schmerzhaft und somit (auch) lustvoll empfunden, dass seine (Ex-)Partnerin ihn heimlich betrog und dass »alles« ohne ihn »stattfindet«, wobei er »nix« davon wusste. Durch die Konstruktion der Cuckold-Szene, dass es sich nicht nur »bloß« um Sex handelt, sondern dass seine (Ex-)Partnerin beim imaginierten Sex auch als »liebevoller Mensch« in Erscheinung tritt und somit ihren Charakter und ihre »Energie« mit ihrer Affäre »teilt«, kann die Fantasie von Philipp als »verletzend und horny« zugleich erlebt werden. Am deutlichsten spürbar wird der Schmerz von Philipp paradoxerweise in seiner Antwort auf die Frage des Forschers, welche Elemente eventuell in der Fantasie den Schmerz abgemildert haben oder dabei geholfen haben, damit umzugehen. In seiner Antwort benennt Philipp ausgerechnet die Vorstellung, dass »Liebe im Raum« zwischen den beiden war:

> »ja tatsächlich ähh (.) Liebe (.) (Y: hmh) also (.) das Liebe (*klopft auf den Tisch*) im Raum war (.) das war dann schön (.) (Y: hmh) also das war dann auch für mich so eija (.) macht nichts (.) °so° (*leise*) (Y: hmh) von wegen (.) ähm (.) ich gönns ihr auch ja (.) (Y: hmh) wenn da Liebe (.) ist zwischen den Zweien (.) (Y: hmh) natürlich dann auch ein kleiner °Schmerz° (*sanft ausgesprochen*) so (Y: hmh) (*atmet hörbar ein*) ähm (.) aber ähm (2.) ja (Y: hmh) (.) °das (.) das war schön ja° (*leise*)« (Interviewtranskript Philipp).

Die Empfindung der Eifersucht wird von Philipp zwar auch als schmerzhaft wahrgenommen, allerdings nicht wie bei Markus als (lustvoll) »gefährlich«. Da es sich bei ihm um eine fantasievoll ausgemalte Vorstellung von einem Ereignis handelt, das real stattgefunden hat und somit bereits »überstanden« wurde (es war schließlich auch Philipp, der infolgedessen die Beziehung beendete), scheint die Fantasie eher eine beruhigende und erleichternde Wirkung entfalten zu können:

> »°die ganze Zeit vorher° (*laut*) hatte ich immer gedacht das das würd mich tatsächlich (.) fertig machen (Y: hmh) sowas ähm das würd mich komplett (.) ähhh zerstören emotional aber ähm (.) war dann tatsächlich froh und überrascht dass es dann auch mal passiert ist (.) (Y: hmh) weil das war dann doch durchaus ne Angst immer (.) die da war dass so was passieren könnte und jetzt merkt man joah (.) Welt dreht sich weiter (.) (Y: hmh) ähhm (.) und ähm (.) auch die ähh (2.) °ja° (*leise*) (1.) auch die Eifersucht die vielleicht da war denk ich

`mal dass sie jetzt (.) bisschen zurück geschraubt ist (`*`atmet hörbar ein`*`) (Y: hmh) ähm dass so was mal passieren könnte`« (Interviewtranskript Philipp).

Die detailliert geschilderten Eifersucht anstachelnden Inhalte über die Eigenschaften, die Philipp an seiner (Ex-)Partnerin am meisten schätzt und die sie nun in der Fantasie mit dem anderen Mann teilt, können vor diesem Hintergrund beruhigend wirken, weil sie anscheinend durch die lustvolle Verarbeitung in der Fantasie ihren Schrecken verloren haben.

Lustvolles Erniedrigt- und Gedemütigtwerden

Ein weiteres Hauptthema stellt ähnlich wie beim Interviewpartner Dominik das Erregungsthema des Erniedrigt- und Gedemütigtwerdens dar. Vor diesem Hintergrund bietet die imaginierte Cuckold-Szene aus der Perspektive von Philipp das Potenzial, Elemente der Demütigung lustvoll erleben zu können. Bereits bei seiner Erzählung der Sexualbiografie gibt Philipp an, dass er beim Pornografiekonsum bei sich ein Verhalten beobachtete, immer weiter nach Cuckold-Pornos zu suchen, die noch »`demütigender`« waren. In Bezug zu der selbst kreierten Cuckold-Fantasie wird der Umstand als demütigend erlebt, dass seine (Ex-)Partnerin über einen Zeitraum von sechs Wochen parallel zu ihm eine Außenbeziehung pflegte, ihm dies verheimlichte und währenddessen auch (ungeschützten) Sex mit ihm hatte. Die im Kontext der Cuckold-ähnlichen »Trapez-Fantasie« aus seiner frühen Teenagerzeit explizit thematisierten Erlebensweisen der Demütigung, Scham und Minderwertigkeit in Bezug zu dem anderen Jungen, tauchen implizit auch im Verhältnis zu dem Mann auf, mit dem seine (Ex-)Partnerin die Affäre einging. So betont er in der Beschreibung seiner Fantasie besonders die Eigenschaften, die diesen »`Typen`« mit der »`New-Era-Cap`« in seinen und womöglich auch in den Augen seiner (Ex-)Freundin als besonders »`cool`« und überlegen wirken lassen.

Lustvoller Anilingus an einem durch einen anderen Mann penetrierten Anus

In Philipps Konstruktion der Cuckold-Szene sticht die konkrete Vorstellung hervor, wie er seine Freundin oral am Anus stimuliert – ohne zu wissen, dass sie (ungeschützten) Analverkehr mit einem anderen Mann praktiziert. Manifest begründet Philipp die Bedeutsamkeit des Umstandes, dass diese Körperöffnung von einem anderen Mann penetriert wurde, mit dem dadurch entstandenen Risiko einer STI-Infektion:

> »ich habs sie halt äh aktiv (*klopft auf den Tisch*) gefragt weil (Y: hmh) weil ähh wir- weil mir ist halt Verhütung wichtig so (Y: hmh) und äh (*klopft auf den Tisch*) da war halt klar okay sie hat nicht verhütet (Y: hmh) und dann war halt klar okay ich muss den ganzen Scheiß (*klopft auf den Tisch*) mit Tests (Y: hmh) machen und so (*atmet hörbar ein*) äähm (.) genau (.) und deswegen ähm wusste ich das natürlich und dann dann war ja klar okay ich hab sie auch am Arsch geleckt so (*klopft auf den Tisch*) (Y: hmh) ähh und da hat sie sich rein (.) °bumsen lassen von dem° (*lacht leicht*) (*klopft auf den Tisch*) (Y: hmh) und das war dann auch irgendwie so (.) °wie kann sie das nur tun° (*Intonation steigend und mit Sing-Sang-Stimme*) so dieser Gedanke und (*atmet hörbar ein*) wie kann sie mir das nur antun (*klopft auf den Tisch*) und gleichzeitig halt horny« (Interviewtranskript Philipp).

Dadurch, dass seine (Ex-)Partnerin ihn diesem Risiko wissentlich ausgesetzt hat, kann diese Teil-Szene in Verbindung mit den Erregungsthemen »lustvoll-erleichternder Schmerz um einen (überstandenen) Vertrauensbruch« und »lustvolles Gedemütigtwerden« erlebt werden.

Gleichzeitig korrespondiert diese Teil-Szene mit bedeutsamen Fantasie- oder Pornografieinhalten um oral-genitale Praktiken wie dem »Facesitting«, die Philipp lebensgeschichtlich bereits in seinen frühen Teenagerjahren verortet und sie auch mit den Fantasieinhalten aus jener Zeit in Verbindung bringt, die darum kreisen, als eine Hose oder Art Bikini von einer Frau getragen zu werden. Beim Interviewpartner Philipp besteht das Erregungspotenzial der imaginierten Cuckold-Szene durch diese spezifische Konstruktion also weiterhin auch darin, lustvolle Vorstellungen von oral-genitaler bzw. oral-analer Sexualität integrieren zu können und sie mit dem aus unterschiedlichen Gründen besonders erregenden Bild zu verknüpfen, dass diese Körperöffnungen zuvor von einem anderen Mann penetriert worden sind.

12.5 Mögliche Lesarten zum latenten Erregungspotenzial

Das Interview mit Philipp bietet großes Potenzial, es weiter in einem tiefenhermeneutischen Interpretationsprozess auf sich wirken zu lassen und darauf aufbauend Deutungen zur latenten Ebene der Cuckold-Fantasie zu erschließen. Mögliche Anknüpfungspunkte könnten dabei sein: die näher zu untersuchende Interviewdynamik (beispielsweise das artikulierte Interesse, etwas über das eigene Unbewusste zu erfahren, die wiederholte Bitte an den Forscher, seine Sexualbiografie fachlich einzuordnen bzw. einen Kommentar abzugeben, ob etwas »normal« ist, oder das Missverständnis in Bezug auf die Demut bzw. Demütigung), die spezifische Erzählstruktur in Form von immer intimer werdenden Erzählschleifen, bestimmte Sprechweisen (beispielsweise der Einsatz einer als »Sing-Sang-Stimme« transkribierten Sprechweise an diversen Stellen, das ironisch gemeinte Ansprechen des Audioaufnahmegeräts, als wäre es eine dritte Person im Raum, sowie das kindlich wirkende lustvolle Aussprechen von »verbotenen« Sex-Wörtern) sowie die Irritation darüber, warum Philipp die Beziehung beendete. Weiterhin wäre es lohnenswert, der Frage nachzugehen, wie genau das manifeste Erregungsthema »lustvoller Anilingus an einem durch einen anderen Mann penetrierten Anus« mit der Erlebensweise des »lustvollen Erniedrigtwerdens« verknüpft ist und inwieweit es womöglich noch mit weiteren latenten Themen in Verbindung steht.[34] Darüber hinaus lässt auch das Erregungsthema der Eifersucht tiefer gehendes Potenzial erkennen, das an dieser Stelle nur angerissen werden kann:

Die Konstruktion der imaginierten Cuckold-Szene bei Philipp zeichnet sich insbesondere dadurch aus, dass ein großer Fokus auf die Eigenschaften des anderen Mannes gelegt wird. In Anbetracht des hohen Stellenwerts, den die Musik und das Musikersein in Philipps Biografie einnehmen, ist besonders die Aufmerksamkeit interessant, die Philipp den künstlerischen Eigenschaften des anderen Mannes zu kommen lässt. Insbesondere vor dem Hintergrund, dass Philipp ebenfalls Rap hört und auch selbst »schon mal

34 Könnte es sich dabei auch um ein ähnliches latentes Thema wie bei Chris handeln, das dort ausgehend von den Assoziationen zum Zitat »bereits besuchter Altar« angedeutet wurde (siehe Fußnote 32 in Kapitel 9.8.), oder weist es doch eher eine Nähe zu dem ambivalenten Ekel-Lust-Thema auf, das in Bezug zu den imaginierten gleichgeschlechtlich-oralen Praktiken beim Material zum Interview mit Dominik andiskutiert wurde (siehe Kapitel 10.5)?

Raptexte gemacht« hat, wird die unterstellte Zugehörigkeit des anderen Mannes zur Hip-Hop-Subkultur imaginär ausgestaltet. Philipp verknüpft die Hip-Hop-Subkultur und somit in seiner Fantasie auch den anderen Mann mit »Coolnes« und der Vorliebe für sexistische Raptexte, in denen es »ja offenkundlich auch mal krass demütigend zur Sache im sexuellen Bereich« gehen kann. Daraus leitet Philipp die in seiner Fantasie zusätzlich erregend wirkende Eigenschaft des anderen Mannes ab, dass dieser seine (Ex-)Partnerin in der erniedrigenden Perspektive der Raptexte »ansehen« kann und sie darüber hinaus womöglich »besser« in der sexuellen Interaktion zu erniedrigen vermag.

Beim Material zum Interview mit Philipp tritt somit deutlich hervor, dass Gefühle wie Eifersucht immer innerhalb eines »erotischen Dreiecks« entstehen, wobei die Beziehung zwischen den beiden um eine begehrte Person rivalisierenden Antagonist*innen mindestens genauso stark und bedeutsam ist wie die jeweiligen Beziehungen zwischen den Rival*innen und der begehrten Person. Auf diese Perspektive macht Sedgwick (vgl. 1985, S. 1) aufmerksam, indem sie aufbauend auf dem Konzept des »erotischen Dreiecks« und des »mimetischen Begehrens« von Girard (1969) das »homosoziale Begehren« zwischen Männern in der englischen Literatur des 18. und 19. Jahrhunderts vor dem Hintergrund des spezifisch historisch-gesellschaftlichen Geschlechterverhältnisses untersucht.[35] Sedgwick (vgl. ebd., S. 21ff.) arbeitet heraus, wie in männlich dominierten Gesellschaften, in denen mann-männliche Sexualität verfolgt oder zumindest abgewertet wird, im rivalisierenden Begehren zweier Männer für eine Frau ebenso eine starke Verbindung zwischen den rivalisierenden Männern aufscheinen kann, in der dem Rivalen eine viel größere Aufmerksamkeit zukommt, als der ursprünglich begehrten Frau. So wird innerhalb dieses Dreiecks auch das Begehren für die Frau gerade dadurch verstärkt, dass sie von einem Rivalen begehrt wird. Das Begehren für die Frau kann sich in erster Linie sogar weniger in ihren Eigenschaften und »Qualitäten« begründen, sondern überhaupt erst dadurch hervorgerufen werden, dass

35 Die Idee, die Cuckold-Fantasie beim Material zum Interview mit Philipp unter der Perspektive des Konzepts von Sedgwick und Girard zu betrachten, ist an Hendriks (2014) ethnografischer Analyse sogenannter »Interracial«-Pornografie angelehnt. Wie Lokke (2019) darauf hinweist, ist dieses Thema in der professionell produzierten Cuckold-Pornografie überdurchschnittlich oft vertreten. Von den vier interviewten Personen in dieser Arbeit wurde dieses Thema jedoch nicht (zumindest auf der manifesten Ebene) benannt oder Bezug darauf genommen.

sie bereits von einem anderen Mann begehrt wird, den man(n) als Rivale wählt (vgl. ebd., S. 21). Gemäß Sedgwicks Analyse drückt sich in dieser dynamischen Verbindung, die die beiden Männer miteinander eingehen, nicht zwingend ein unterdrücktes homosexuelles Begehren aus. Vielmehr sieht sie darin ein »homosoziales« Begehren, was aber vor dem Hintergrund eines gesellschaftlichen homophoben Kontextes immer auch ein homoerotisches Potenzial aufweisen kann, das sich aus dem Double Bind, (bestimmte Ausdrucksformen von) Homosozialität zu suchen und gleichzeitig (bestimmte Ausdrucksformen von) Homosexualität zu meiden, ergibt (vgl. ebd., S. 89).

Folgt man dieser Perspektive könnte in der Cuckold-Szene, insbesondere wie sie bei Philipp konstruiert wird, ein latentes Erregungspotenzial in ebenjener homoerotischen Verbindung gesehen werden, die Philipp in seiner Fantasie mit dem »Typen« mit der »New-Era-Cap« eingeht. Gleichzeitig wird über den Mechanismus des »mimetischen Begehrens« (Girard, 1969) sein Begehren für die (Ex-)Partnerin verstärkt (oder sogar erst hervorgerufen). Durch beide miteinander verschränkten Begehrensweisen kann die Cuckold-Szene folglich lustvoll(er) imaginiert werden. Auch wenn dieser Zugang am Material zum Interview mit Philipp entwickelt wurde, tauchen Verbindungen beispielsweise zum Interviewpartner Markus auf, der ebenfalls von der ambivalenten Wirkung eines »steinharten pulsierenden Glieds« in seiner Fantasie spricht und gleichzeitig das Phänomen beschreibt, dass die Vorstellung von seiner damaligen Ehefrau erst dann erregend für ihn wurde, als er sie sich beim Sex mit anderen Männern imaginierte.

13 Zusammenfassung und Fazit

Insgesamt konnte mit der vorliegenden Arbeit gezeigt werden, dass sich die gewählte Forschungsperspektive als tragfähig erwiesen hat, die Cuckold-Szene als eine Folie zu betrachten, an die sich eine Fülle an unterschiedlichen manifesten und latenten Erregungsthemen von hetero_bisexuellen Männern im hiesigen gesellschaftlichen Kontext anheften können, die somit das spezifische Erregungspotenzial der Fantasie aus ebenjener Perspektive darstellen. Weiterhin wurde deutlich, dass sich der biografische Zugang in Form von möglichst offen gehaltenen narrativen Interviews als fruchtbar erwies, um ebenjene Erregungsthemen, die in der Fantasie (wieder) erkennbar werden, aufzuspüren und sie möglichst auf einen Begriff zu bringen. Insbesondere anhand eines Falls konnte dargelegt werden, wie sich Lesarten zu latenten Erregungsthemen der Fantasie entwickeln lassen, die hinter den bewusstseinsfähigen und innerhalb eines Forschungsinterviews in Sprache formulierbaren Erregungsthemen aufscheinen, wenn man sich auf ein szenisches Verstehen der Wirkungsweise des Interviewmaterials einlässt und es zusammen mit anderen Interpret*innen tiefenhermeneutisch reflektieren kann. Auch in Bezug zu drei weiteren Fällen konnten erste Zugänge zur latenten Ebene der Fantasie ausfindig gemacht werden, die im Rahmen weiterer Forschungsarbeiten zu verdichteten und vermehrt intersubjektiv überprüften Lesarten ausgearbeitet werden können.

Selbstverständlich stellen die in dieser Arbeit aus den vier Fällen herausgearbeiteten manifesten und latenten Themen nur einen Auszug aus dem Erregungspotenzial der Cuckold-Szene dar, das dieser Fantasieinhalt insgesamt für hetero_bisexuelle Männer innerhalb des hiesigen gesellschaftlichen Kontextes bereithält, um (sexuelle) Erregung hervorrufen zu können. Dennoch konnte dabei bereits eine große Bandbreite an unterschiedlichen Themen beobachtet und auf einen Begriff gebracht werden. Gleichzeitig deuteten sich auch Querverbindungen, Ähnlichkeiten und Parallelen zwischen einzelnen Themen an, die in mehreren Fällen auftraten und die sich zum Teil nur in Nuancen voneinander unterscheiden. Daher stellen die nun zusammengefassten Erregungsthemen keine abschließende Beschreibung des gesamten Bedeutungshofs der Cuckold-Fantasie dar, sondern sie lassen sich als Annäherung daran betrachten, mit welchen unterschiedlichen manifesten und latenten Sinninhalten die imaginierte Cuckold-Szene eine (sexuell) erregende Wirkung bei hetero_bisexuellen Männern zu entfalten vermag.

Da sich die Unterscheidung der manifesten von den latenten Erregungsthemen immer nur auf den jeweiligen individuellen Einzelfall bezogen als sinnvoll erweist, wird versucht, die herausgearbeiteten manifesten und latenten Themen fallübergreifend thematisch sortiert darzustellen und nicht entlang der vorab definierten Forschungsfragen. Dies dient der Veranschaulichung der Ergebnisse, stellt aber keine systematisch ausgearbeitete Kategorienbildung dar. Auch sei nochmals darauf hingewiesen, dass die latenten Erregungsthemen der Fälle Dominik, Markus und Philipp unter Vorbehalt angesichts einer noch ausstehenden ausreichenden intersubjektiven Überprüfung betrachtet werden sollten. Vor diesem Hintergrund kann auf der Basis des vorliegenden empirischen Materials das Erregungspotenzial der imaginierten Cuckold-Szene für hetero_bisexuelle Männer wie folgt umrissen werden:

Potenzial für tabuüberschreitende Erregungsweisen

Vor dem Hintergrund des hiesigen gesellschaftlichen Kontextes bietet die Vorstellung, dass eine Situation herbeigeführt bzw. toleriert wird, in der die Partnerin Sex mit einem anderen Mann hat, aus der Perspektive des fantasierenden Mannes das Potenzial eines *lustvollen Tabubruchs*. So wird es beispielsweise bei Chris auf manifester Ebene beschrieben. Dabei müssen es nicht zwingend die eigenen, individuellen Normen und Tabus sein, deren imaginäre Übertretung als lustvoll erlebt wird. Es können ebenso die Normen und Tabus von Dritten (wie z. B. die der Partnerin) sein, die dann in der Fantasie (lustvoll) überschritten werden. Dass das Cuckold-Thema dieses Potenzial des lustvollen Tabubruchs innerhalb unserer Gesellschaft aufweisen kann, zeigt sich auch anhand bestimmter (Selbst-)Beobachtungen des Forschers während des Feldzugangs. Ebenso kommt es in den Rückmeldebögen der Personen zum Vorschein, die den Teilnahmeaufruf gestreut haben und die unter anderem lustvolle Momente beim Ansprechen dieses tabuisierten Themas schilderten.

Potenzial für sadomasochistische Erregungsweisen

In Kapitel 2 wurden auf Grundlage von kulturhistorischen Betrachtungen bestimmte Normen und Tabus herausgearbeitet, die von der Cuckold-Szene berührt werden. Dies betrifft erstens traditionelle patriarchale Normen wie den sexuellen Besitzanspruch auf die Partnerin, zweitens Männlichkeitsbilder, die mit der Idee verknüpft sind, durch die eigenen sexuellen Eigenschaften und Fähigkeiten ein Bedürfnis der Partnerin nach anderen Männern verhindern zu können, sowie drittens Normen, die sich auf die Eindeutigkeit eines heterosexuellen Begehrens beziehen. Auch wenn gesellschaftliche Normen in Bezug zu Sexualität, Geschlechterrollen und Partnerschaft beständig im Wandel sind, kann angenommen werden, dass diese Normen zwar nicht ungebrochen, aber dennoch nach wie vor in bestimmter Weise wirksam bzw. reaktivierbar zu sein scheinen. Denn erst vor dem Hintergrund dieser Normen wird verstehbar, wieso die imaginierte Cuckold-Szene für Männer in (heterosexuellen) Partnerschaften das Potenzial besitzt, Gefühle und *Erlebensweisen des Erniedrigt- und Gedemütigtwerdens* sowie der Scham und Minderwertigkeit zu erzeugen. Ähnlich wie bei der tabuüberschreitenden Erregungsweise scheint hier vor allem eine eingenommene Außenperspektive auf das fantasierte Szenario bedeutsam zu sein. Zentriert wird also, in welchem Licht andere (die Partnerin, der einbezogene andere Mann oder allgemein sich vorgestellte andere Dritte (lacanianisch gefasst: *der große Andere*) die Szene betrachten und davon ausgehend über die eigene Männlichkeit bzw. die gesamte Person urteilen würden.

Dass eine Übertretung dieser Normen aber auch als lustvoll und sexuell erregend imaginiert werden kann, kann umgekehrt auch so verstanden werden, dass es offenbar ebenso möglich ist, lustvoll mit ihnen (imaginär) zu spielen und sie dadurch in gewisser Weise auch zu brechen. Auf manifester Ebene wird dieses Thema in unterschiedlichen Varianten von den Interviewpartnern Dominik, Markus und Philipp benannt. Eine interessante Folgefrage für weitere Forschungen wäre, wie genau das Erregungspotenzial des Erniedrigtwerdens innerhalb der Cuckold-Szene mit der Konstruktion von (heterosexueller) Männlichkeit zusammenhängt und ob die Vorstellung für Frauen in heterosexuellen Partnerschaften, dass ihr Partner Sex mit einer anderen Frau hat, in gleicher Weise ein Potenzial von (lustvoller) Erniedrigung und Demütigung bietet.

Ähnlichkeiten mit dem Erregungsinhalt Erniedrigung weist das Thema des *lustvollen Erlebens eines Eifersuchtschmerzes* auf. Dieses Thema kann beispielsweise die Gestalt einer drohenden Gefahr, die die Vorstellung »prickelnd« macht (wie auf manifester Ebene bei Markus), oder die Gestalt einer erleichternd wirkenden imaginären Ausgestaltung und Verarbeitung eines überstandenen Vertrauensbruchs durch eine geliebte Partnerin (wie auf manifester Ebene bei Philipp) annehmen. Von beiden Varianten könnten Verbindungen zu Stollers (vgl. 1986, S. 6) Verständnis von sexuellen Fantasien gezogen werden, wonach sich sexuelle Erregung (auch) aus (einer Spur von) Risiko, Angst und Triumph speisen kann.

Die sexuelle Dreieckszene, bestehend aus einem fantasierenden Mann, seiner Partnerin und einem oder mehreren anderen Männern, kann innerhalb des hiesigen gesellschaftlichen Kontextes aber auch konträr zur Erlebensweise der Erniedrigung des fantasierenden Mannes imaginiert werden. So bietet die Szene beispielsweise beim Interviewpartner Markus das manifeste Potenzial, sich als »Herr des Verfahrens« zu fantasieren, der in der Fantasie Kontrolle und Macht über seine Partnerin ausübt, indem er sie mit anderen Männern »teilt«. Während diese sexuelle Praktik in der BDSM-Szene eher unter dem Begriff »Wifesharing« verhandelt und klar von der sexuellen Spielart des Cuckold abgegrenzt würde, macht die Analyse des Materials zum Interview mit Markus deutlich, wie in der Fantasie beide Inhalte nah beieinander liegen können: Wie bei einer Kippfigur ermöglicht die Fantasie das Potenzial des *lustvollen Hin- und Herspringens zwischen dominant-sadistischen und devot-masochistischen Erlebensweisen*. Querbezüge ließen sich zu Befunden der empirischen Sexualforschung ziehen, wonach Interessen für Unterwerfungs- und Dominanzfantasien hochsignifikant miteinander korrelieren (vgl. Joyal et al., 2015, S. 328), oder zu Quindeaus (vgl. 2014, S. 78) Verständnis von sexuellen Fantasien, die ihr zufolge im Gegensatz zur sexuellen Praxis ermöglichen, widersprüchliche sexuelle Wünsche miteinander zu verbinden.

Potenzial zur Vermeidung von Anforderungen und Erwartungen

Gleich in zwei Fällen wird auf der manifesten Ebene angedeutet, dass die Cuckold-Szene das Potenzial für die fantasierende Person bietet, sich befreit von belastenden oder zumindest lustmildernden Anforderungen und Erwartungen zu imaginieren. Entweder wird dabei (indirekt) Bezug auf Normen (heterosexueller) Männlichkeit im Kontext von Sexualität und/ oder auf Normen einer harmonischen, rücksichtnehmenden Paarsexualität genommen. So kommt bei Dominik auf der manifesten Ebene zum Vorschein, wie er bei einer imaginierten Cuckold-Session eine *lustvolle Abwesenheit von Druck und Männlichkeitserwartungen* erleben kann. Dies geschieht vor dem Hintergrund der Konstruktion, dass er als Zuschauer ansehen »muss«, wie ein »überlegener« Mann Sex mit seiner Partnerin hat – ohne dass er selbst dabei »extrem involviert« ist.

Beim Material zum Interview mit Markus deutet sich ein Zugang zur latenten Ebene an, der sich ausgehend von der Interviewdynamik und den geschilderten lebensgeschichtlich relevanten Ängsten um Kontrollverlust über den eigenen Körper und somit um Erwartungsenttäuschung entwickelt. So könnte ein Potenzial der beschriebenen sadomasochistischen Fantasievarianten auch darin gesehen werden, eine *Vermeidung von Ängsten um Kontrollverlust und Erwartungsenttäuschung* zu bieten. Ein Thema, das auch in der Erzählung von Philipp anklingt.

Indem Interviewpartner Chris wiederum einen »männlichen Mitstreiter« imaginiert, der die »Wege glättet« und die Frau »vorbereitet«, wird ein leicht anders gelagertes Potenzial auf der manifesten Ebene deutlich: Unter diesen Voraussetzungen kann der folgende Sex mit der bereits befriedigten und erschöpften Partnerin von der fantasierenden Person als *Verlust von Anforderungen, die Partnerin befriedigen zu müssen, und Hemmungen, sich beherrschen zu müssen*, imaginiert werden. Wie im entsprechenden Kapitel bereits ausgeführt wurde, könnte dieses Thema unter der Perspektive von Quindeau (vgl. 2014, S. 81) so interpretiert werden, dass darin zum Ausdruck kommt, was im »realen Leben« (gerade) keinen Platz hat bzw. in der Umkehrung, was im »realen Leben« womöglich im negativen/lustmindernden Sinne (gerade) vorherrschend die (Paar-)Sexualität bestimmt.

Potenzial zur imaginären Transformation einer (konflikthaften) Paardynamik

Durch die imaginäre Einbeziehung eines Dritten (oder mehrerer Personen) erhält die Cuckold-Szene das Potenzial, die (im Alltag) erlebte dyadische Paardynamik imaginär zu verändern, wodurch sie in der Fantasie als lustvoll(er) erfahren werden kann. So wird im Fall Markus auf manifester Ebene beschrieben, wie er die Cuckold-Fantasie im Kontext einer sexuell unbefriedigenden Ehe für sich nutzen konnte, um den »Sexualisierungsgrad« in der Beziehung imaginär zu erhöhen. Dadurch, dass er sich vorstellte, seine Partnerin würde Sex mit anderen Männern haben, wurde in der Fantasie eine *lustvolle Wahrnehmung des sexuellen Verhaltens der Partnerin als »paraphil«* und somit als aufregend möglich. Der Mechanismus des »mimetischen Begehrens« (Girard, 1969), auf den weiter unten im Zusammenhang mit dem homoerotischen Potenzial der Szene nochmals eingegangen wird, kann in diesem Zusammenhang ebenso als ein die Paardynamik transformierender Mechanismus betrachtet werden: Indem imaginiert wird, wie andere (rivalisierende) Männer die Partnerin sexuell begehren, kann das eigene sexuelle Verlangen im Kontext der Beziehung zu ihr als gesteigert erlebt werden. Inwieweit diese Form des Begehrens auf der latenten Sinnebene dieses manifest benannten Erregungsthemas beim Interviewpartner Markus (oder eventuell auch bei Philipp) mitschwingt, könnte in weiteren Interpretationsgruppen untersucht werden.

Im Fall Chris wiederum wurde auf manifester Ebene geschildert, wie sich für ihn über die Cuckold-Szene eine *lustvolle Wahrnehmung der Frau als »ungehemmtes, sexuelles Wesen«* ergeben kann. Erst aus Distanz und durch die Einbindung des anderen Manns, wird für ihn vorstellbar, wie die Hemmungen der Ehefrau verschwinden und sie als Mensch mit einem sexuellen Verlangen in Erscheinung tritt.

Auch über die Verbindung des bereits genannten Erregungsthemas »lustvoller Verlust von belastenden Anforderungen und Hemmungen« konnte über einen ausführlichen tiefenhermeneutischen Interpretationsprozess ein tieferes Verständnis dieses Potenzials der Cuckold-Szene aus dem Material zum Interviewpartner Chris herausgearbeitet und durch viele Querverbindungen verdichtet werden. Demnach bietet die Cuckold-Fantasie das *Potenzial, eine als konflikthaft erlebte dyadische Beziehungsdynamik* zur Partnerin in der Fantasie aufzubrechen. Indem es möglich war, sich im Modus des szenischen Verstehens auf die Wirkungsweise des Interviewmaterials einzulassen und dies anschließend zu reflektieren, konnte gezeigt werden, dass die störenden Anforderungen und Hemmungen bei Chris nicht nur in druckausübenden Leistungsanforderungen bestehen. Die im tiefenhermeneutischen Interpretationsprozess herausgearbeitete Lesart schlägt vielmehr vor, die Einbindung des anderen Mannes auch als Möglichkeit zu verstehen, mit der sich die fantasierende Person als befreit von hemmenden Schuldfragen in Bezug auf die Verletzungsmächtigkeit des eigenen sexuellen Verlangens imaginieren kann. Diese scheinen insbesondere in der Beziehungsdynamik zur Partnerin latent virulent zu sein und selbst in der Fantasie einen lustvollen unmittelbaren sexuellen Kontakt mit ihr zu erschweren.

Potenzial für positive, annehmende Beziehungserfahrungen

Im Interview mit Dominik wird auf der manifesten Ebene beschrieben, wie die imaginierte Cuckold-Session als Ausdruck einer besonderen Qualität der Beziehung zur imaginierten Partnerin verstanden wird, die in einem beidseitigen Einlassen auf dieses risikoreiche »Spiel« um Demütigung und Erniedrigung deutlich wird. Somit kann die Cuckold-Fantasie von der fantasierenden Person als ein ersehntes *Geliebt- und Angenommenwerden* erlebt werden, welches sich in diesem Spiel beweist. Eine interessante Fragestellung in Bezug zum Interview mit Dominik wäre, wie genau dieser sehnsuchtsvolle Wunsch, der in der Cuckold-Fantasie eine momentane Erfüllung erfährt, im Sinne Freuds (vgl. 1908e, S. 217f.) und Quindeaus (vgl. 2014, S. 75) mit den drei Zeitmomenten – Vergangenheit, Gegenwart und Zukunft – in Verbindung steht und nicht nur einen Ausdruck des aktuellen Wunsches nach einer Partnerin darstellt, sondern auch an lebensgeschichtlich älteren Sehnsüchten anknüpfen kann.

Insbesondere in der Schlussszene seiner Cuckold-Fantasie sieht auch Chris ein Moment des *Spürens tiefer Geborgenheit nach dem Durchleben einer Unsicherheit*, wie er es auf manifester Ebene beschreibt. Im Zuge der tiefenhermeneutischen Interpretation des Falles konnte in Verbindung mit den bereits herausgearbeiteten manifesten und latenten Themen und anderen Querverbindungen auch ein tiefer gehendes Verständnis dieser Szene entwickelt werden: So bietet die Konstruktion der ansonsten Aufregung stiftenden Fantasie durch diese zärtlich anmutende Schlussszene das Potenzial, eine Art momentane Wunscherfüllung nach einer *Versöhnung und »Heilung« von bedrückenden (Schuld-)Gefühlen, Gedanken und Entfremdungen* zu erleben.

Potenzial für homoerotische/ geschlechterübergreifende Erregungsweisen

Als Fantasie über eine sexuelle Szene, die Personen unterschiedlicher Geschlechter umfasst, bietet die Cuckold-Fantasie aus der Perspektive hetero_ bisexueller Männer grundsätzlich das Potenzial gleichgeschlechtlicher bzw. homoerotischer oder »geschlechterübergreifender« (Ritter & Voß, 2019) Erregungsweisen. Im erhobenen Material zeigte sich dies auf manifester Ebene am explizitesten bei Markus: Durch die imaginierte Cuckold-Szene wird für Markus auch eine *lustvolle Betrachtung von auf Frauen bezogenen sexuellen Handlungen maskuliner Männer* möglich, da er diese für ihn potenziell erregenden Handlungen und Ausdrucksweisen in Interaktion mit der Partnerin imaginär beobachten kann und sie sich nicht in direkter Interaktion mit sich selbst vorstellen muss.

Ausgehend von einer Irritation über einen Widerspruch zwischen dem manifest Gesagten und einer wahrgenommenen Ausdrucksweise und Mimik könnte sich beim Material zum Interview mit Dominik ebenso ein Zugang zu einem latenten Thema aus dem Spektrum geschlechterübergreifender Erregungsweisen andeuten. So könnte die im Raum stehende imaginierte Drohung, zu gleichgeschlechtlich oral-genitalen Praktiken gezwungen zu werden, nicht nur wie manifest benannt als ein »bloßes« Erniedrigungsinstrument verstanden werden. Im Anschluss an Witte (2020) könnte in einem solchen fantasierten Konstrukt ebenso eine *ambivalente Ekellust in Bezug zu gleichgeschlechtlich oral-genitalen Praktiken* wirksam werden, die auf eine verdrängte und unbewusste Anziehung zu ebenjenen Praktiken verweist.

Bei der Interpretation des Materials zum Interview mit Philipp wurde ein erster Ansatz zu einer latenten Lesart aufgezeigt, der im Anschluss an Sedgwicks (1985) Weiterentwicklung von Girards (1969) Konzept des »erotischen Dreiecks« eine »homosoziale« (Sedgwick, 1985, S. 21ff.) und somit potenziell homoerotische Verbindung zwischen fantasierender Person und dem männlichen Rivalen annimmt. Die Art und Weise, wie Philipp den anderen Mann in seiner Fantasie ausgestaltet, könnte somit als *Ausdruck einer imaginär eingegangenen bedeutsamen mann-männlichen Verbindung* gelesen werden, die über den Mechanismus des »mimetischen Begehrens« (Girad, 1969) und die gemeinsam begehrte Partnerin indirekt vermittelt wird. Dieses »homosoziale« und somit potenziell homoerotische Begehren zwischen den beiden Männern im erotischen Dreieck ist Sedgwick (vgl. 1985, S. 89) zufolge dabei nicht zwingend als Ausdruck eines verdrängten homosexuellen Begehrens zu begreifen, sondern vielmehr Folge eines Double Binds innerhalb männlich dominierter Gesellschaften, die homosoziale Verbindungen zwischen Männern fördern und fordern und gleichzeitig manifeste Ausdrucksformen von männlicher Homosexualität abwerten.

Potenzial zur Integration anderer individuell bedeutsamer Erregungsweisen

Schließlich bietet die Dreieckszene für die fantasierende Person eine Fülle an Möglichkeiten, sie in der Fantasie jeweils so auszugestalten, dass weitere individuell bedeutsame Erregungsweisen integriert werden können. Als Beispiele aus dem erhobenen Material wären folgende Fantasieinhalte zu nennen: das Erregungsthema des lustvollen Erniedrigtwerdens, das sowohl in der retrospektiven Erzählung von Dominik als auch in der von Philipp als lebensgeschichtlich relevanter Fantasieinhalt erinnert werden kann, die Erregungsthemen der *lustvollen Alltags- und Realitätsnähe* oder des *lustvollen Eintauchens in eine aufnehmende (und besamte) Vagina*, die Chris als Fantasieinhalte der Kindheit bzw. frühen Jugend erinnert, sowie die Erregungsthemen um lustvolle oral-genitale bzw. oral-anale Praktiken, die von Philipp ebenso bereits zu einem frühen Zeitpunkt in der sexuellen Entwicklung verortet und nun in der Cuckold-Szene als *lustvoller Anilingus an einem durch einen anderen Mann penetrierten Anus* integriert werden. Es gilt allerdings nochmals zu betonen, dass auf Grundlage einer retrospektiven Erzählung nicht darauf geschlossen werden kann, wie diese Erregungsthemen tatsächlich in den früheren Lebensphasen, in denen sie nun verortet werden, erlebt und erfahren worden sind (vgl. Laplanche & Pontalis, 2016, S. 313f.).

Das Erregungspotenzial der Cuckold-Szene in Kurzform

Wird der durch diese Arbeit herausgearbeitete und zu verschiedenen Erregungsthemen verdichtete Ausschnitt aus dem Erregungspotenzial der imaginierten Cuckold-Szene noch weiter abstrahiert, lässt er sich in folgendem Satz zusammenfassen: Die imaginäre Cuckold-Szene stellt für hetero_bisexuelle Männer innerhalb des hiesigen gesellschaftlichen Kontextes eine *potenziell*

- tabuüberschreitende und/oder
- sadomasochistische und/oder
- (belastende) Anforderungen und Erwartungen umgehende und/oder
- Paardynamik transformierende und/oder
- positive Beziehungserfahrungen stiftende und/oder
- homoerotische bzw. geschlechterübergreifende und/oder
- andere Erregungsthemen integrierende

sexuell erregende Fantasie dar.

Deutlich wird durch diese Arbeit aber auch, dass ein tieferes Verständnis der verschiedenen in Sprache formulierbaren oder auch nicht bewusst reflektierbaren Erregungsweisen, die für eine Person *individuell* in der

Cuckold-Fantasie mitschwingen können, nicht losgelöst und isoliert von den anderen aufscheinenden Fantasieinhalten und der Lebensgeschichte der Person insgesamt und ihrem aktuellen In-der-Welt-Sein erlangt werden kann – auch wenn ein vollständiges Begreifen durch wissenschaftliche Methoden wohl nie in Gänze möglich sein wird. Mit Sigusch gesprochen, mag sich genau darin auch das Widerständige bzw. Widerspenstige des *Sexuellen* zeigen:

> »Das Sexuelle gehört zu dem, was Wissenschaften nicht erkennen können. Das Sexuelle ist heiß. Das Wissenschaftliche ist kalt. […] Das Wissenschaftliche ist definierbar, berechenbar, überprüfbar, nachweisbar, das Sexuelle ist all das nicht« (Sigusch, 2015, S. 205).

Literatur

Augustinus von Hippo (1914). Des heiligen Kirchenvaters Aurelius Augustinus Bekenntnisse. Aus dem Lateinischen übersetzt von Dr. Alfred Hofmann. München. https://bkv.unifr.ch/de/works/cpl-251/versions/aug-conf-bkv/divisions/3 (09.07.2022).

Becker, J. & Kratz, M. (2019). Zurück zu den Widersprüchen. Tiefenhermeneutische Fallkasuistik in der Lehrer_innebildung. In D. Zimmermann, U. Fickler-Stang, K. Weiland & L. Dietrich (Hrsg.), *Professionalisierung für Unterricht und Beziehungsarbeit mit psychosozial beeinträchtigten Kindern und Jugendlichen* (S. 37–50). Bad Heilbronn: Klinkhardt.

Blumenthal, S.-F. (2014). *Scham in der schulischen Sexualaufklärung. Eine pädagogische Ethnographie des Gymnasialunterrichts*. Wiesbaden: Springer VS.

Böhme, R. (o.J.). Wifesharing. bdsmlexikon.de. https://bdsmlexikon.de/wifesharing/ (09.07.2022).

Castro Varela, M. & Dhawan, N. (2005). *Postkoloniale Theorie. Eine kritische Einführung*. Bielefeld: transcript.

Deremetz, A. (2018). *Die BDSM-Szene. Eine ethnografische Feldstudie*. Gießen: Psychosozial-Verlag.

Dudenredaktion (o.J.a). Anekdote. Duden online. https://www.duden.de/rechtschreibung/Anekdote (09.07.2022).

Dudenredaktion (o.J.b). Potenzial. Duden online. https://www.duden.de/rechtschreibung/Potenzial (09.07.2022).

Ertel, H. (1990). *Erotika und Pornographie. Repräsentative Befragung und psychophysiologische Langzeitstudie zu Konsum und Wirkung*. München: Psychologie Verlags Union.

Freud, S. (1900a). *Die Traumdeutung. GW II/III*.

Freud, S. (1908e). Der Dichter und das Phantasieren. In *GW VII* (S. 213–223).

Freud, S. (1930a). *Das Unbehagen in der Kultur*. In *GW XIV* (S. 419–505).

Girard, R. (1969). *Deceit, Desire, and the Novel. Self and Order in Literary Structure*. 2. Aufl. Baltimore: Johns Hopkins University Press.

Gromus, B. (1993). *Weibliche Phantasien und Sexualität*. München: Quintessenz.

Hartmann, U. (1989). *Inhalte und Funktionen sexueller Phantasien. Ergebnisse einer Panel-Studie an Männern und Frauen*. Stuttgart: Enke.

Hendriks, T. (2014). Race and desire in the porno-tropics: Ethnographic perspectives from the post-colony. *Sexualities, 17*(1–2), 213–229. https://doi.org/10.1177/1363460713511100

Huppert, D. (2018). Der Pelz der Venus im Kot – Über den Ekel vor sich selbst. In U. Kadi, S. Schlüter & E. Skale (Hrsg.), *Alte und neue Identitäten. Sigmund-Freud-Vorlesungen 2017* (S. 207–217). Wien: mandelbaum verlag.

Joyal, C.C., Cossette, A. & Lapierre, V. (2015). What exactly is an unusual sexual fantasy?. *The journal of sexual medicine, 12*(2), 328–340. https://doi.org/10.1111/jsm.12734

Kerger-Ladleif, C. (2018). Geschwister zwischen Doktorspielen und sexualisierten Übergriffen. In E. Klees & T. Kettritz (Hrsg.), *Sexualisierte Gewalt durch Geschwister. Praxishandbuch für die pädagogische und psychologisch-psychiatrische Arbeit mit sexualisiert übergriffigen Kindern/Jugendlichen* (S. 45–50). Lengerich: Pabst Science Publishers.

Klein, M. (1983). *Das Seelenleben des Kleinkindes*. Stuttgart: Klett-Cotta.

Klein, R. (2009). Tiefenhermeneutische Analyse. Online-Fallarchiv Schulpädagogik. https://www.fallarchiv.uni-kassel.de/lernumgebung/tiefenhermeneutik/ (09.07.2022).

Klein, R. (2010). Tiefenhermeneutische Analyse. In B. Friebertshäuser, H. Boller & S. Richter (Hrsg.), *Handbuch qualitative Forschungsmethoden in der Erziehungswissenschaft* (S. 263–280). 3., vollständig überarb. Aufl. Weinheim: Juventa.

König, H.-D. (2013). Tiefenhermeneutik. In U. Flick, E. von Kardorff & I. Steinke (Hrsg.), *Qualitative Forschung. Ein Handbuch* (S. 556–569). 10. Aufl. Reinbek bei Hamburg: Rowohlt.

Korte, A. (2018). *Pornografie und psychosexuelle Entwicklung im gesellschaftlichen Kontext. Psychoanalytische, kultur- und sexualwissenschaftliche Überlegungen zum anhaltenden Erregungsdiskurs*. Gießen: Psychosozial-Verlag.

Krafft-Ebing, R. v. (1894). *Psychopathia Sexualis. Mit besonderer Berücksichtigung der conträren Sexualempfindung. Eine klinisch-forensische Studie für Ärzte und Juristen*. Neunte, verbesserte und theilweise vermehrte Aufl. Stuttgart: Verlag von Ferdinand Enke. https://archive.org/details/psychopathiasexu00kraf (09.07.2022).

Krafft-Ebing, R. v. (1907). *Psychopathia Sexualis. Mit besonderer Berücksichtigung der conträren Sexualempfindung. Eine klinisch-forensische Studie für Ärzte und Juristen*. 13., vermehrte Aufl. Stuttgart: Verlag von Ferdinand Enke. https://archive.org/stream/b21272104 (09.07.2022).

Kratz, M. & Ruth, J. (2016). Tiefenhermeneutik als Interpretationsmethode psychoanalytischer Sozial- und Kulturforschung. In D. Katzenbach (Hrsg.), *Qualitative Forschungsmethoden in der Sonderpädagogik* (S. 241–253). Stuttgart: Kohlhammer.

Küsters, I. (2009). *Narrative Interviews. Grundlagen und Anwendungen*. 2. Aufl. Wiesbaden: VS Verlag für Sozialwissenschaften.

Laplanche, J. (2017). *Die allgemeine Verführungstheorie und andere Aufsätze*. Frankfurt a. M.: Brandes & Apsel.

Laplanche, J. & Pontalis, J.-B. (2016). *Das Vokabular der Psychoanalyse*. 20. Aufl. Frankfurt a. M.: Suhrkamp.

Laufer, M. & Laufer, M. E. (1989). *Adoleszenz und Entwicklungskrise*. Stuttgart: Klett-Cotta.

Leitenberg, H. & Henning, K. (1995). Sexual Fantasy. *Psychological Bulletin, 117*(3), 469–496. https://doi.org/10.1037/0033-2909.117.3.469

Lewandowski, S. (2012). *Die Pornographie der Gesellschaft. Beobachtungen eines populärkulturellen Phänomens*. Bielefeld: transcript.

Ley, D. J. (2009). *Insatiable Wives. Women Who Stray and the Men Who Love Them*. Lanham: Rowman & Littlefield.

Lokke, G. (2019). Cuckolds, cucks, and their transgressions. *Porn Studies, 6*(2), 212–227. https://doi.org/10.1080/23268743.2018.1555053

Lorenzer, A. (1986). Tiefenhermeneutische Kulturanalyse. In H.-D. König (Hrsg.), *Kultur-Analysen* (S. 11–99). Frankfurt a. M.: Fischer.

Love, B. (2014). *The Encyclopedia of Unusual Sex Practices*. London: Abacus.

Money, J. (1986). *Lovemaps. Clinical Concepts of Sexual/Erotic Health and Pathology, Paraphilia, and Gender Transposition in Childhood, Adolescence, and Maturity*. New York: Prometheus Books.

Pennington, B. (2016, 10. Oktober). What Exactly Is »Locker-Room Talk«? Let an Expert Explain. *The New York Times*. https://www.nytimes.com/2016/10/11/sports/what-exactly-is-locker-room-talk-let-an-expert-explain.html (09.07.2022).

Pfeiffer, M. (2015). *SCHULD nach Ferdinand von Schirach*: Der Andere (Staffel 1, Folge 1). Deutschland: Moovie – the art of entertainment.

Poelchau, H.-W., Briken, P., Wazlawik, M., Bauer, U., Fegert, J. M. & Kavemann, B. (2015). Bonner Ethik-Erklärung. Empfehlungen für die Forschung zu sexueller Gewalt in pädagogischen Kontexten. Entwickelt im Rahmen der BMBF-Forschungslinie »sexuelle Gewalt gegen Kinder und Jugendliche in pädagogischen Kontexten«. *Zeitschrift für Sexualforschung, 28*(2), 153–160. https://doi.org/10.1055/s-0035-1553220

Pohl, R. (2004). *Feindbild Frau. Männliche Sexualität, Gewalt und die Abwehr des Weiblichen*. Hannover: Offizin-Verlag.

Pohl, R. (2011). Männer – das benachteiligte Geschlecht? Weiblichkeitsabwehr und Antifeminismus im Diskurs über die Krise der Männlichkeit. In M. Bereswill & A. Neuber (Hrsg.), *In der Krise? Männlichkeiten im 21. Jahrhundert* (S. 104–135). Münster: Verlag Westfälisches Dampfboot.

Quindeau, I. (2014). *Sexualität*. Gießen: Psychosozial-Verlag.

Ritter, K. & Voß, H.-J. (2019). *Being Bi. Bisexualität zwischen Unsichtbarkeit und Chic*. Göttingen: Wallstein.

Rosenthal, G. & Fischer-Rosenthal, W. (2013). Analyse narrativ-biographischer Interviews. In U. Flick, E. von Kardorff & I. Steinke (Hrsg.), *Qualitative Forschung. Ein Handbuch* (S. 456–457). 10. Aufl. Reinbek bei Hamburg: Rowohlt.

Salazar, R. (2018). *Élite*: Bienvenidos (Staffel 1, Folge 1). Spanien: Zeta Producciones.

Schäfer, A. & Thompson, C. (Hrsg.). (2009). *Scham*. Paderborn: Ferdinand Schöningh.

Schmidt, G. (2014). *Das neue Der Die Das*. Über die Modernisierung des Sexuellen. 4. kompl. überarb. u. akt. Neuaufl. Gießen: Psychosozial-Verlag.

Schorsch, E. (1993). Die Stellung der Sexualität in der psychischen Organisation des Menschen. In E. Schorsch: *Perversion, Liebe, Gewalt. Aufsätze zur Psychopathologie und Sozialpsychologie der Sexualität 1967–1991* (S. 37–43). Stuttgart: Enke.

Schuhrke, B. (2015). Kindliche Ausdrucksformen von Sexualität. Zum aktuellen Wissenstand und dessen Relevanz für Eltern und Institutionen bei der Sexualaufklärung. *Zeitschrift für Sexualforschung, 28*(2), 161–170. https://doi.org/10.1055/s-0035-1553062

Schulte-Klöcker, U. (2004). Confessiones 1 »quid mihi es? … quid tibi sum ipse …?« (conf. 1,5). Grundgedanken und Strukturmomente im Prooemium. In N. Fischer & D. Hattrup (Hrsg.), *Irrwege des Lebens. Augustinus: Confessiones 1–6* (S. 31–53). Paderborn: Ferdinand Schöningh.

Schweizer-Böhmer, I. (2006). *Erotische Imagination. Inhalte sexueller Phantasien und Per-*

sönlichkeitsakzentuierungen. Eine Untersuchung an 100 Frauen. Dissertation. Medizinische Hochschule Hannover.

Sedgwick, E.K. (1985). *Between Men. English Literature and Male Homosocial Desire*. New York: Columbia University Press.

Seelbach, L.C. (2004). Confessiones 2. Augustin – ein Birnendieb! In N. Fischer & D. Hattrup (Hrsg.), *Irrwege des Lebens. Augustinus: Confessiones 1–6* (S. 55–73). Paderborn: Ferdinand Schöningh.

Sielert, U. (2005). *Einführung in die Sexualpädagogik*. Weinheim, Basel: Beltz.

Sigusch, V. (2005). *Neosexualitäten*. Über den kulturellen Wandel von Liebe und Perversion. Frankfurt a.M.: Campus.

Sigusch, V. (2015). *Sexualitäten. Eine kritische Theorie in 99 Fragmenten*. 2. durchges. Aufl. Frankfurt a.M.: Campus.

Simon, W. & Gagnon, J.H. (2000). Wie funktionieren sexuelle Skripte? In C. Schmerl (Hrsg.), *Sexuelle Szenen* (S. 70–95). Opladen: Leske + Budrich.

Stemmer-Lück, M. (2012). *Beziehungsräume in der Sozialen Arbeit. Psychoanalytische Theorien und ihre Anwendung in der Praxis*. 2., akt. Aufl. Stuttgart: Kohlhammer.

Stoller, R.J. (1986). *Sexual Excitement. Dynamics of Erotic Life*. London: Karnac Books.

Stoller, R.J. (2014) [1975]. *Perversion. Die erotische Form von Hass*. 3. durchges. Aufl. Gießen: Psychosozial-Verlag.

Štulhofer, A., Schmidt, G. & Landripet, I. (2009). Pornografiekonsum in Pubertät und Adoleszenz. Gibt es Auswirkungen auf sexuelle Skripte, sexuelle Zufriedenheit und Intimität im jungen Erwachsenenalter? *Zeitschrift für Sexualforschung, 22*(01), 13–23. https://doi.org/10.1055/s-0028-1098836

Sulyok, C. (2017). Grenzgänge: Perversionen queeren? In E. Hutfless & B. Zach (Hrsg.), *Queering psychoanalysis. Psychoanalyse und Queer Theory: transdisziplinäre Verschränkungen* (S. 459–502). Wien: Zaglossus.

Witte, S. (2020). Am »allergischen Punkt des Sexus«. Überlegungen zu Ekel, Lust und Sexualmoral. In T.R. Amelung (Hrsg.), *Irrwege. Analysen aktueller queerer Politik* (S. 148–168). Berlin: Querverlag.

Wurmser, L. (1993). *Die Maske der Scham. Psychoanalyse von Schamaffekten und Schamkonflikten*. 2. Aufl. Berlin, Heidelberg: Springer.

Zeit Verlagsgruppe (2010, 19. Februar). *Angeblicher Psychologie-Professor muss vor Gericht*. https://www.zeit-verlagsgruppe.de/pressemitteilung/angeblicher-psychologie-professor-muss-vor-gericht/ (09.07.2022).

Zengler, Y. (2020). *Das Erregungspotential der Cuckold-Fantasie. Eine tiefenhermeneutische Annäherung an eine (sexuell) erregende Fantasie hetero_bisexueller Männer*. Masterarbeit. Hochschule Merseburg.

Anhang

Erzählstimulus

»Nochmals vielen Dank, dass du dir die Zeit genommen hast, mit mir heute dieses Gespräch zu führen. Das ist echt toll, dass du mich so bei meiner Masterarbeit unterstützt.

Ich bin ehrlich gesagt auch ein bisschen aufgeregt, aber ich denke, wir beide bekommen das gut hin. Vor allem du brauchst dir keine Sorgen zu machen, du kannst bei all dem nichts falsch machen.

Bevor wir so einsteigen, sage ich nochmal kurz was mir dabei so wichtig ist:

Wie ich ja schon vorher gesagt habe, habe ich jetzt keine große Liste mit Fragen mitgebracht, sondern würde dich bitten, einfach so zu erzählen, was dir in den Sinn kommt. Du kannst dabei einfach erzählen, was dir so einfällt und was dir wichtig ist.

Ich werde dich dabei erstmal nicht unterbrechen, sondern einfach zuhören. Auch wenn zwischendrin Pausen entstehen und wir dann ein bisschen zusammen schweigen, ist das auch kein Problem. Ab und zu werde ich mir dabei dann ein paar Notizen machen, worauf ich dann vielleicht später nochmal eingehen werde, so als eine Gedächtnisstütze für mich.

Und das, was ich dich bitten würde zu erzählen und was mich eigentlich genau interessiert, ist, dass ich dich gerne einladen würde, dich von der Geburt bis heute zu erinnern und darüber nachzudenken, wann du das erste Mal sexuelle Fantasien gehabt hast oder zum ersten Mal Fantasien oder Gedanken bei dir wahrgenommen hast, die dich irgendwie angemacht oder erregt haben, egal was das auch war; wann die in dem Zeitraum von Geburt bis heute bei dir das erste Mal aufgetreten sind, was das dann für Fantasien oder Gedanken so waren und vor allem wie das damals so war und wie es dann bis heute so weiterging.«

Exmanente Nachfragen

- In welchem Zusammenhang stehen deine Fantasien mit deiner gelebten Sexualität?
- Wie ist das Erleben in der Fantasie, wie beim Ausleben der Fantasie? (Was ergänzt du im Kopf)?
- Ausführlicheres Beschreibenlassen der Cuckold-Fantasie: Beginn, wie geht's weiter, wie endet sie?
- Gibt es verschiedene Varianten? Was ändert sich, was bleibt immer gleich?
- Eigene Position in der Cuckold-Fantasie?
- Beteiligte Personen in der Cuckold-Fantasie?
- Vor innerem Auge ablaufen lassen: An welche Elemente/Details/Momente/Einzelheiten konzentrierst du dich beim Zusteuern auf den Orgasmus?
- Vor innerem Auge ablaufen lassen: Gibt es Elemente/Details/Momente/Einzelheiten, die eine besondere Erregung ausmachen?
- Vor innerem Auge ablaufen lassen: Gibt es Elemente/Details/Momente/Einzelheiten, die vielleicht auch etwas Respekt einflößen, Angst machen, Unbehagen bereiten oder unheimlich sind?
- Vor innerem Auge ablaufen lassen: Gibt es Elemente/Details/Momente/Einzelheiten, die etwas Beruhigendes, Angst überwindendes haben?
- Gibt es noch etwas, was du noch sagen willst, was dir wichtig ist in Bezug auf dich oder in Bezug auf das Thema?
- Soziodemografische Daten: Ungefähres Alter 20–25/25–30/30–35/35–40/ …

Transkriptionsregeln

Die folgende Tabelle stellt die im Band verwendeten Transkriptionsregeln in Anlehnung an Becker und Kratz (2019, S. 40) dar.

Zeichen	Erklärung	Beispiel
(.)	Pause von weniger als 1 Sekunde	egal was das auch war (.) egal wann das auch war
(Zahl.)	Pause über den Sekundenwert innerhalb der Klammern	also ähm (3.) ja (.) das war nicht geil und ähm
(*in Klammern und kursiv*)	Nonverbale Laute oder Geräusche oder Beschreibung von Geräuschen im Hintergrund oder anderen hörbaren Handlungen	in der Materie Pornografie und da (*atmet hörbar ein*) stößt man ja auf alles Mögliche
°Textstelle° (*Intonation steigend*)	Textstelle innerhalb der hochgestellten Kreise wurde wie eine Frage betont	°wann das so war° (*Intonation steigend*)
°Textstelle° (*in Klammern und kursiv*)	Textstelle innerhalb der hochgestellten Kreise wurde auf die Art und Weise gesprochen, wie es innerhalb der nachfolgenden Klammer angegeben ist bzw. ging mit einem affektiven Begleitlaut einher	°jetzt läufts ja° (*leise*) °haben wir uns gegenseitig in die Schritte getreten so° (*lacht*)
Textstelle	Unterstrichene Textstelle oder Silbe wurde besonders betont	und was ich dich ähm bitten würde zu erzählen
-	Stottern bzw. Abbruch eines Wortes oder Satzteils	dann hab ich das f- falsch (.) aufgenommen hier
A: Text- // B: // Text	Person A wird von Person B an dieser Stelle unterbrochen und verstummt, während Person B weiterspricht.	P: ähh- // Y: // ach so

Zeichen	Erklärung	Beispiel
A: Text // Text // B: // Text // Text	Person A wird von Person B unterbrochen, beide sprechen aber gleichzeitig weiter. Die //-Zeichen markieren Anfang und Ende der überlappenden Redebeiträge. Person B spricht danach allein weiter.	
A: Text // Text // B: // Text // A: // Text	Person A wird von Person B unterbrochen, beide sprechen aber gleichzeitig weiter. Die //-Zeichen markieren Anfang und Ende der überlappenden Redebeiträge. Person A fährt danach direkt weiter fort.	
[in eckigen Klammern]	Aus anonymisierungsgründen veränderter Ort, Name oder Jahreszahl	ich bin [Mitglied einer kirchlichen Organisation]

Anne Deremetz

Die BDSM-Szene

Eine ethnografische Feldstudie

2018 · 236 Seiten · Broschur
ISBN 978-3-8379-2812-9

»[W]as beim BDSM gilt, gilt für jede sexuelle Begegnung. Einvernehmlichkeit macht die Sache nicht weniger aufregend, nicht weniger faszinierend – und auch nicht weniger verstörend. Das Gegenteil ist der Fall. Wenn man sich traut, wirklich ja zu sagen zu einer Begegnung, aber auch zu den eigenen Wünschen, kann Freiheit entstehen.«

Charlotte Theile, SZ, 22.01.2018

»Pervers ist es dann, wenn man keinen mehr findet, der mitmacht.« Oder etwa nicht? Während BDSM-Praktiken für die einen eher befremdlich sind, stellen sie für andere zentrale Bestandteile ihrer persönlichen Sexualität dar. Aber was genau ist BDSM und wie gehört es zur sexuellen Normalität? Anne Deremetz begibt sich direkt in die BDSM-Szene und fragt praktizierende Expert*innen, was BDSM ist, wie es diskursiv hervorgebracht wird und bei welchen Praktiken die BDSM-Szene selbst ihre Grenzen zieht.

Theoretisch verfolgt die Autorin einen sozialkonstruktivistischen und diskurstheoretischen Ansatz, mit dem sich BDSM als interaktionistischer Aushandlungsprozess begreifen lässt. Ausführlich geht Deremetz auf methodologische und forschungsmethodische Aspekte ein, die für forschungsinteressierte Leser*innen und für all diejenigen interessant sind, die eine praktische Anleitung zur Durchführung von Feldstudien suchen.

Ralf Pampel

Wir reden zu wenig!

Angebote zur sexuellen Bildung Erwachsener

2019 · 121 Seiten · Broschur
ISBN 978-3-8379-2860-0

Die Sexualität erwachsener Menschen ist geprägt von Herausforderungen und Möglichkeiten. Auf der einen Seite schafft die mediale Darstellung und Dauerpräsenz von Sexualität Zwänge und Anforderungen, wie der ideale Sex und der ideale Körper aussehen sollen. Auf der anderen Seite herrschen nach wie vor eine kulturell geformte Scham und persönliche Sprachlosigkeit im Umgang mit sexuellen Themen.

Im Lauf des Lebens ändern sich sexuelle Erfahrungen und Wünsche. Dies birgt Chancen und Unsicherheiten. Ralf Pampel stellt verschiedene wissenschaftliche Zugänge und Bildungsmöglichkeiten vor. Interviews mit den Autorinnen von *Make Love* und *Frauen.Körper.Kultur* und den Workshopleiterinnen von *Other Nature* geben einen lebendigen Einblick, wie vielfältig Sexualität für Erwachsene sein kann.

D. Paulina Matyjas

Sexroboter

Empirische Befunde zu Gegenwart und Zukunft einer polarisierenden Technologie

2022 · 196 Seiten · Broschur
ISBN 978-3-8379-3192-1

Mensch oder Maschine? Utopie oder Dystopie? Ersatz oder Ergänzung? Als neuartiges Produkt der Sextech-Branche entfachen Sexroboter sowohl in der Gesellschaft als auch in Wissenschaft und Medien gegenwärtig ganz konträre Gedanken und Gefühle. Noch ist die Verbreitung von Sexrobotern vermutlich sehr gering – die Spekulationen hingegen laufen auf Hochtouren und die Auseinandersetzung mit dem Thema hat vielfältige Zukunftsszenarien und Standpunkte hervorgebracht.

Matyjas verschafft Lesenden einen Einblick in eine neuartige, zukunftsorientierte Entwicklung der immer größer und gesellschaftsfähiger werdenden Sextech-Branche. Sie gibt einen Überblick über die wissenschaftliche wie medial-öffentliche Verhandlung von Sexrobotern und über Befunde bisheriger internationaler Forschung. Im Mittelpunkt stehen die Ergebnisse einer Befragung mit über 4.000 Adult-Dating-Nutzer*innen zu diversen Aspekten von Sexrobotern. Anhand der umfassenden Befunde dieser empirischen Studie hinterfragt und erweitert die Autorin das gegenwärtig vorherrschende Bild von Sexrobotern, Robotersex und den zukünftigen Nutzer*innen.